JN086887

基礎から読み解く

社外取締役の役割と活用のあり方

弁護士

塚本英巨 著

Hideo Tsukamoto

商事法務

はしがき

　今や、社外取締役の存在及び役割を抜きにして、上場会社のコーポレート・ガバナンスの在り方を論ずることはできません。しかし、それでありながら、社外取締役の必要性自体や役割について、まだ意見の一致を見ないという状況にあります。

　本書は、そのような状況も踏まえて、あえて、社外取締役の役割は、経営トップのクビを切ることであるという刺激的な見出しから論じ始めています。このような役割は、会社側・執行側からは意外に思われるものかもしれませんが、機関投資家（特に海外の機関投資家）が正に考える社外取締役の役割です。また、本書でもたびたび引用している、経済産業省が 2020 年 7 月に策定した「社外取締役の在り方に関する実務指針」（社外取締役ガイドライン）の参考資料の「社外取締役の声」において紹介されているとおり、この役割は、ガバナンス改革に前向きに取り組む上場会社の社外取締役の認識する役割でもあります。

　特に、機関投資家については、スチュワードシップ・コードのもと、自身の果たすべき受託者責任について強く意識せざるを得ず、投資先たる上場会社の企業価値の向上に向け、「お尻に火が付いた」状況にあり、一昔前と異なり、執行側の与党株主として振る舞うことが許されなくなっています。そして、執行側は、相応の割合の議決権を有することを背景とした機関投資家の要求を十分に考慮して行動する必要が生じています。

　そのため、近時のコーポレート・ガバナンスを巡る議論の方向性は、機関投資家の求める在るべき論を巡る議論といっても過言ではありません。

　そこで、本書では、主に、機関投資家の求めるコーポレート・ガバナンスという観点から、コーポレート・ガバナンスの主役ともいうべき社外取締役について、なぜ必要とされているか、また、期待される役割は何かということに特に焦点を当てて論じています。

　各論としては、本書は、既に社外取締役に就任している方はもとより、これから就任しようとしている方、就任の打診を受けた方、更には就任したいと考えている方を主な対象として、社外取締役の役割を論ずるとともに、社外取締役への就任の打診を受けた時点、在任中及び再任時における留意点に

ついて、細かな法的論点の解釈論にはなるべく立ち入らないようにしながら述べています。

　他方で、現在の日本のコーポレート・ガバナンスの状況を前提とすると、社外取締役を生かすも殺すも、社外取締役を「受け入れる」側である執行側、特に経営トップ次第であることも事実です。執行側の理解があってこそ、社外取締役が活躍することができるということです。そのため、本書は、会社側・執行側の視点からの留意点も論じています。

　本書の構成は、以下のとおりであり、通読しなくとも、関心のあるテーマに絞ってお読みいただくこともできます。

　序章と第2章は、そもそもなぜ社外取締役が必要とされているのか、どのような役割が期待されているのかという点について、経営の監督の役割という観点から、また、取締役会に期待される役割との関係を意識して、論じています。

　第1章は、社外取締役向けの基礎知識を説明していますので、特に、これから社外取締役になろうとしている方や社外取締役に就任したばかりの方向けの内容です。

　第3章、第4章及び第6章は、それぞれ、社外取締役が就任要請を受けた時点、実際に就任した後及び再任時の留意点について述べています。

　第5章は、社外取締役をさらに活用しようという場合の取組みの在り方を論じています。ここで取り上げるテーマのうち、特に、取締役会議長と最高経営責任者（CEO）の分離及び筆頭独立社外取締役について、今後のガバナンス強化を巡って関心が高まるとみられます。

　最後の第7章は、今後の展望ということで、特に、取締役会において社外取締役が取締役総数に占める割合を高めることが求められること、また、そのような取締役会の在り方の変容を反映して社外取締役に求められるスキルも変わることを論じています。

　以上のほか、実務上のポイントに関して深掘りした議論や筆者も実際に社外取締役を務めて感じたこと、2021年3月1日施行の令和元年会社法改正の改正事項のうち社外取締役に関係するもの等を、「コラム」で紹介しています。

　本書の企画は、株式会社商事法務から、2017年に頂きましたが、筆者の遅筆のため、その構成案・目次案を提案して執筆を開始してから書き上げる

までに3年もの時間を要してしまいました。執筆開始当時は、制度改正に関し、2018年のコーポレートガバナンス・コード（CGコード）の改訂を織り込むくらいで済むと考えていました。しかし、その後、2019年の「グループ・ガバナンス・システムに関する実務指針」（グループガイドライン）の策定、令和元年会社法改正の公布（施行は2021年3月1日）、2020年のスチュワードシップ・コードの改訂、前述の社外取締役ガイドラインの策定、更には2021年6月のCGコードの改訂と、コーポレート・ガバナンスを巡る諸規範の制定・改訂が目白押しとなりました。その関係で、執筆時・校正時にいろいろと修正を要し、更に時間がかかるというスパイラルに陥ってしまいました。また、第7章をはじめとして、CGコードに関し、2018年の改訂の次の改訂を見据えた記述をしていましたが、その点は、2021年6月の実際の改訂を踏まえて大幅に改訂せざるを得ないこととなりました。

　そのような筆者を何とか刊行まで引っ張ってくださった編集部の水石曜一郎氏（現在は、経営法友会事務局にご所属）、木村太紀氏及び棚沢智広氏に心からお礼申し上げます。

　本書が、社外取締役の方をはじめ、コーポレート・ガバナンスに携わる関係者の皆様のお役に立ちましたら、また、社外取締役がいったい何の役に立つのか、社外取締役を入れることで何が変わるのかという疑問に少しでも答えることができましたら、望外の喜びです。

　2021年6月

塚　本　英　巨

目　次

コラム目次

凡　例

正式名称等	略語
会社法の一部を改正する法律（平成 26 年法律第 90 号）による会社法の改正	平成 26 年会社法改正
会社法の一部を改正する法律（令和元年法律第 70 号）による会社法の改正	令和元年会社法改正
東京証券取引所「コーポレートガバナンス・コード～会社の持続的な成長と中長期的な企業価値の向上のために～」（2021 年 6 月 11 日）	CG コード
スチュワードシップ・コードに関する有識者検討会（令和元年度）「『責任ある機関投資家』の諸原則≪日本版スチュワードシップ・コード≫～投資と対話を通じて企業の持続的成長を促すために～」（2020 年 3 月 24 日）	SS コード
金融庁「投資家と企業の対話ガイドライン」（2021 年 6 月 11 日改訂）	対話ガイドライン
経済産業省「コーポレート・ガバナンス・システムに関する実務指針（CGS ガイドライン）」（2018 年 9 月 28 日改訂）	CGS ガイドライン
経済産業省「グループ・ガバナンス・システムに関する実務指針（グループガイドライン）」（2019 年 6 月 28 日）	グループガイドライン
経済産業省「社外取締役の在り方に関する実務指針（社外取締役ガイドライン）」（2020 年 7 月 31 日）	社外取締役ガイドライン
法務省法制審議会会社法制（企業統治等関係）部会	部会
コーポレート・ガバナンスに関する報告書	CG 報告書
スチュワードシップ・コード及びコーポレートガバナンス・コードのフォローアップ会議	フォローアップ会議
スチュワードシップ・コード及びコーポレートガバナンス・コードのフォローアップ会議「コーポレートガバナンス・コードと投資家と企業の対話ガイドラインの改訂について」（2021 年 4 月 6 日）	2021 年 4 月フォローアップ会議提言

凡　例

コーポレート・ガバナンス・システム（CGS）研究会（第 2 期）	CGS 研究会（第 2 期）
UK Corporate Governance Code（2018 年 7 月版）	UKCG コード
東京証券取引所「東証上場会社における独立社外取締役の選任状況及び指名委員会・報酬委員会の設置状況」（2020 年 9 月 7 日）	東証・独立社外取締役の選任状況調査結果

著者略歴

塚本　英巨（つかもと　ひでお）
　アンダーソン・毛利・友常法律事務所外国法共同事業
　パートナー弁護士

　2003 年　東京大学法学部卒業
　2004 年　弁護士登録
　2010 年～2013 年　法務省民事局出向（平成 26 年会社法改正の企画・立案担当）
　2016 年～　公益社団法人日本監査役協会「ケース・スタディ委員会」専門委員
　2017 年～2020 年　経済産業省「コーポレート・ガバナンス・システム（CGS）研究会
　　（第 2 期）」委員
　2018 年～　JA 三井リース株式会社　社外監査役（非常勤）
　2019 年～　株式会社安川電機　社外取締役・監査等委員（非常勤）
　2019 年～2021 年　経済産業省「新時代の株主総会プロセスの在り方研究会」委員

[最近の主な著書・論文]
　『Before/After 会社法改正』（弘文堂、2021 年）（共同執筆）
　『論究会社法　会社判例の理論と実務』（有斐閣、2020 年）（共同執筆）
　『コーポレートガバナンス・コードのすべて』（商事法務、2017 年）（共同執筆）
　『監査等委員会導入の実務』（商事法務、2015 年）
　「会社法改正に伴う改正省令の実務要点」旬刊経理情報 1599 号（2021 年 1 月 1 日特大
　　号）
　「バーチャル株主総会（参加型・出席型）の基本」一般社団法人監査懇話会「會報」
　　2020 年 8 月 1 日号
　「12 月 11 日公布 令和元年改正会社法の実務ポイント」旬刊経理情報 1566 号（2020 年 1
　　月 1 日特大号）
　「特集 グループガイドラインの実務への活用 Ⅲ 子会社経営陣の指名・報酬」旬刊商事
　　法務 2208 号（2019 年 9 月 5 日号）
　ほか、本書で引用したものを含め多数。

なぜ「社外取締役」が求められるのか？

・・・

I　社外取締役の役割は「業績の悪い経営トップのクビを切る」こと

　社外取締役に期待されている役割は、一言でいえば、「業績の悪い経営トップのクビを切る」ことです。社外取締役自身が、会社の業績を上げることや、積極的に不祥事を防止し、発見することは求められていません。

　社外取締役は、経営トップからの独立性を有する取締役です。そのような取締役であるからこそ、会社の業績が悪く、経営トップを交代せざるを得ない場面で、経営トップに対してその辞任を促し、経営トップがこれに応じなければ、取締役会においてその解任を発議するなど、その解任を主導することが期待されています。

　これは、業務執行者に対する「監督」の役割といわれるものです（詳細については**第2章**で述べます）。業務執行者に対する監督の役割は、会社法上は、取締役会が担っています（会社法 362 条 2 項 2 号・3 号等）。取締役は、取締役会のメンバーである以上、本来、社外取締役であるかどうかにかかわらず、必要に応じて監督権限を適切に行使し、善管注意義務を全うすることが求められます。

　しかしながら、伝統的に、日本の会社では、上場会社であっても、取締役会は、社内の従業員から昇進した取締役のみから構成されていました。そのような社内昇進の取締役は、経営トップの指揮命令下において業務執行を行い、取締役になった後も経営トップの部下であるといえます。そのため、会社の業績が悪いことを理由にして経営トップを交代させるという、猫の首に

鈴を付けることは、社内昇進の取締役には、通常は期待し難いといわざるを得ません。

　そこで、機関投資家、とりわけ、海外の機関投資家が、上場会社に対し、経営トップ（業務執行者）から独立している者を取締役会に入れること、すなわち、社外取締役を導入することを強く求めるようになりました。

　このようなことを背景として、政府も、社外取締役の導入を「成長戦略」の一環として位置付けるようになりました。すなわち、2012 年の第 46 回衆議院議員総選挙において自由民主党が民主党から政権を奪還し、これによって誕生した安倍内閣は、2013 年 6 月に閣議決定した成長戦略の「日本再興戦略 -JAPAN is BACK-」において、「攻めの会社経営を後押しすべく、社外取締役の機能を積極活用することとする。このため、会社法改正案を早期に国会に提出し、独立性の高い社外取締役の導入を促進するための措置を講ずるなど、少なくとも一人以上の社外取締役の確保に向けた取組を強化する」としました（28 頁）。企業経営者に大胆な新陳代謝や新たな起業を促し、そのような企業経営者の前向きな取組みを積極的に後押しし、日本企業を国際競争に勝てる体質に変革する仕組みとして、社外取締役の導入が位置付けられているのです。

　このように、社外取締役は、法令遵守・コンプライアンスを確保するため（だけ）の存在ではなく、企業の国際競争力を高め、収益性（業績）を向上させるための存在として位置付けられます。

　もっとも、冒頭で述べたとおり、社外取締役自身が会社の経営をするわけではありません。あくまでも、社外取締役は、会社の経営を任せるに相応しい、すなわち、会社の業績を向上させることができると考えられる経営トップを選任し、かつ、当該経営トップによって会社が適切に経営されるように監視・監督し、業績が向上しなければ経営トップを解任する役割を担うにとどまります。そのような役割を担う社外取締役が導入され、期待どおりの役割を果たすことの結果として、有能・適切な経営トップが攻めの経営を行い、これにより、会社の業績が向上し、日本経済が成長することが期待されているのです。

Ⅱ　社外取締役に期待される主な役割とは？

　冒頭で、社外取締役に期待されている役割は、「業績の悪い経営トップのクビを切る」ことであると述べました。

　もっとも、何を期待して社外取締役を導入するかは、本来、各社の判断に委ねられるべき事項です。後述のとおり、2019年12月成立の令和元年会社法改正の施行日である2021年3月1日までは、会社法上、社外取締役の導入が義務付けられていませんでした（この点に関しては、後述のⅣ②もご参照ください）。したがって、その施行までの間の社外取締役の導入は、任意の導入であり、各社は、社外取締役が自社に必要であると考えたからこそ社外取締役を導入しているはずです。そのため、「社外取締役にはこのような役割が期待される」、というのは余計なお世話ともいえます。

　とはいうものの、それはあまりに表面的な話です。令和元年会社法改正の施行以前から、上場会社は、社外取締役の導入を機関投資家等から強く要請され、また、図表序‐1のとおり、諸規範においても、（独立）社外取締役の導入が求められる状況にありました。そのため、上場会社は、好むと好まざるとにかかわらず、また、必要性を認めているかどうかにかかわらず、社外取締役を入れざるを得ない状況にありました（そのような状況にあるがために社外取締役を導入するという会社の判断の良し悪しは別として）。

[図表序‐1]　社外取締役の導入に係る諸規範

会社法327条の2（令和元年会社法改正の施行日である2021年3月1日より前）	事業年度の末日において監査役会設置会社（公開会社であり、かつ、大会社であるものに限る。）であって金融商品取引法24条1項の規定によりその発行する株式について有価証券報告書を内閣総理大臣に提出しなければならないものが社外取締役を置いていない場合には、取締役は、定時株主総会において、「社外取締役を置くことが相当でない理由」を説明しなければならない。

3

（参考）会社法327条の2 （令和元年会社法改正の施行日である2021年3月1日以後）	事業年度の末日において監査役会設置会社（公開会社であり、かつ、大会社であるものに限る。）であって金融商品取引法24条1項の規定によりその発行する株式について有価証券報告書を内閣総理大臣に提出しなければならないものは、少なくとも1名の社外取締役を置かなければならない。
有価証券上場規程445条の4（第4章第4節第1款の「遵守すべき事項」） （令和元年会社法改正の施行に伴う上場規程の改正の施行日である2021年3月1日より前）	取締役である独立役員を少なくとも1名以上確保するよう努めなければならない。 ※「独立役員」とは、一般株主と利益相反が生じるおそれのない社外取締役又は社外監査役をいう（有価証券上場規程436条の2第1項）。
（参考）有価証券上場規程437条の2（第4章第4節第2款の「望まれる事項」） （令和元年会社法改正の施行に伴う上場規程の改正の施行日である2021年3月1日以後）	上場会社は、社外取締役を1名以上確保しなければならない。
CGコード原則4-8	「独立社外取締役を少なくとも2名以上選任すべきであ」り、選任しない場合には、選任しない理由を開示しなければならない。
（参考）2021年6月の改訂後のCGコードの原則4-8 （2022年4月4日から適用）	プライム市場上場会社は「独立社外取締役を少なくとも3分の1（その他の市場の上場会社においては2名）以上選任すべきであ」り、選任しない場合には、選任しない理由を開示しなければならない。

　社外取締役を導入した（半ば強制的に導入させられた）上場会社にとって、社外取締役の役割・意義は自明でなく、なかなか見出しにくいかもしれません。CGコードは、（独立）社外取締役には、特に以下の役割・責務を果たすことが期待されるとしています（原則4-7。下線は筆者）。

（ⅰ）　経営の方針や経営改善について、自らの知見に基づき、会社の持続的な成長を促し中長期的な企業価値の向上を図る、との観点からの助言を行うこと

（ⅱ）　経営陣幹部の選解任その他の取締役会の重要な意思決定を通じ、経営の監督を行うこと

（ⅲ）　会社と経営陣・支配株主等との間の利益相反を監督すること

（ⅳ）　経営陣・支配株主から独立した立場で、少数株主をはじめとするステークホルダーの意見を取締役会に適切に反映させること

　もちろん、社外取締役の役割はこれらに限られるわけではありませんが、これらの役割の中では、特に、「(ⅱ)　経営陣幹部の選解任その他の取締役会の重要な意思決定を通じ、経営の監督を行うこと」が重要となります。

　(ⅰ)の役割は、要するに、経営に関する助言を行うということですが、社外取締役でなくとも、このような役割を果たすことができます。経営に関する助言を受けたいのであれば、経営コンサルタントを起用してもいいわけです。月に１回程度しか取締役会に来ない社外取締役から経営の助言を受けるくらいであれば、経営コンサルタントとじっくり膝を詰めて議論し、経営の改善プランや経営計画を練ったほうが、よほどいい結果をもたらすかもしれません。もちろん、経営コンサルタントに求められる経営の助言内容と社外取締役に求められる経営の助言内容とは異なるでしょう。社外取締役には、上記のような経営の改善プランや経営計画の具体的な中身についてアドバイスをすることが求められているというよりは、自身の知識やこれまでの経験（特に会社経営者としての経験）から、取締役会において大所高所から助言することが求められているといえます。しかし、果たしてそれが社外取締役に期待される「主たる」機能かというと、それは違うのではないかということです。また、**第２章Ⅲ③**で述べるとおり、社外取締役に期待される役割がそのような経営の助言の役割であるならば、社外取締役を多数置く必要もありません。

　(ⅲ)の役割も非常に重要ではありますが、そもそも、会社と経営陣との取引や会社と支配株主との取引があるなど、会社と経営陣・支配株主等との間の利益相反が生ずる場面は、かなり限定的です。そのため、そのような利益相反を監督する機能が社外取締役の中心的な役割とはいい難いです。

　(ⅳ)の役割もやはり重要ですが、社外「取締役」に限らず、社外「監査役」であっても、少数株主をはじめとするステークホルダーの意見を取締役会に

適切に反映させることはある程度可能です。したがって、ステークホルダーの意見を取締役会に反映するという役割は、社外取締役に固有の役割とはいえません。

　以上に対し、経営の監督という(ⅱ)の役割がなぜ特に重要であるのか。それは、社外取締役が「社外」「取締役」であるからです。業務執行者から独立した者（「社外」）が、取締役会の決議、特に、業務執行者の選任・解任に係る決議において議決権を有する者（「取締役」）の中にいることに意味があるのです。逆に言えば、「社内」の取締役に（期待することが）できないことを（期待）することができ、かつ、「監査役」が有しない権限（取締役会の決議における議決権）を有することに、「社外取締役」の存在意義があります。

　社外取締役の役割として経営の監督が特に重要である点は、経済産業省が2020年7月に策定・公表した社外取締役ガイドライン（「社外取締役の在り方に関する実務指針」）においても明確に示されています。すなわち、社外取締役ガイドラインは、社外取締役の「心得1」として、「社外取締役の最も重要な役割は、経営の監督である」と喝破しています[1]。

　経営の監督の役割については、**第2章**において詳しく述べます。

Ⅲ　「社外監査役」では足りないのか？

　図表序-2のとおり、上場会社約3,700社のうち、約68％が監査役会設置会社です。残り約30％が監査等委員会設置会社で、指名委員会等設置会社は約2％です。なお、ここ数年は、毎年、100社前後のペースで監査役会設置会社が監査等委員会設置会社に移行しています。

　このように、上場会社の多数派は監査役会設置会社ですが、監査役会設置会社には、3名以上の監査役を置き、かつ、その「半数以上」は社外監査役でなければなりません（会社法335条3項）。したがって、監査役会設置会社は、少なくとも2名の社外監査役を置かなければなりません。社外監査役は、社外取締役と同じように、業務執行者からの独立性を有する者です（同法2条16号参照）。

---

1)　社外取締役ガイドラインの意義については、拙稿「時論 『社外取締役の在り方に関する実務指針（社外取締役ガイドライン）』の読み方」ジュリスト1553号（2021年）84頁もご参照ください。

[図表序 -2]　上場会社における機関設計の選択状況

	社数	監査役会設置会社	監査等委員会設置会社	指名委員会等設置会社
市場第一部	2,172 社	1,447 社	662 社	63 社
		66.6%	30.5%	2.9%
市場第二部	480 社	305 社	171 社	4 社
		63.5%	35.6%	0.8%
マザーズ	326 社	236 社	85 社	5 社
		72.4%	26.1%	1.5%
JASDAQ	699 社	507 社	188 社	4 社
		72.5%	26.9%	0.6%
合計	3,677 社	2,495 社	1,106 社	76 社
		67.9%	30.1%	2.1%
JPX 日経 400	396 社	284 社	79 社	33 社
		71.7%	19.9%	8.3%

（出所：東証・独立社外取締役の選任状況調査結果 16 頁。2020 年 8 月 14 日時点における CG 報告書の記載をもとに集計したものです（17 頁））

　そもそも、監査役自身が、社外監査役であるか社内監査役であるかを問わず、業務執行（決定）機関から独立した存在です。そのことは、監査役が、取締役（業務執行者）の職務の執行を監査することをその職務とし（同法 381 条 1 項）、そのため、取締役を兼ねてはいけない（同法 335 条 2 項）など、いわゆる兼任禁止が定められていることにも表れています。

　もっとも、社外監査役制度が導入される以前は、監査役も、法務部長・総務部長・内部監査部長（いずれも、経営トップの指揮命令下にある者）や、副社長・専務取締役・CFO（財務担当取締役）（業務執行の中枢にいる者）であった者が就任していました。そのため、監査役になった途端に、それまでの上司であるなどした取締役（特に、経営トップ）を適切にチェックすることができるかというと、疑問がなかったわけではありませんでした。

　そこで、1993（平成 5）年の商法改正により、一定の規模を有する会社について、監査の実効性を高めるため、3 名以上の監査役から成る監査役会の設置が強制され、そのうち 1 名以上は社外監査役でなければならないとされ、

さらに、2001（平成13）年の商法改正により、監査役の半数以上を社外監査役としなければならないとされ、少なくとも2名の社外監査役の設置が義務付けられました。

　前置きが長くなりましたが、従前、経済界は、正にそのような社外監査役がいることを大きな理由の1つとして、社外取締役の導入を不要とし、また、社外取締役の導入義務付けに反対してきました。例えば、平成26年会社法改正についての法務省法制審議会会社法制部会における調査審議の過程で行われた「会社法制の見直しに関する中間試案」のパブリックコメント手続において、日本経済団体連合会は、「『会社法制の見直しに関する中間試案』に対する意見」（2012年1月24日）を提出し、その中で、社外取締役の選任を義務付けるべきかどうかという論点について、「仮に社外からの目線による監督が必要だとしても、監査役会に半数以上含まれ、取締役会に出席して意見を述べることが求められる社外監査役により、その機能は担われている」としていました。

　これに対する機関投資家の反論は、取締役会の決議における議決権を持たない（社外）監査役では意味がない、というものです[2]。

　ここで誤解してはいけないのは、機関投資家は、監査役がそもそも役に立たないとか、意味がないとかということを主張しているのではありません。あくまでも、機関投資家が求める役割を果たす存在として社外監査役では足りない、その役割を果たすためには、取締役会の決議における議決権を有す

---

2)　本文で述べた日本経済団体連合会の意見では、これに対する再反論として、「経営の監督のために、取締役会における議決権行使が不可欠という理由はな〔い〕」と、かなり思い切った主張がされています。監査役は、取締役会の決議における議決権を有していないものの、例えば、取締役の違法行為の差止請求権を有していること（会社法385条2項）が念頭に置かれているのかもしれません。もっとも、社外取締役による経営の監督機能は、後述のとおり、違法行為の抑止に限られるものではなく、監査役の差止請求権によって代替することができるものではありません。
　ちなみに、令和元年会社法改正に際して法務省法制審議会会社法制（企業統治等関係）部会が2018年2月に取りまとめた「会社法制（企業統治等関係）の見直しに関する中間試案」のパブリックコメント手続において、日本経済団体連合会は、「デジタル化とグローバル化に対応した会社法を目指して」と題する意見の中で、「社外取締役を置くことの義務付け」について、社外取締役の設置を義務付けないという規律を見直さない案に賛成していますが、その理由の中では、社外監査役で足りるということは述べていません。後述のとおり、社外取締役の導入が進んでいる中で、社外監査役で十分であるという考え方は、一般論としては維持し難くなったといえます。

る者、すなわち、取締役としての地位を有する者である必要があるというのが、機関投資家の主張です。

　監査役は、業務執行（決定）機関から独立し、監査専門機関として位置付けられ、「監査」という職務において重要な役割を果たしてきたことは確かです。また、「監査」の範囲について、適法性監査にとどまるのか、妥当性監査にまで及ぶのかという神学論争はさておき、「ベストプラクティス」として、妥当性監査まで行うよう努め、取締役会においても、適法性・妥当性の枠にとらわれずに、積極的に意見を述べる監査役がいることも、事実でしょう。

　しかし、監査役は、取締役会の決議における議決権を有しておらず、代表取締役の選定・解職（交代）に関与するという、法律で裏付けられた権限を有していないこともまた、事実です。そのような監査役が、いかに「頑張っている」ことを強調しても、残念ながら機関投資家には理解されないのです。

コラム1 　監査役は「監督の一翼」を担うのか？

　日本監査役協会の監査役監査基準のひな型（2015年7月23日最終改正）では、「監査役は、取締役会と協働して会社の監督機能の一翼を担い」（2条1項）、取締役会が担う「監督機能の一部を担う」（13条2項柱書）とされています。そして、ここでいう取締役会が担う「監督機能」として、①「企業戦略等の大きな方向性を示すこと」、②「代表取締役その他の業務執行取締役による適切なリスクテイクを支える環境整備を行うこと」及び③「独立した客観的な立場から、代表取締役その他の取締役等に対する実効性の高い監督を行うこと」が掲げられています（13条2項各号）。

　これは、CGコードの原則4-4後段において、「監査役及び監査役会に期待される重要な役割・責務には、業務監査・会計監査をはじめとするいわば『守りの機能』があるが、こうした機能を含め、その役割・責務を十分に果たすためには、自らの守備範囲を過度に狭く捉えることは適切でなく、能動的・積極的に権限を行使し、取締役会においてあるいは経営陣に対して適切に意見を述べるべきである」とされていることを踏まえたものであるとみられます。

　しかし、監査役が、いくら、「守りの機能」に徹することなく、また、自らの守備範囲を過度に狭く捉えることなく、能動的・積極的に権限を行使すべきであるからといって、監査役監査基準にあるように、「監督機能」までをも担うことに果たして本当になるのでしょうか。

　会社法上監査役に与えられている権限は、あくまでも、監査に関する権限です。もちろん、「監査」と「監督」のそれぞれについて明確な定義があるわけではなく、その違いもあいまいではあります。しかし、取締役会が担っている、経営戦略の策定や経営陣に対する監督といった監督機能を監査役が会社法上担っているとはさすがに言い難いと思います。

　日本監査役協会の監査役監査基準は、ひな型にすぎず、個々の監査役（会）が監査役監査基準を実際に制定するに際し、上記のような条項を入れるかどうかは別問題であり、各社の監査役（会）においてその点を検討する必要があります。

　この点に関し、裁判例の中には、日本監査役協会が定めたひな型に準拠して監査役監査基準を定めていた事案において、監査役の義務違反の有無は、当該会社が定めた監査基準に基づいて判断されるべきであるとするものがあります（大阪高判平成27年5月21日判例時報2279号96頁（セイクレスト役員責任査定決定異議申立事件控訴審判決）参照。同判決は、最高裁判所において、上告受理申立てが受理されず（最決平成28年2月25日）、確定しています）。したがって、監査役監査基準について、単にベストプラクティスを定めたにすぎないとか、訓示規定にすぎないものとして扱うことはできません。各社の監査役（会）の定める監査役監査基準の内容如何によって、当該監査役の注意義務の内容が変わり得ることになります。監査役が監督機能を担う旨の規定を自社の監査役監査基準に盛り込んでいる場合において、監査役が当該監督機能を十分に果たしていなかったときは、当該監査役の善管注意義務違反が認められる可能性があることになります。監査役には法律上監督に関する権限の裏付けがありませんが、そのような裏付けがないまま、監査役が監督機能を担う旨の規定を自社の監査役監査基準に盛り込むかどうかについては、慎重な検討を要するというほかありません。そして、このような規定を入れずに監査役監査基準を定めている上場会社の監査役会も少なくありません。

Ⅳ　何名・何割の社外取締役を置けばいいのか？

① 社外取締役の「頭数」の増加から、社外取締役の「割合」の増加が求められる時代に

　社外取締役を何名置き、また、社外取締役の取締役総数に対する割合をどの程度にすればいいのかというのは、本来は、会社が必要と考える人数・割合が正にそれであるとしかいいようがないはずです。

[図表序 -3]　社外取締役を少なくとも 1 名選任する上場会社の比率

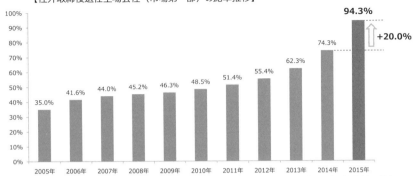

【社外取締役選任上場会社（市場第一部）の比率推移】

※　2014年までの数値は、上場会社から提出されたコーポレート・ガバナンスに関する報告書及び上場会社のコーポレート・ガバナンス調査（日本取締役協会）をもとに東証作成。2015年の数値は、2015年7月14日までに提出されたコーポレート・ガバナンスに関する報告書の記載をもとに東証作成。

（出所：東京証券取引所「東証上場会社における社外取締役の選任状況＜確報＞」（2015年 7 月 29 日）2 頁から抜粋）

　しかし、日本の場合、機関投資家の要求や CG コードの影響により、「2名」の社外取締役を置かざるを得ないという事情が先にあり、それに対応した結果として 2 名の社外取締役が置かれているという現状にあります。

　なぜ「2 名」かという点については、まず、東京証券取引所市場第一部の上場会社で見ても、社外取締役を 1 名も置かない上場会社が多数派であった時代が 2010 年まで続いていました（**図表序 -3** 参照）。このような状況において、とにかく社外取締役を入れようということで、「初めの一歩」として、「1 名」の社外取締役の導入が求められました。もっとも、社外取締役が 1名いたところで、多勢に無勢であり、その役割・機能は、なかなか発揮することができないかもしれません。そこで、1 名よりは複数名ということで、「2 名」の社外取締役が求められているわけです。仲間がいたほうが、取締役会で意見が述べやすく、また、社外取締役間の議論・意見交換を通じて、社外取締役自身としてもより適切な意見を形成することができる可能性が高まります。

　他方で、取締役会は、多数決の世界です。いくら社外取締役の意見を尊重するとはいっても、社外取締役が少数派であるとすれば、多数派の社内取締役の意見が、最終的には取締役会＝会社の意見として決定されることになります。

　ところで、取締役会の最も重要な職務の1つは、経営トップたる代表取締役の選定・解職です（会社法362条2項3号）。そのため、業務執行者に対する社外取締役の監督機能を特に重視し、取締役会の監督機能の実効性を確保するという観点からは、多数決の論理が支配する取締役会において、業務執行者からの独立性を有する社外取締役を多数派にするという課題が次に出てきます。

　社外取締役の導入を巡る議論は、これまで社外取締役の「頭数」を問題にしてきましたが、その「頭数」を問題にする限りは、個社ごとにおける社外取締役の影響力の強弱は、脇に追いやられてしまいかねません。社外取締役が2名置かれているとはいっても、それが取締役総数20名の中なのか、それとも、取締役総数10名、さらには5名の中なのかでは、その2名の社外取締役が有する影響力の差は歴然です。

　このようにして、多数決の論理が支配する取締役会における社外取締役の影響力を高めるため、社外取締役の「頭数」を増やすことから、社外取締役が取締役総数に対して占める「割合」を増やすことに、議論がシフトしています。そして、取締役会の決議（なかんずく、代表取締役の選定・解職）において、社外取締役が決定的な影響力を有するという観点からは、社外取締役が多数派になる、すなわち、社外取締役が取締役総数に対して占める割合は、「過半数」であるべきということになります。

　「社外取締役が過半数」という状態は、会社における重要事項の意思決定権が、社長をはじめとする業務執行者（社内取締役）から社外取締役に移ることを意味します。これは、現在の多数派である社内取締役、とりわけ、現職の社長が、そのようなマインドセットになれるかという問題とともに、社外取締役の人材確保の問題などもあり、非常に難しい、センシティブなテーマであって、すぐに対応することができるものではありません。

　図表序-4は、独立社外取締役が取締役総数に対して占める割合に関する東京証券取引所のデータです。これによれば、独立社外取締役が取締役総数の過半数を占める上場会社の数は、180社と僅少であり、これが増えるには時間がしばらくかかるでしょう。

　そこで、機関投資家としては、ここでもまずは「はじめの一歩論」として、社外取締役の取締役総数に対する割合を一気に過半数にするのは難しいとしても、当面の目標として「3分の1」とすることを求めることになります。

　現に、議決権行使助言会社の Institutional Shareholder Services（ISS）は、2019 年 2 月から、監査等委員会設置会社及び指名委員会等設置会社において、株主総会後の取締役会に占める社外取締役の割合が 3 分の 1 未満である場合、経営トップである取締役の選任議案への反対を推奨するとしています。さらに、ISS は、指名委員会等設置会社及び監査等委員会設置会社だけでなく、監査役設置会社に対しても、2022 年 2 月から、同様に、株主総会後の取締役会に占める社外取締役の割合が 3 分の 1 未満である場合、経営トップである取締役の選任議案に反対を推奨するという基準を導入します。

　株主総会後の取締役会に占める社外取締役の割合が 3 分の 1 未満であるような取締役の選任議案を定時株主総会に提出する上場会社では、ISS の議決権行使助言サービスの提供を受ける機関投資家、特に、海外の機関投資家が、このような ISS による反対推奨の助言に基づき、経営トップである取締役の選任議案に対して反対票を投ずることになり、当該議案の賛成割合が低くなる（反対割合が高くなる）ことが見込まれます。

　経営トップである取締役の選任議案が否決されることはなかなかないですが、その選任議案の賛成割合が他の取締役の選任議案の賛成割合に比べて（著しく）低いと、当該経営トップの正統性に疑問が呈されることにもなりかねません。そのため、自社の株主構成において海外の機関投資家の占める比率が高い上場会社では、取締役総数に対する社外取締役の割合をどうするか、差し当たりこれを 3 分の 1 以上とするかどうかの問題は切実です。

　そして、このような状況もあって、**図表序 -4** 及び **図表序 -5** のとおり、東京証券取引所市場第一部の上場会社の中で、取締役総数の 3 分の 1 以上を社外取締役とする上場会社は、2019 年の 43.6％であったのに対し、2020 年は、58.7％と、とうとう半数を超え、6 割に迫っています。

　そして、以上の状況のもと、とうとう、2021 年 6 月の改訂後の CG コードの原則 4-8 は、2022 年 4 月 4 日の東京証券取引所の新市場区分への一斉移行の後の新たな市場である「プライム市場」[3] の上場会社に対し、独立社外取締役を少なくとも 3 分の 1 以上選任すべきであるとするに至りました（**図表序－1** 参照）。このため、特に、プライム市場に上場する会社の多くがこれに沿った対応することになると見込まれます。

　もっとも、前述のとおり、ことは、会社の重要事項の（事実上の）意思決定権をだれに帰属させるかという、極めて重要な問題です。もちろん、株主

[図表序 -4]　独立社外取締役が取締役総数に対して占める割合

	社数	3分の1以上	過半数
市場第一部	2,172 社	1,276 社 （前年比＋339 社）	130 社 （前年比＋37 社）
		58.7% （前年比＋15.1%）	6.0% （前年比＋1.7%）
市場第二部	480 社	170 社 （前年比＋29 社）	11 社 （前年と同じ）
		35.4% （前年比＋6.5%）	2.3% （前年と同じ）
マザーズ	326 社	149 社 （前年比＋38 社）	24 社 （前年比＋6 社）
		45.7% （前年比＋7.6%）	7.4% （前年比＋1.2%）
JASDAQ	699 社	156 社 （前年比＋47 社）	15 社 （前年比＋9 社）
		22.3% （前年比＋7.0%）	2.1% （前年比＋1.3%）
全上場会社	3,677 社	1,751 社 （前年比＋453 社）	180 社 （前年比＋52 社）
		47.6% （前年比＋12.0%）	4.9% （前年比＋1.4%）

3)　東京証券取引所には、現在、市場第一部、市場第二部、マザーズ及び JASDAQ の 4 つの市場区分があります。これに対し、東京証券取引所は、2022 年 4 月 4 日に、プライム市場、スタンダード市場及びグロース市場の 3 つの新しい市場区分に再編する予定です（新市場区分への一斉移行）。それぞれの市場コンセプトは、以下のとおりです（東京証券取引所「市場区分の見直しに向けた上場制度の整備について－第二次制度改正事項に関するご説明資料－」（2021 年 2 月 15 日）5 頁）。
①プライム市場：多くの機関投資家の投資対象になり得る規模の時価総額（流動性）を持ち、より高いガバナンス水準を備え、投資家との建設的な対話を中心に据えて持続的な成長と中長期的な企業価値の向上にコミットする企業向けの市場
②スタンダード市場：公開された市場における投資対象として一定の時価総額（流動性）を持ち、上場企業としての基本的なガバナンス水準を備えつつ、持続的な成長と中長期的な企業価値の向上にコミットする企業向けの市場
③グロース市場：高い成長可能性を実現するための事業計画及びその進捗の適時・適切な開示が行われ一定の市場評価が得られる一方、事業実績の観点から相対的にリスクが高い企業向けの市場

		294 社 （前年比 ＋73 社）	38 社 （前年比 ＋10 社）
JPX 日経 400	396 社	74.2% （前年比 ＋18.6%）	9.6% （前年比 ＋2.5%）

（出所：東証・独立社外取締役の選任状況調査結果 5〜6 頁。2020 年 8 月 14 日時点における CG 報告書の記載をもとに集計したものです（17 頁））

[図表序 -5]　3 分の 1 以上の独立社外取締役の選任状況
【3分の1以上の独立社外取締役を選任する上場会社（市場第一部）の比率推移】

（出所：東証・独立社外取締役の選任状況調査結果 4 頁から抜粋）

がそれを社外取締役に帰属させることを求めているという事実自体が重要ですが、それだけで決めていいものではありません。株主からの負託を受けて会社経営の責務を担う取締役として、どのような取締役会構成とするのが当社にとって最適かという観点から検討・判断するのが最も肝要です（社外取締役を取締役総数の過半数とする流れについては、**第 7 章Ⅰ**もご参照ください）。

② 令和元年会社法改正による社外取締役の義務付けと、社外取締役を置くことが相当でないと考える会社

　このように、上場会社は、CG コードにおいて、（独立）社外取締役を 2 名以上又は取締役総数の 3 分の 1 以上とすることが求められます。

　他方で、会社法では、令和元年会社法改正が施行される 2021 年 3 月 1 日までは、社外取締役を置くことは義務付けられていませんでした。監査等委員会設置会社及び指名委員会等設置会社を選択すると、社外取締役を置くこ

とが義務付けられますが、これらの機関設計を選択するかどうか自体は、各社の任意の判断に委ねられています。

　平成26年会社法改正の成立に至る過程においても、社外取締役の設置を義務付けるかどうか、特に上場会社に対して義務付けるかどうかについて、散々議論がされてきましたが、義務付けには至りませんでした。

　これに対し、前掲の**図表序-1**のとおり、令和元年会社法改正において、一定の類型の会社に対し、少なくとも1名の社外取締役の設置が義務付けられることになりました。すなわち、令和元年会社法改正による改正後の会社法の下では、監査役会設置会社（公開会社であり、かつ、大会社であるものに限ります）であって金融商品取引法24条1項の規定によりその発行する株式について有価証券報告書を内閣総理大臣に提出しなければならないものは、少なくとも1名の社外取締役を置かなければならないとされています（当該改正後の会社法327条の2）。

　社外取締役の設置が義務付けられる監査役会設置会社は、公開会社であり、かつ、大会社であるものに限られます。そのため、会社法上は、上場会社であっても、「大会社」でない場合は、義務付けの対象外です（ただし、東京証券取引所の改正後の有価証券上場規程437条の2において、全上場会社が1名以上の社外取締役の確保を義務付けられます[4]。**図表序-1**参照）。

　また、その発行する株式について有価証券報告書の提出が義務付けられている会社が対象ですので、厳密には、上場会社に限られません。非上場会社の中でも、株主の数が1,000名以上であるなど、有価証券報告書の提出が義務付けられる監査役会設置会社（公開会社であり、かつ、大会社であるものに限ります）は、社外取締役の設置が義務付けられます。

　このように、主に上場会社を対象として、一定の監査役会設置会社には、少なくとも1名の社外取締役の設置が義務付けられることになります。

　もっとも、上場会社のほとんどが社外取締役を既に1名設置していますので、当該改正の影響は、大きくないといえます。

　他方で、社外取締役の設置が強く求められる状況下でも、社外取締役を1名も設置していない上場会社は、少数ながら存在します。**図表序-6**のとおり、東

---

4)　当該改正の施行日である2021年3月1日以後に終了する事業年度に係る定時株主総会の日の翌日から適用されます（東京証券取引所「令和元年会社法改正に伴う上場制度の整備に係る有価証券上場規程等の一部改正について」（2021年2月）2頁）。

［図表序 -6］　社外取締役又は独立社外取締役を設置していない東京証券取引所
　　　　　　　上場会社の数

	市場第一部	市場第二部	マザーズ	JASDAQ	合計
社外取締役がゼロ	3	4	4	31	42
独立社外取締役がゼロ	6	14	15	125	160

（出所：東証・独立社外取締役の選任状況調査結果 6 頁。2020 年 8 月 14 日時点におけ
る CG 報告書の記載をもとに集計したものです（17 頁））

京証券取引所上場会社 42 社において社外取締役が 1 名も設置されていません。
　この点に関し、これらの社外取締役を置いていない上場会社は、大会社で
ある場合、社外取締役を置くことが相当でない理由の説明義務が課されてい
ました（令和元年会社法改正による改正前の会社法 327 条の 2）。定時株主総会
における説明の内容は外部からはわかりませんが、事業報告又は取締役の選
任議案に係る株主総会参考書類から、各社の考える「社外取締役を置くこと
が相当でない理由」が分かります5)。図表序 -7 では、社外取締役を置いて
いない東京証券取引所市場第一部上場会社 3 社の事業報告又は株主総会参考
書類に記載されている「社外取締役を置くことが相当でない理由」を紹介し
ています。
　このようにこれまで社外取締役を置くことが相当でないと考えていた上場
会社に対し、会社法上社外取締役の設置が強制されることで、どのような影
響が生ずるか（特にネガティブな影響が生じないか）が注目されます。

［図表序 -7］　社外取締役を設置していない東京証券取引所市場第一部上場会社
　　　　　　　3 社における「社外取締役を置くことが相当でない理由」

サイボウズ（2020 年 12 月期事業報告）

4. 社外取締役を置くことが相当でない理由
　当社は、社外取締役を選任しておりませんが、社外取締役を置くことが相当でないと判断
した理由は次のとおりであります。

　当社のように変化に富んだ IT 業界において、迅速かつ柔軟に対応できることが何より重要と
考えております。このような中、当社の属する業界や当社の理念及び事業環境等に対する理解が
不十分な社外取締役を選任した場合、取締役会での迅速かつ柔軟な意思決定が阻害されるおそれ
があります。また、法令上の社外取締役の要件を満たしつつ、当該おそれのない適任者を探して
社外取締役として選任することは容易ではない上に、報酬等を含めて相応のコストを要すると考
えるため、社外取締役を置いておりません。

　しかしながら、意思決定における透明性の向上や多角的視点の導入、ガバナンス体制については極めて重要と考えており、下記の対応を行っております。

(1)　意思決定における透明性の向上及び多角的視点の導入
　当社においては、経営に関する意思決定や議論の場として、取締役と各本部の責任者が本部の垣根を越えて共有、議論するための経営会議を開催しております。これら重要な意思決定においては多角的かつ多面的な視点での議論が重要となりますが、当社では「公明正大」や「議論」を尊重する考えに基づき、監査役を含む全役職員も本経営会議にいつでも参加、議論することができることとしております。また、その議事録も共有されているため、議論内容について適宜質問や意見を発信することもできます（インサイダー情報やプライバシー情報を除きます。）。もちろん経営に関する意思決定のみならず、日々の業務においても情報の公開と共有がなされているとともに、「質問責任」や「説明責任」、「議論」を歓迎する等、同時に風土醸成も行い、きわめて透明性の高い意思決定プロセスとなるよう改善を続けております。
　社内メンバーだけでなく、より多角的に議論をするために新たな知見が必要な場合は、その必要性に応じて適切な知見を有する外部の方からアドバイスを得たうえで、社内で共有し、議論しております。変化の激しい当社の現況を考慮すると、現段階においては特定の社外取締役に固定的に参加いただくより、適宜助言を得ることが、柔軟で的確、かつコストも含めた効率性の観点からも望ましいと考えております。

(2)　ガバナンス体制
　ガバナンスの観点からは、一般株主と利益相反が生じるおそれのない独立性、並びに高い専門知識及び豊富な経験を有した監査役３名全員を社外監査役としております。監査役は毎月開催される取締役会に出席して積極的に意見を述べるとともに、会計監査人との連携や、内部監査部門との積極的なコミュニケーション等を通じて専門的な見地に基づく経営監視を行っております。
　当社では、社内外を問わず経営の透明化を図ることを前提として、役職員の「誰もが取締役の役割を担う」と考えております。一人ひとりが自立心を持って質問責任を果たし、意思決定者がオープンな場で説明責任を果たすことにより、株主に選任された取締役のみによるガバナンスを超える組織が実現できると考えております。当社では、このような考えから、「取締役は、理想の番人として選任される」という新しいマネジメントに挑戦することとし、2021年３月開催予定の当社定時株主総会に当社役職員17名を取締役候補者とする取締役選任議案を提出いたします。

---

5)　公開会社における事業報告の内容の１つとして「会社役員に関する事項」がある（会社法施行規則119条２号）ところ、事業年度の末日において監査役会設置会社（大会社に限ります）であってその発行する株式について有価証券報告書を内閣総理大臣に提出しなければならないものが社外取締役を置いていない場合には、会社役員に関する事項として、社外取締役を置くことが相当でない理由を事業報告の内容に含めなければなりませんでした（令和元年会社法改正による改正前の同規則124条２項）。
　　また、取締役が取締役の選任議案を株主総会に提出する場合において、会社が社外取締役を置いていない特定監査役会設置会社（当該株主総会の終結の時に社外取締役を置いていないこととなる見込みであるものを含みます）であって、かつ、取締役に就任したとすれば社外取締役となる見込みである者を候補者とする取締役の選任議案を提出しないときは、社外取締役を置くことが相当でない理由を株主総会参考書類に記載しなければなりませんでした（令和元年会社法改正による改正前の会社法施行規則74条の２第１項）。「特定監査役会設置会社」とは、監査役会設置会社（公開会社であり、かつ、大会社であるものに限ります）であってその発行する株式について有価証券報告書を内閣総理大臣に提出しなければならないものをいいます（同条２項）。
　　なお、令和元年会社法改正に伴う会社法施行規則の改正により、会社法施行規則74条の２及び124条２項（及び３項）は削除されました。

　今後は、現在の体制（上記議案承認後は新しいマネジメントを含む）の運用状況を踏まえたうえで、2021年3月1日施行の改正会社法による社外取締役の設置義務付けに備えて、社外取締役の選任を検討してまいります。

クボテック（2020年3月期事業報告）

　当社は、迅速かつ柔軟に経営判断を行い、効率的な会社運営を行うため、当社事業に精通した少人数の取締役をもって取締役会を構成しております。当社においても、近時のコーポレートガバナンス体制の充実に向けて、社外取締役候補者を探しております。しかし、社外取締役が経営判断に参加しつつ、経営に対する実効的な監督を行うためには、当社の事業領域に関する知見を有し、かつ経営陣からの独立性を有していることが必要であると考えておりますが、社外取締役への就任をご承諾いただける適任者を見つけることができませんでした。今後とも、適任者の選定に向けた取り組みを進めてまいりますが、適任者を見つけることができない現状で社外取締役を選任したとしても、迅速かつ柔軟な経営判断に支障を生じ、効率的な会社運営を阻害するおそれがある一方、経営に対する実効的な監督を期待することも難しいため、相当ではないと考えております。

ランドビジネス（2020年9月期事業報告）

　社外監査役は取締役会への出席や監査役会を通じて内部監査、内部統制及び会計監査の報告を受け、独立した立場から取締役の職務執行状況について監査し、必要に応じて意見を述べることにより、経営監視の実効性を高め、当社の企業統治及び企業価値の向上に資する役割を果たしております。これによりコーポレート・ガバナンスにおける外部からの客観性・中立性が確保されており、経営監視機能が十分に機能しているため、現状の体制としつつ、当社にとって最適なコーポレート・ガバナンスを目指しつつ、引き続き、当社の社外取締役として適切な人材の確保に向けて、検討を行ってまいりましたが、適任者を得ることができましたので、第36回定時株主総会に社外取締役候補者を含む取締役選任議案を上程いたします。

> **コラム2**　令和元年会社法改正①──社外取締役の設置義務付けと社外取締役の不在の効果
>
> 　社外取締役の設置義務付けに対する反対意見の理由の1つに、仮に社外取締役に欠員が生じてしまった場合や社外取締役の要件を実は満たしていなかったことが後日判明した場合に、社外取締役がいなかった期間における取締役会の決議が有効でなくなることが挙げられていました。
>
> 　この点については、令和元年会社法改正の立案担当者は、「上場会社等において、事故等により社外取締役が欠けることとなった場合であっても、社外取締役を選任するための手続を遅滞なく進め、合理的な期間内に社外取締役が選任されたときは、その間にされた取締役会の決議を含め、取締役会の決議は無効とならないと考えられる」としています（竹林俊憲ほか「令和元年改正会社法の解説〔Ⅴ〕」商事法務2226号（2020年）8頁）。また、当該「遅滞なく」に関し、「一時取締役については、実務上、定時株主総会の6カ月以上前に欠員が生じた場合には、臨時株主総会を開催して後任の取締役を選任

すべきであり、定時株主総会前 3 カ月以内に欠員が生じた場合には、欠員の
まま定時株主総会において処理すればよく、その中間の時期に欠員が生じた
場合には、一時取締役を選任すべきであるといわれることがあるようである。
社外取締役を『遅滞なく』選任したといえるかどうかについては、当該上場
会社等において、候補者の選定の状況等に照らし、臨時株主総会を開催する
ためにどのくらい期間を要するかなど、個別具体的な事情により異なると考
えられるが、この考え方も参考となると考えられる」としています（同頁）。
　この点については、部会第 17 回会議及び第 18 回会議のそれぞれの議事録
22〜28 頁及び 15〜19 頁の各委員・幹事の発言も参考になります。また、こ
の点を論じた論文として、例えば、白井正和「令和元年会社法改正の意義(5)
　社外取締役の選任義務づけと業務執行の委託」商事法務 2234 号（2020 年）
4 頁があります。

第1章

社外取締役が知っておきたい基礎知識

● ●

　社外取締役の役割と活用という本書の本題に入る前に、本章では、社外取締役が知っておいたほうがいいと考えられる基本的な用語・事項について、解説します。

Ⅰ　社外取締役と独立社外取締役・独立役員

1　社外取締役とは？

　ここまで、「社外取締役」の具体的な意味内容を確認することをしないまま、社外取締役について述べてきました。社外取締役の定義・要件は、会社法2条15号に定められています。社外取締役の要件は、大きく、①業務執行者の指揮命令下にないこと及び②特定の者との利害関係がないことの2つの観点から分けることができます。社外取締役の具体的な要件は、図表1-1のとおりです。

[図表 1-1]　社外取締役の要件

①　業務執行者の指揮命令下にあるかどうか（いわゆる現在要件）、又は指揮命令下にあったかどうか（いわゆる過去要件）という観点からの要件
(1)　現在要件
・当該会社の業務執行取締役等[*1]でないこと ・当該会社の子会社の業務執行取締役等でないこと
(2)　過去要件

21

・その就任の前10年間当該会社の業務執行取締役等であったことがないこと。
・その就任の前10年間当該会社の子会社の業務執行取締役等であったことがないこと。
・その就任の前10年内のいずれかの時において当該会社又はその子会社の取締役、会計参与又は監査役であったことがある者（業務執行取締役等であったことがあるものを除きます）にあっては、当該取締役、会計参与又は監査役への就任の前10年間当該会社又はその子会社の業務執行取締役等であったことがないこと。

② 特定の者との利害関係にあるかどうかという観点からの要件

(1) 親会社・兄弟会社に係る利害関係

・当該会社の親会社等*2（自然人であるものに限ります）自身又は親会社等の取締役若しくは執行役若しくは支配人その他の使用人でないこと。
・当該会社の親会社等の子会社等（当該株式会社及びその子会社を除きます。いわゆる兄弟会社を指します）の業務執行取締役等でないこと。

(2) 近親者に係る利害関係

・当該会社の取締役若しくは執行役若しくは支配人その他の重要な使用人又は親会社等（自然人であるものに限ります）の配偶者又は二親等内の親族でないこと。

＊1 「業務執行取締役等」とは、業務執行取締役、若しくは執行役又は支配人その他の使用人をいいます。
　また、「業務執行取締役」とは、会社法363条1項各号に掲げる取締役及び当該会社の業務を執行したその他の取締役をいいます。同項各号に掲げる取締役とは、(i)代表取締役又は(ii)代表取締役以外の取締役であって、取締役会の決議によって取締役会設置会社の業務を執行する取締役として選定されたものをいいます。
＊2 「親会社等」とは、(i)親会社又は(ii)会社の経営を支配している者（法人であるものを除きます）として会社法施行規則3条の2第2項・3項で定めるものをいいます（会社法2条4号の2）。

　まず、①業務執行者の指揮命令下にないことという観点について、社外取締役は、業務執行者を適切に監督することが期待されます。しかし、取締役が、その監督を受ける者（被監督者）たる業務執行者自身である場合はもちろん、業務執行者の指揮命令下にある場合には、自身の上司に当たる当該業務執行者を適切に監督することができません。そこで、社外取締役として認められるためには、①業務執行者の指揮命令下にないこと（端的には、代表取締役社長の部下でないこと）が求められます（社外取締役の要件に関し、「業

務執行」については**第４章Ｉ②**を、「使用人」については**第３章Ⅲ①**を、それぞれご参照ください）。

　次に、②特定の者との利害関係がないことという観点について、社外取締役は、会社と特定の者との利益が相反する行為を適切に監督することも期待されます。そのような取引の類型はいろいろとありますが、会社法は、その中の２つに着目して社外取締役の要件を定めています。会社とその親会社との取引であり、もう１つは、会社と取締役その他一定の関係者（会社関係者）との取引です。

　会社とその親会社との取引は、親会社が、その子会社たる当該会社に対して支配力を有することを背景に、親会社に有利な（したがって、当該会社に不利な）条件で当該会社と取引をするおそれがあります。そこで、当該会社の利益を守る観点から、親会社との取引が当該会社にとって適正なものかどうかがチェックされる必要があります。しかし、当該会社の取締役のうち、親会社の一定の関係者は、親会社寄りになってしまい、子会社たる当該会社の利益を守る観点からそのような取引をチェックすることが期待しづらいといえます。そのため、親会社の一定の関係者は、子会社たる当該会社の社外取締役とは認めないとされています。

　このように親会社と当該会社との取引について、当該会社の利益を守る観点からチェックすることを期待することができないという点は、当該会社の兄弟会社の業務執行取締役等にも当てはまります。なぜなら、兄弟会社の業務執行取締役等は、当該親会社の指揮命令を受けているためです。したがって、当該会社の兄弟会社の一定の業務執行取締役等は、他方の兄弟会社たる当該会社の社外取締役とは認めないとされています（以上の当該会社と親会社との利益相反に対する監督については、**第５章Ⅵ**もご参照ください）。

　また、会社と一定の会社関係者との間の取引については、当該会社関係者が、その立場上、自身に有利な条件とするおそれがあります。そのため、当該会社関係者との取引が当該会社にとって適正なものであるかどうかがチェックされる必要があります。しかし、当該会社関係者の近親者は、当該会社関係者と経済的利益を同一にする（すなわち、「財布が共通」である）ため、当該会社と当該会社関係者との取引について、当該会社の利益を守る観点からチェックすることを期待することができません。そこで、一定の会社関係者の近親者は、当該会社の社外取締役とは認めないとされています。

② 独立社外取締役・独立役員とは？

　「独立社外取締役」という用語は、会社法その他法律上の概念ではなく、CGコードに登場する概念です。

　もっとも、CGコードにおいても、「独立社外取締役」の定義や意味内容は定められていません。

　このように、「独立社外取締役」の定義はありませんが、社外取締役のうち、さらに高い独立性を有する者が「独立社外取締役」といえます。なお、本書では、社外取締役と独立社外取締役を基本的に区別せずに、社外取締役の用語を用いています。

　では、そのような独立社外取締役の「独立性」は、どのように判断されるのでしょうか。この点に関し、CGコードの原則4-9は、独立社外取締役の独立性判断基準について、以下のように定めています。

> 取締役会は、金融商品取引所が定める独立性基準を踏まえ、独立社外取締役となる者の独立性をその実質面において担保することに主眼を置いた独立性判断基準を策定・開示すべきである。

　原則4-9を実施する上場会社は、後述の金融商品取引所が定める独立性基準を踏まえ、自社の独立性判断基準を策定・開示し、当該自社の独立性判断基準に照らして、当社の社外取締役が独立社外取締役に該当するかどうかを判断することになります。

　また、自社の独立性判断基準を策定していない上場会社においては、後述の金融商品取引所が定める独立性基準に照らして、当社の社外取締役が独立社外取締役に該当するかどうかを判断することになります。

　ところで、独立社外取締役に似た概念として、「独立役員」があります。これは、金融商品取引所が定めるものであり、「一般株主と利益相反が生じるおそれのない社外取締役又は社外監査役」をいいます。そして、上場会社は、一般株主保護のため、「独立役員」を1名以上確保し、金融商品取引所に対し、独立役員を届け出なければなりません（例えば、東京証券取引所の有価証券上場規程436条の2第1項、有価証券上場規程施行規則436条の2第1項1号）。

　「一般株主と利益相反が生じるおそれのない」というのが具体的にどのよ

うな場合であるかは、有価証券上場規程にも定められておらず、各上場会社
において実質的に判断する必要があります。他方で、東京証券取引所は、上
場管理等に関するガイドラインⅢ 5.（3）の 2 において、同取引所が一般株
主と利益相反の生じるおそれがあると判断する場合の判断要素、すなわち、
独立性基準を規定しており、独立性基準に抵触する場合には、独立役員とし
て届け出ることができないとしています（東京証券取引所「独立役員の確保に
係る実務上の留意事項（2020 年 11 月改訂版）」（本項において、以下「独立役員留
意事項」といいます）2 頁）。社外取締役を独立役員として指定する場合にお
ける独立性基準の具体的な内容は、**図表 1-2** のとおりです。

　もっとも、この独立性基準に抵触さえしなければ必ず独立役員として認め
られる、というわけでもなく、抵触しない場合であっても、「一般株主と利
益相反が生じるおそれのない」とはいえない場合は、やはり、独立役員の要
件を満たしません（独立役員留意事項 2〜3 頁）。

　なお、社外取締役のうち、さらに高い独立性を有する者が独立社外取締役
であると述べました。「さらに高い独立性」とは、図表 1-2 のとおり、特に、
上場会社の取引先でないこと（図表 1-2 の A・B）が挙げられます。取引先
に関する要件は、社外取締役の要件には定められていません。

[図表 1-2]　金融商品取引所の定める独立性基準の内容（社外取締役を独立役員として指定する場合）

A	上場会社を主要な取引先とする者又はその業務執行者*1
B	上場会社の主要な取引先又はその業務執行者
C	上場会社から役員報酬以外に多額の金銭その他の財産を得ているコンサルタント、会計専門家又は法律専門家（当該財産を得ている者が法人、組合等の団体である場合は、当該団体に所属する者をいいます）
D	最近においてA、B又はCに掲げる者に該当していた者*2
E	就任の前 10 年以内のいずれかの時において次の(A)又は(B)のいずれかに該当していた者 (A)　上場会社の親会社（財務諸表等の用語、様式及び作成方法に関する規則 8 条 3 項に規定する親会社）の業務執行者又は業務執行者でない取締役 (B)　上場会社の兄弟会社（上場会社と同一の親会社を有する他の会社）の業務執行者

F	次の(A)から(E)までのいずれかに掲げる者（重要でない者を除きます）の近親者（二親等内の親族）*3
	(A)　Aから前Eまでに掲げる者
	(B)　上場会社の子会社の業務執行者
	(C)　上場会社の親会社の業務執行者又は業務執行者でない取締役
	(D)　上場会社の兄弟会社の業務執行者
	(E)　最近において前(B)又は上場会社の業務執行者に該当していた者

＊１　「業務執行者」とは、会社法施行規則２条３項６号に規定する業務執行者をいい（独立役員留意事項３頁）、①業務執行取締役、執行役その他の法人等の業務を執行する役員、②業務を執行する社員、会社法598条１項の職務を行うべき者その他これに相当する者又は③使用人をいいます。

＊２　「最近においてA、B又はCに掲げる者に該当していた」場合とは、独立役員留意事項４頁において、「実質的に現在、A、B又はCに掲げる者と同視できるような場合をいい、例えば、当該独立役員を社外取締役又は社外監査役として選任する株主総会の議案の内容が決定された時点において、A、B又はCに掲げる者に該当していた場合等が含まれます。１年以上前にA、B又はCに掲げる者に該当していた場合には、『最近において……該当していた』に該当しないことが通常と考えられます」とされています。

＊３　「重要でない」に該当するか否かについて、独立役員留意事項４頁において、会社法施行規則74条４項６号ホ等に準じて上場会社が判断するものとされ、具体的に「重要」な者として想定されるのは、「A又はBの業務執行者については各会社・取引先の役員・部長クラスの者を、Cの所属する者については各監査法人に所属する公認会計士、各法律事務所に所属する弁護士（いわゆるアソシエイトを含みます）を想定しています」とされています。

　前述のとおり、一般的には、各上場会社は、自社の独立性判断基準を定めている場合は当該基準に抵触しない社外取締役を、また、自社の独立性判断基準を定めていない場合は金融商品取引所の上記独立性基準に抵触しない社外取締役を、それぞれ、独立役員として届け出て、これらの社外取締役を独立社外取締役として認識しています。

　もっとも、機関投資家や議決権行使助言会社も独自の独立性判断基準を有しています。そして、機関投資家等は、独立性判断基準に抵触する、すなわち、独立性を有しない社外取締役の選任議案に対して反対（反対を推奨）します。

　ある取締役について、上場会社と機関投資家等のそれぞれの独立性判断基準に当てはめた場合に、上場会社としては独立性を有している（独立社外取締役に該当する）と判断していても、機関投資家等が独立性を有していると

認めない場合もあります。その結果、そのような取締役の選任議案に対して反対票が集まるというケースも、近時は珍しくありません。

　この点に関し、議決権行使助言会社の Institutional Shareholder Services（ISS）は、「会社独自の独立性基準を満たす候補者が、投資家にとって独立性を有するとは限らないのである。投資家は自社の独立性基準に照らして候補者の独立性を判断するため、『会社独自の独立性基準を満たしている』旨の記載だけに基づきその候補者が独立性を有すると判断できない。そのため、参考書類の個々の候補者の欄に具体的な取引規模を記載することが重要である」「このような理由から、ISS は会社独自の独立性基準に書かれた情報は考慮せず、参考書類の個々の候補者に記載された情報に基づき独立性を判断する」としています（ISS「2021 年版 日本向け議決権行使助言基準」14 頁）。

　このように、ある社外取締役について、会社が独立社外取締役として扱っている場合であっても、機関投資家は、独立社外取締役として認めていないというケースがあることに留意する必要があります。

Ⅱ　社外取締役が知っておきたいキーワード

1　コーポレートガバナンス・コード（CG コード）

(1)　「持続的な成長と中長期的な企業価値の向上」という目的達成のための手段の 1 つ

　「コーポレートガバナンス・コード」（CG コード）は、上場会社の実効的なコーポレート・ガバナンス（企業統治）の実現に資する主要な原則を取りまとめたものです。CG コードは、金融庁に設置された「コーポレートガバナンス・コードの策定に関する有識者会議」（座長：池尾和人・慶應義塾大学経済学部教授（当事））における議論・原案の取りまとめを経て、上場規則の一部として組み込まれる形で 2015 年 6 月から上場会社への適用が開始され、その後、2018 年 6 月及び 2021 年 6 月に一部改訂されています。

　CG コードは、3 層構造になっており、以下の各章に対応した「基本原則」が 5 個、更に各基本原則の中に「原則」と「補充原則」があり、2021 年 6 月の改訂後の CG コードには合計 83 個の原則が掲げられています。

第1章	株主の権利・平等性の確保
	原則合計 19 個：基本原則 1 個、原則 7 個、補充原則 11 個
	≪基本原則の内容≫ 　上場会社は、株主の権利が実質的に確保されるよう適切な対応を行うとともに、株主がその権利を適切に行使することができる環境の整備を行うべきである。 　また、上場会社は、株主の実質的な平等性を確保すべきである。 　少数株主や外国人株主については、株主の権利の実質的な確保、権利行使に係る環境や実質的な平等性の確保に課題や懸念が生じやすい面があることから、十分に配慮を行うべきである。
第2章	株主以外のステークホルダーとの適切な協働
	原則合計 11 個：基本原則 1 個、原則 6 個、補充原則 4 個
	≪基本原則の内容≫ 　上場会社は、会社の持続的な成長と中長期的な企業価値の創出は、従業員、顧客、取引先、債権者、地域社会をはじめとする様々なステークホルダーによるリソースの提供や貢献の結果であることを十分に認識し、これらのステークホルダーとの適切な協働に努めるべきである。 　取締役会・経営陣は、これらのステークホルダーの権利・立場や健全な事業活動倫理を尊重する企業文化・風土の醸成に向けてリーダーシップを発揮すべきである。
第3章	適切な情報開示と透明性の確保
	原則合計 8 個：基本原則 1 個、原則 2 個、補充原則 5 個
	≪基本原則の内容≫ 　上場会社は、会社の財政状態・経営成績等の財務情報や、経営戦略・経営課題、リスクやガバナンスに係る情報等の非財務情報について、法令に基づく開示を適切に行うとともに、法令に基づく開示以外の情報提供にも主体的に取り組むべきである。 　その際、取締役会は、開示・提供される情報が株主との間で建設的な対話を行う上での基盤となることも踏まえ、そうした情報（とりわけ非財務情報）が、正確で利用者にとって分かりやすく、情報として有用性の高いものとなるようにすべきである。
第4章	取締役会等の責務
	原則合計 38 個：基本原則 1 個、原則 14 個、補充原則 23 個
	≪基本原則の内容≫ 　上場会社の取締役会は、株主に対する受託者責任・説明責任を踏まえ、会社の持続的成長と中長期的な企業価値の向上を促し、収益力・資本効率等の改善を図るべく、 　(1)　企業戦略等の大きな方向性を示すこと 　(2)　経営陣幹部による適切なリスクテイクを支える環境整備を行うこと

	(3)　独立した客観的な立場から、経営陣（執行役及びいわゆる執行役員を含む）・取締役に対する実効性の高い監督を行うこと をはじめとする役割・責務を適切に果たすべきである。 　こうした役割・責務は、監査役会設置会社（その役割・責務の一部は監査役及び監査役会が担うこととなる）、指名委員会等設置会社、監査等委員会設置会社など、いずれの機関設計を採用する場合にも、等しく適切に果たされるべきである。
第5章	**株主との対話** 原則合計7個：基本原則1個、原則2個、補充原則4個 ――――――――――――――――――――――――――――――――― 《基本原則の内容》 　上場会社は、その持続的な成長と中長期的な企業価値の向上に資するため、株主総会の場以外においても、株主との間で建設的な対話を行うべきである。 　経営陣幹部・取締役（社外取締役を含む）は、こうした対話を通じて株主の声に耳を傾け、その関心・懸念に正当な関心を払うとともに、自らの経営方針を株主に分かりやすい形で明確に説明しその理解を得る努力を行い、株主を含むステークホルダーの立場に関するバランスのとれた理解と、そうした理解を踏まえた適切な対応に努めるべきである。

　CGコードの目的は、会社の持続的な成長と中長期的な企業価値の向上です。要するに、業績を上げて株価を上げるということです。もっとも、「持続的」と「中長期的」がキーワードであり、CGコードは、利益さえ上げられれば会社としての持続性を無視してもいいとか、短期的にさえ企業価値が向上すればいいといった考え方をとっていません。

　CGコードは、あくまでもそのような持続的な成長と中長期的な企業価値の向上という目的を達成するための手段の1つにすぎません。持続的な成長と中長期的な企業価値の向上という目的達成の手段にはいろいろあり得ますが、CGコードは、ガバナンスの実効性を備えることによってその目的を達成するという観点から設けられたルールとして位置付けられます。

　CGコード上の原則を全て実施していること（いわゆる「フル・コンプライ」）がベストという雰囲気を感じなくもないですが（金融庁・金融商品取引所や株主・投資家よりも、上場会社の担当者の中にそのような雰囲気があるような印象があります）、CGコードを実施することそのものが目的となってはいけません。そして、持続的な成長と中長期的な企業価値の向上という目的が達成されるのであれば、CGコードの原則の一部が実施されていないことがむしろ歓迎されるべきではないかと思います（ガバナンス体制が全く整備され

ていないとか、極めて不十分であるということではもちろんいけませんが）。

⑵　コンプライ・オア・エクスプレイン・ルール

　CGコード上の原則は、「～すべきである」という「べき論」を掲げるものであり、「～しなければならない」という規範を定めるものではありません。CGコード自体に法的拘束力はなく、上場会社には、CGコード上の原則に従わない自由が認められている点にその特徴があります。

　そのようなCGコードの性質から、上場規則上も、CGコードについて、上場会社は、①CGコードの各原則を実施する（コンプライ）か、又は②実施しない場合にはその理由をコーポレート・ガバナンスに関する報告書（CG報告書）において説明する（エクスプレイン）ものと定められているにすぎず、CGコードの各原則を実施「しなければならない」とは定められていません（東京証券取引所の有価証券上場規程436条の3前段）。これは、「コンプライ・オア・エクスプレイン・ルール」（実施せよ、さもなければ実施しない理由を説明せよ）といわれるものです。

　このように、CGコードは、上場規則の一部に組み込まれ、上場会社の実効的なコーポレート・ガバナンスの実現に資する、「べき論」を上場会社に示しています。そして、上場規則において上場会社に求められているものは、CGコード上の当該「べき論」を実施するか、又は実施しない場合にその理由を開示するかのいずれかであって、「べき論」を実施することそのものではないのです。

　上場会社は、CGコードの上記性質に鑑み、各社の置かれた状況を踏まえ、自社にとって最適なガバナンス体制は何かという観点から、各原則を実施するかどうかを検討することになります。そして、各社は、その置かれた状況に応じて工夫しながら各原則を実施するか、又は各原則に定められた対応とは異なる対応をとり、その旨を説明することになります。

　なお、上場会社には、CGコード上の原則を実施しない自由があると述べましたが、実施しない場合には、上記のとおり、その理由を説明（開示）することが求められます。自社において、ある原則に定められた対応を実施する必要がなく、また、それに代わる特段の対応もしないという場合は、その理由を合理的に説明することは必ずしも容易ではないでしょう。

　ところで、実施しない場合にその理由の説明が必要となる各原則の範囲は、

[図表 1-3] 市場第一部上場会社 2,148 社の CG コードへの対応状況

カテゴリー	割合・上場会社数	2018 年 12 月比
全 78 原則（2021 年 6 月の改訂前）をコンプライの会社	21.3%（457 社）	＋3.1pt
一部原則をエクスプレインの会社	78.7%（1,691 社）	−3.1pt
うち、コンプライしている原則で見た分布	（コンプライの原則の割合が 90％以上）65.4%（1,404 社）	−1.8pt
	（コンプライの原則の割合が 90％未満）13.4%（287 社）	−1.3pt

（出所：東京証券取引所「【参考】改訂コーポレートガバナンス・コードへの対応状況及び取締役会並びに指名委員会・報酬委員会の活動状況に係る開示の状況（2019 年 7 月12 日時点）」（2019 年 11 月 29 日））

上場区分によって異なります。東京証券取引所では、市場第一部及び第二部の上場会社並びに JASDAQ の上場会社（2020 年 11 月 1 日以降に上場申請をした会社に限ります）は、基本原則、原則及び補充原則の全てであるのに対し、マザーズの上場会社及び JASDAQ の上場会社（上記の会社を除きます）は、「基本原則」、すなわち 5 つの原則のみです（東京証券取引所の有価証券上場規程 436 条の 3 後段）。このように上場区分ごとに CG コードの適用範囲が異なるため、マザーズ又は JASDAQ の上場会社が市場第一部又は第二部に市場変更するに際しては、CG コードへの対応も大きな課題となり得ます[1]。

東京証券取引所によれば、2019 年 7 月時点の市場第一部の上場会社 2,148社 CG のコードへの対応状況は、図表 1-3 のとおりです。

---

1) 2022 年 4 月 4 日の新市場区分への一斉移行の後は、上場会社は、次に掲げる区分に従って、CG コードの各原則を実施するか、又は実施しない場合にはその理由を CG 報告書において説明することとなります。
①スタンダード市場及びプライム市場の上場会社：基本原則、原則及び補充原則の全て
②グロース市場の上場会社：基本原則のみ

(3)　「プリンシプルベース」のアプローチ

　「べき論」を定めるにすぎないというCGコードの在り方も踏まえ、CGコードの規定ぶりは、抽象的で大掴みな原則（プリンシプル）を規定するにとどまり、会社が取るべき行動について事細かに規定しているわけではありません。このような手法を「プリンシプルベース」のアプローチ（原則主義）といい、これに対するものは、「ルールベース」のアプローチ（細則主義）といいます。

　プリンシプルベースのアプローチの下では、関係者が、原則の形式的・表面的な文言のみに依拠するのではなく、その趣旨・精神をも適切に理解・解釈した上で対応することが求められます。

　CGコードは、各原則が、何を意味し、上場会社に対して何を求めているかということを、各社において検討し、その意味内容を十分に咀嚼することを求めています。その結果、会社によってCGコードの原則の捉え方・理解の仕方が異なることもあります。極端なケースとして、あるガバナンスに関する事項について会社が整えているガバナンス体制が全く同じ2つの上場会社があるとした場合に、当該事項に関連するCGコード上の原則について、一方の上場会社がこれを「実施」と整理し、他方の上場会社がこれを「不実施」と整理してその不実施の理由を説明する、というケースも想定されます。ガバナンスに対する姿勢が、前者が不誠実で後者が誠実だということではなく、CGコードがプリンシプルベースのアプローチを採用しているため、CGコードの原則に対する理解の仕方が両社で異なるということを意味するにすぎません。

　また、あくまでも、各社がCGコードの原則を適切に理解した上で、自社のガバナンス向上にとって真に必要なものであると「腹落ち」しているものについて、これを実施し、そうでないと考えられるものは、無理に実施することはせず、その理由を真摯に説明し、当該原則を実施しなくともガバナンス上問題がないということを株主・投資家に理解・納得してもらうように対応する必要があります。

(4)　政策保有株式

　CGコードには様々な原則が掲げられており、本書でもその幾つかを紹介していますが、ここでは、「政策保有株式」に関する原則を紹介します。

政策保有株式とは、その保有目的が純投資以外の目的である上場株式をいいます。

政策保有株式については、企業間で戦略的提携を進める場合等に意義があるとの指摘があります。

他方で、政策保有株式の発行会社と政策保有株式を有する会社のそれぞれについて弊害があるとの指摘が、特に機関投資家からされています。政策保有株式の発行会社については、政策保有株式を有する会社が、与党株主・安定株主となり、例えば、株主総会において会社提案には当然のように賛成の議決権を行使するなど、株主としての経営監視機能を期待することができず、発行会社の経営に対する規律の緩みを生じさせているのではないかとの指摘があります。

また、政策保有株式を有する会社については、その保有に伴う効果が十分に検証されず、資本効率が低くなっているとの指摘があります[2]。

このように、政策保有株式の保有意義・効果について様々な見方がありますが、機関投資家は、一般に、上場会社が政策保有株式を保有することについては批判的です。

そのような状況を踏まえ、CG コードでは、以下のとおり、上場会社に対し、政策保有株式を売却・縮減することを求めることを強く示唆する原則が示されています。

原則１−４（政策保有株式）
上場会社が政策保有株式として上場株式を保有する場合には、政策保有株式の縮減に関する方針・考え方など、政策保有に関する方針を開示すべきである。また、毎年、取締役会で、個別の政策保有株式について、保有目的が適切か、保有に伴う便益やリスクが資本コストに見合っているか等を具体的に精査し、保有の適否を検証するとともに、そうした検証の内容について開示すべきである。上場会社は、政策保有株式に係る議決権の行使について、適切な対応を確保するための具体的な基準を策定・開示し、その基準に沿った対応を行うべきである。

---

2)　以上、金融審議会「ディスクロージャーワーキング・グループ」報告「資本市場における好循環の実現に向けて」（2018 年 6 月 28 日）13 頁参照。

> **補充原則1-4①**
> 上場会社は、自社の株式を政策保有株式として保有している会社（政策保有株主）からその株式の売却等の意向が示された場合には、取引の縮減を示唆することなどにより、売却等を妨げるべきではない。

> **補充原則1-4②**
> 上場会社は、政策保有株主との間で、取引の経済合理性を十分に検証しないまま取引を継続するなど、会社や株主共同の利益を害するような取引を行うべきではない。

　他の上場会社の株式を政策保有株式として保有する上場会社の社外取締役としては、特に、原則1-4にあるとおり、当該政策保有株式の保有目的や資本効率性、その保有の適否自体について取締役会において検証するに当たり、執行側の説明が合理的か、十分にチェックすることが求められます。

　そして、政策保有株式は、機関投資家の批判を受けて既に減少傾向にありましたが、CGコードを踏まえ、その状況が更に進んでいます[3]。

　上場株式を政策保有株式として保有する会社（基本的には、CGコードの適用を受ける上場会社が想定されます）が当該政策保有株式の売却を進めることは、当該株式の発行会社たる上場会社にとっては、与党株主・安定株主の減少を意味します。

　政策保有株式の縮減（売却）が進むことは、後述のSSコードの下で、機関投資家が、株主総会において、会社提案の議案に対して反対票を投ずることが珍しくなくなっていることと相まって、自社の株式が政策保有株式とし

---

3)　東京証券取引所「東証上場会社 コーポレート・ガバナンス白書2021」では、「企業内容等の開示に関する内閣府令の改正を通じた有価証券報告書での開示の拡充、コード策定・改訂による政策保有株式の保有に関する説明責任の強化（コード原則1-4等）、議決権行使助言会社・機関投資家（アクティビスト投資家を含む）による政策保有株式を一定程度保有する上場会社への反対姿勢の明確化」（25頁）といった「外部環境の変化を受けて、上場会社においては、政策保有株式の縮減が進んでいる」（27頁）とされています。もっとも、「一部の企業は、依然として純資産比で相当程度の政策保有株式を保有している」ともされています（同頁）。
　　上記外部環境のうち、議決権行使助言会社に関しては、保有目的が純投資目的以外の目的である投資株式について、Glass Lewisが、2021年から、原則として連結純資産の10％以上の場合、また、Institutional Shareholder Services（ISS）が、2022年2月から、純資産の20％以上の場合、経営トップである取締役等の選任議案に反対を推奨する点に、留意する必要があります。

て保有されていた上場会社に対し、株主総会の運営について、従前に比べて
より緊張感を持たせることとなっています。

② スチュワードシップ・コード（SS コード）

(1) 「スチュワードシップ責任」と「目的を持った対話（エンゲージメント）」

スチュワードシップ・コード（SS コード）とは、「『責任ある機関投資家』
の諸原則≪日本版スチュワードシップ・コード≫〜投資と対話を通じて企業
の持続的成長を促すために〜」を指し、機関投資家が「責任ある機関投資
家」として「スチュワードシップ責任」を果たすに当たり有用と考えられる
諸原則を定めるものです。

SS コードは、金融庁に設置された「日本版スチュワードシップ・コード
に関する有識者検討会」（座長：神作裕之・東京大学大学院法学政治学研究科教
授）が 2014 年 2 月に策定・公表したものであり、その後、2017 年 5 月及び
2020 年 3 月にそれぞれ改訂されています。

「スチュワードシップ責任」とは、投資先企業の株主として位置付けられ
る機関投資家が、投資先企業やその事業環境等に関する深い理解に基づく建
設的な「目的を持った対話」（エンゲージメント）等を通じて、当該企業の企
業価値の向上や持続的成長を促すことにより、顧客・受益者の中長期的な投
資リターンの拡大を図る責任をいいます。そして、SS コードは、機関投資
家が適切にスチュワードシップ責任を果たすことにより、経済全体の成長を
期待するものです。

SS コードは、以下の 8 つの原則とそれに対応する指針から成ります。

原則 1　機関投資家は、スチュワードシップ責任を果たすための明確な方針を策定し、これを公表すべきである。
原則 2　機関投資家は、スチュワードシップ責任を果たす上で管理すべき利益相反について、明確な方針を策定し、これを公表すべきである。
原則 3　機関投資家は、投資先企業の持続的成長に向けてスチュワードシップ責任を適切に果たすため、当該企業の状況を的確に把握すべきである。
原則 4　機関投資家は、投資先企業との建設的な「目的を持った対話」を通じて、投資先企業と認識の共有を図るとともに、問題の改善に努めるべきである。

原則5	機関投資家は、議決権の行使と行使結果の公表について明確な方針を持つとともに、議決権行使の方針については、単に形式的な判断基準にとどまるのではなく、投資先企業の持続的成長に資するものとなるよう工夫すべきである。
原則6	機関投資家は、議決権の行使も含め、スチュワードシップ責任をどのように果たしているのかについて、原則として、顧客・受益者に対して定期的に報告を行うべきである。
原則7	機関投資家は、投資先企業の持続的成長に資するよう、投資先企業やその事業環境等に関する深い理解のほか運用戦略に応じたサステナビリティの考慮に基づき、当該企業との対話やスチュワードシップ活動に伴う判断を適切に行うための実力を備えるべきである。
原則8	機関投資家向けサービス提供者は、機関投資家がスチュワードシップ責任を果たすに当たり、適切にサービスを提供し、インベストメント・チェーン全体の機能向上に資するものとなるよう努めるべきである。

　SSコードは、要するに、機関投資家に対し、投資先企業の株主として責任をもって行動することを求め、そのような責任を果たす方法として、投資先企業との建設的な目的を持った対話（エンゲージメント）を重視し、そのような機関投資家の活動により、投資先企業の企業価値の向上や持続的成長が促され、顧客・受益者の中長期的なリターンが拡大することを図るものです。

　SSコードのキーワードとしては、前述の「スチュワードシップ責任」のほか、「目的を持った対話（エンゲージメント）」があります。「目的を持った対話」とは、機関投資家が、中長期的視点から投資先企業の企業価値及び資本効率を高め、その持続的成長を促すことを目的として行う対話をいいます（SSコード原則4の指針4-1）。

　以上から分かるとおり、CGコードと同様に、SSコードでも、「持続的」、「中長期的」な成長といったことがキーワードとなっています。そのため、CGコードは上場会社側に、SSコードは株主（機関投資家）側に、それぞれ働き掛けることによって上場会社の持続的な成長と中長期的な企業価値の向上を促す（SSコードは、その結果、顧客・受益者の中長期的なリターンが拡大することを促す）ものであり、両コードは「車の両輪」として機能するものであるといえます。

(2)　規制手法──コンプライ・オア・エクスプレイン・ルールとプリンシプル
ベースのアプローチ

SS コードも、コンプライ・オア・エクスプレイン・ルールとプリンシプルベースのアプローチを採用しています。SS コード自体に法的拘束力はありません。上場会社と異なり、機関投資家を管理・監督する官庁・民間団体がないことからも分かるとおり、そもそも SS コードを受け入れるかどうか自体が機関投資家の自由に委ねられています。また、機関投資家は、SS コードを受け入れる場合も、SS コード上の一部の原則を実施しないことができます。

SS コードは、機関投資家が SS コードを受け入れる場合には、その旨を公表し、また、実施しない原則がある場合にはその理由を説明することを求めています。

2021 年 4 月 30 日時点において、合計 307 の機関投資家が SS コードの受入れを公表しています。その内訳は、「投信・投資顧問会社等」199、「年金基金等」66、「生命保険会社」24、「信託銀行等」6、「その他（機関投資家向けサービス提供者等）」12 です（金融庁「スチュワードシップ・コードの受入れを表明した機関投資家のリストの公表について（令和 3 年 4 月 30 日時点）」参照）。

(3)　機関投資家による議決権行使結果の開示

(1)で SS コードが 2017 年 5 月に一部改訂されたと述べました。

この改訂の中で特に注目されたのは、機関投資家による議決権行使結果の開示に関する原則です。

SS コードにおいて、機関投資家は、保有株式に係る上場会社の株主総会における議決権の行使についての明確な方針（議決権行使基準）を策定し、これを公表すべきであるとされています（指針 5-2）。

そして、議決権行使の「方針」の具体的な当てはめである、実際の議決権行使の結果について、改訂前の SS コードでは、機関投資家は、議案の主な種類ごとに公表することが求められていました（指針 5-3）。あくまでも「議案の主な種類ごと」の議決権行使結果の公表ですから、どの投資先企業のどの議案に対して、賛成と反対のいずれの議決権を行使したかということまで公表することは求められていませんでした。

これに対し、改訂後は、機関投資家がスチュワードシップ責任を果たすた

めの方針に沿って適切に議決権を行使しているか否かについての可視性をさらに高める観点から、機関投資家は、議決権の行使結果を、個別の投資先企業及び議案ごとに公表すべきであるとされました。また、この公表の際には、議決権行使の賛否の理由について対外的に明確に説明することが、可視性を高めることに資するとされています（指針5-3）。

　これは、議決権行使を巡る利益相反の懸念を払拭する観点からの改訂です。事前に定められた議決権行使の「方針」を適切に当てはめて議決権を行使しているのか、「方針」を恣意的に運用していないかということを外部からもチェックすることができるようにし、それにより、「方針」が適正に運用されることが期待されています。これは、方針を定めていても、具体的な当てはめの結果が明らかにされなければ、機関投資家は、投資先企業との種々の関係から、適切な議決権行使をしていないのではないかということが懸念されていたということの裏返しであるといえます。

　指針5-3のもとで、機関投資家は、以下の対応をする傾向にあります。

---

① 　自己の議決権行使基準の明確化・厳格化、議案ごとの精緻化
② 　議決権行使基準を厳格に運用

　上記①に関し、機関投資家の中には、毎年、議決権行使基準の見直しを行うものもあります。

　このような傾向は、投資先企業たる上場会社にとっては、歓迎すべきものとはいえません。これまで、機関投資家（特に国内の機関投資家）は、いわば与党株主であり、株主総会において、会社提案に係る議案には賛成票を投じ、逆に、株主提案に係る議案には反対票を投じていたとみられます。

　これに対し、スチュワードシップ責任のもと、自身にも説明責任が課される機関投資家としては、そのような投票行動をもはやとることができなくなりました。議決権行使基準の明確化・厳格化・精緻化とは、特に、昨今のガバナンス強化の流れを踏まえ、上場会社に対し、より厳しいガバナンス体制の整備を求める内容になっていることを意味します。そして、そのような議決権行使基準が、厳格に、また、形式的に運用される傾向にあり、上場会社側から不満の声が上がることがあります。

　このようにして、これまで、「会社提案」か「株主提案」かという議案の

提案者の「顔」によって機関投資家の議決権の賛否が決せられていたのに対し、現在は、そうではなく、議案の「内容」如何によってその賛否が決せられるようになっているのです。

　その結果として、会社提案に係る議案であっても、例えば、機関投資家の定める独立性判断基準を満たさない社外取締役や社外監査役の選任議案、ROE の低い上場会社の経営トップたる取締役の選任議案について、賛成率が低く（反対率が高く）なっています。他方で、株主提案に係る議案であっても、特定の定款変更議案、例えば、買収防衛策の非継続・廃止議案[4]、取締役の個人別の報酬の開示[5]や取締役会議長と CEO の分離（**第 5 章 II 1 (3)** の**図表 5-5** 参照）、政策保有株式の売却、さらに、気候変動に関する開示を定款に定める旨の議案のように、ガバナンスの強化を求める株主提案は、賛成率が高くなっています。株主提案を行った株主自身の議決権保有割合が小さくても、相当程度の賛成票が集まるケースもあり、機関投資家が賛成していることによるものであるとみられます。

　上場会社としては、機関投資家と適切に対話をするとともに、毎年、自社に投資する機関投資家の議決権行使基準の内容を精査することにより、より賛成の得られやすい議案内容とするなどの対応を取る必要があります。

(4)　議決権行使助言会社に関する規律

　本書のテーマとの関係で特筆すべき SS コードに関する事項として、もう 1 点、議決権行使助言会社があります。

　議決権行使助言会社とは、その顧客（基本的に機関投資家）に対し、その投資先企業たる上場会社の株主総会の議案について、賛成すべきか、それとも反対すべきかについての助言（賛成推奨・反対推奨）を提供する民間の会社です。株主総会において議決権を行使するのは、あくまでも顧客たる機関投資家ですが、その機関投資家が賛否いずれの議決権を行使すべきかについての助言サービスを提供するのが議決権行使助言会社です。議決権行使助言

---

4)　例えば、共同印刷では、2020 年 6 月開催の定時株主総会において、買収防衛策の廃止に係る株主提案の賛成率が 32.70% でした。
5)　取締役の報酬を個別に開示する旨の定款の定めを設けるという定款変更に係る株主提案について、例えば、武田薬品工業では賛成率 49.65%（2019 年 6 月開催の定時株主総会）、関西電力では賛成率 43.2%（2020 年 6 月開催の定時株主総会）でした。

[図表 1-4]　議決権行使助言会社の概要

社名	本拠地	設立	助言対象市場	助言対象総会数	顧客投資家数
ISS(Institutional Shareholder Services)	米国	1985年	115市場	約44,000総会	約2,000社
Glass Lewis	米国	2003年	100市場	約20,000総会	約1,300社
Egan-Johnes Proxy Services	米国	2002年	米国他	不明	不明
PIRC	英国	1986年	欧州	不明	不明
Minerva Analytics (The Manifest Voting Agency)	英国	1995年	欧州他	約6,500総会	50社以下
Proxinvest	フランス	1995年	欧州	不明	不明

（注1）2011年、米国のProxy Governance Inc.(2004年設立)は、議決権行使助言事業をGlass Lewisに売却した。
（注2）2015年、ドイツの議決権行使助言会社、IVOX社はGlass Lewisに買収された。
（注3）The Manifest Voting Agencyは、2018年会社再建手続に入り、Minerva Analytics社（ESG情報会社）の傘下に入る。
（出所：金融庁の「スチュワードシップ・コードに関する有識者検討会（令和元年度）」の第1回（2019年10月2日開催）の資料4（事務局参考資料）22頁から抜粋）

会社も、機関投資家と同様に、議決権行使の助言をするための基準（議決権行使助言基準）をあらかじめ定めています。

　なぜ機関投資家がこのような議決権行使助言会社をアドバイザーとして利用するかというと、機関投資家は、膨大な数の銘柄に投資しており、個々の投資先企業の個別の議案の内容をきちんと精査した上で議決権を行使することが容易ではないためです。そこで、機関投資家は、議決権行使助言会社に、賛否についての助言を求め、助言に従って、又は助言を参考にして議決権を行使しようということになるわけです。

　図表1-4は、金融庁の「スチュワードシップ・コードに関する有識者検討会（令和元年度）」の資料によるものですが、議決権行使助言会社の概要を示したものです。日本では、議決権行使助言会社の Institutional Shareholder Services（ISS）と Glass Lewis（グラス・ルイス）が有名であり、図表1-4によると、それぞれ、全世界に約2,000社及び約1,300社の顧客を有し、また、約4万4,000件及び約2万件の株主総会を助言対象としています。これらの数字から分かるとおり、議決権行使助言サービスの業界は寡占状態にあり、また、議決権行使助言会社が、全体としてみた機関投資家の議決権行使の行動に多大な影響力を有しており、株主総会の議案の可決・否決をも左右しかねない状況にあります。あくまでも極端なケースではありますが、ISS がある上場会社のある議案について反対を推奨すると、約2,000社の機関投資家

[図表 1-5]　機関投資家による議決権行使助言会社の活用状況

【機関投資家による活用状況】

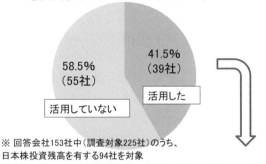

※ 回答会社153社中（調査対象225社）のうち、
日本株投資残高を有する94社を対象

全体	回答数 39社（複数回答）
必ず、助言内容に沿って議決権行使を指図する	2.6% (1社)
稀に異なる時もあるが、基本、助言内容に沿って議決権行使を指図する	30.8% (12社)
親会社等について助言内容に沿って議決権行使を指図する	20.5% (8社)
議決権行使指図の判断の際、参考としている	43.6% (17社)
その他（主な項目：当社ガイドラインに沿って議決権行使案の作成を委託している）	33.3% (13社)

（出所）日本投資顧問業協会「日本版スチュワードシップ・コードへの対応等に関するアンケート（第5回）の結果について（平成30年10月実施分）」より金融庁作成。

（出所：金融庁の「スチュワードシップ・コードに関する有識者検討会（令和元年度）」の第1回（2019年10月2日開催）の資料3（事務局参考資料「スチュワードシップ・コードをめぐる状況と論点等について」）25頁から抜粋）

が反対の議決権を行使する可能性があるわけです。もちろん、ISS の顧客である約 2,000 社の機関投資家の全てが、同じ銘柄に投資しているわけではなく、また、ISS の助言どおりに議決権を行使するわけではありません。

　ただ、ISS をはじめとする議決権行使助言会社が、機関投資家の議決権行使の川上を押さえていることは確かです（なお、いわゆるパッシブ運用を行う機関投資家が議決権行使助言会社の推奨助言に依拠していることが多いとの指摘があります）。参考として、**図表 1-5** は、同じく金融庁の「スチュワードシップ・コードに関する有識者検討会（令和元年度）」の資料によるものです

が、機関投資家による議決権行使助言会社の活用状況を示しています。これによると、機関投資家 94 社のうち約 4 割の 39 社が何らかの形で議決権行使助言会社を活用しています。

このような議決権行使助言会社は、日本市場においては、特に海外機関投資家に対する影響力が大きいといわれています。そのため、海外機関投資家の持株割合が高い上場会社としては、個別の機関投資家との対話だけでなく、議決権行使助言会社との対話も重要になり、いかにして議決権行使助言会社から賛成推奨を獲得するかが課題となります。

他方で、一民間企業にすぎないはずの議決権行使助言会社がこのような多大な影響力を有することに対する不満・批判も生じています。例えば、助言策定のプロセスが不透明である、十分な人員を割いて助言していないのではないか、議決権行使助言会社の議決権行使助言基準を形式的に運用し、個別の企業の事情に耳を傾けてくれない、議決権行使助言会社のグループ会社が別途コンサルティング・サービス等を提供する上場会社については、当該上場会社に有利な推奨助言をしているのではないか（利益相反の問題）といったものです[6][7]。

そこで、米国や EU では、議決権行使助言会社に対する規制を強化する動きが出ていましたが、日本においても、2020 年 3 月の SS コードの改訂により、議決権行使助言会社に関する原則及び指針が新たに設けられています。

すなわち、当該改訂により、議決権行使助言会社を含む「機関投資家向けサービス提供者」に関し、前述の原則 8 が設けられ、その上で、以下のような指針が設けられています。

---

6)　このほか、経済産業省の「新時代の株主総会プロセスの在り方研究会報告書」（2020 年 7 月）16 頁では、企業からの指摘として、「推奨意見の決定は基本的に企業側の公開情報に基づき作成されているところ、助言会社側の実態の確認体制に限界があることもあり、形式的判断で推奨内容が決められているとの懸念が指摘されている。企業側も実態の正確な理解に向けた説明を助言会社に行う努力をする一方、助言会社側も、かかる目的のために、企業と事前に対話する機会をできる限り広く設ける努力を行うべきといった指摘がある」とされています（なお、筆者は、当該研究会の委員として議論に参加）。

7)　金融庁の「スチュワードシップ・コードに関する有識者検討会（令和元年度）」の第 1 回（2019 年 10 月 2 日開催）において、ISS の日本代表の石田猛行メンバーが、これらの批判等に応える形で、ISS における運用の状況について説明しており、参考となります。

指　針	指針の内容
8-1	議決権行使助言会社・年金運用コンサルタントを含む機関投資家向けサービス提供者は、利益相反が生じ得る局面を具体的に特定し、これをどのように実効的に管理するのかについての明確な方針を策定して、利益相反管理体制を整備するとともに、これらの取組みを公表すべきである。
8-2	議決権行使助言会社は、運用機関に対し、個々の企業に関する正確な情報に基づく助言を行うため、日本に拠点を設置することを含め十分かつ適切な人的・組織的体制を整備すべきであり、透明性を図るため、それを含む助言策定プロセス（※）を具体的に公表すべきである。 （※）一般的に、助言策定に当たって、依拠する主な情報源、対象企業との対話の有無、態様等を公表することが考えられる。
8-3	議決権行使助言会社は、企業の開示情報に基づくほか、必要に応じ、自ら企業と積極的に意見交換しつつ、助言を行うべきである。 助言の対象となる企業から求められた場合に、当該企業に対して、前提となる情報に齟齬がないか等を確認する機会を与え、当該企業から出された意見も合わせて顧客に提供することも、助言の前提となる情報の正確性や透明性の確保に資すると考えられる。

　さらに、機関投資家を名宛人とする指針も併せて改訂され、指針5-4において、機関投資家は、議決権行使助言会社のサービスを利用する場合であっても、「議決権行使助言会社の人的・組織的体制の整備を含む助言策定プロセスを踏まえて利用することが重要であり」、議決権行使助言会社の助言に機械的に依拠するのではなく、投資先企業の状況や当該企業との対話の内容等を踏まえ、自らの責任と判断の下で議決権を行使すべきである、また、仮に、議決権行使助言会社のサービスを利用している場合には、議決権行使結果の公表に合わせ、「当該議決権行使助言会社の名称及び当該サービスの具体的な活用方法」についても公表すべきであるとされています。

　これらの改訂により、議決権行使助言会社の助言プロセスの透明化が促進され、また、より実態に即した推奨助言が行われ、議決権行使助言会社の推奨助言が機関投資家のより適切な議決権行使に資するものとなることが期待されます。

⑸　「サステナビリティ（ESG 要素を含む中長期的な持続可能性）」の考慮

　昨今よく耳にする用語の1つに、「ESG」があります。これは、Environment（環境）、Social（社会）、Governance（ガバナンス）の頭文字を合わせたものです。企業が長期的に成長するためには、この ESG への取組みが重要であるとされています。そして、投資について、これまでの財務情報だけでなく、非財務情報である ESG の要素も考慮する投資（ESG に配慮した企業に対して投資を行うこと）が、「ESG 投資」といわれます。例えば、「E」は、二酸化炭素の排出による気候変動への対策や再生可能エネルギーの使用、「S」は、女性活躍推進、サプライチェーンにおける人権への配慮、「G」は、積極的な情報開示や取締役会構成におけるダイバーシティの確保が挙げられます。

　経済産業省のホームページによれば、「特に、年金基金など大きな資産を超長期で運用する機関投資家を中心に、企業経営のサステナビリティを評価するという概念が普及し、気候変動などを念頭においた長期的なリスクマネジメントや、企業の新たな収益創出の機会（オポチュニティ）を評価するベンチマークとして、国連持続可能な開発目標（SDGs）と合わせて注目されています」とされています[8]。

　このような ESG 要素を含むサステナビリティに対する関心及びその重要性が急速に高まっていることを踏まえ[9]、2020 年 3 月の SS コードの改訂では、「スチュワードシップ責任」の定義における建設的な「目的を持った対話」（エンゲージメント）が、「運用戦略に応じたサステナビリティ（ESG 要素を含む中長期的な持続可能性）の考慮」にも基づくことが明記されました。

　ESG 投資のもと、機関投資家は、ESG 要素についての評価が高い企業に対して投資をするようになり、企業においても、それを踏まえ、投資を受け

---

8)　https://www.meti.go.jp/policy/energy_environment/global_warming/esg_investment.html

9)　年金積立金管理運用独立行政法人のホームページ（「ESG 投資」）では、「資本市場は長期で見ると環境問題や社会問題の影響から逃れられないので、こうした問題が資本市場に与える負の影響を減らすことが、投資リターンを持続的に追求するうえでは不可欠といえます。ESG の要素に配慮した投資は長期的にリスク調整後のリターンを改善する効果があると期待できることから、公的年金など投資額の大きい機関投資家のあいだで ESG 投資に対する関心が高まっています」とされています（https://www.gpif.go.jp/investment/esg/#a）。

るために、ESG 要素についてより積極的に取り組むことが期待されます。

　さらに、サステナビリティ（ESG 要素を含む中長期的な持続可能性）については、重要な経営課題であるとの意識が高まっていることを踏まえ、2021年 6 月の改訂後の CG コードにも随所に盛り込まれることとなりました。具体的には、①サステナビリティを巡る課題への対応がリスクの減少のみならず収益機会にもつながる重要な経営課題であると認識し、中長期的な企業価値の向上の観点から、これらの課題に積極的・能動的に取り組むよう検討を深めること（補充原則 2-3 ①の一部改訂）、②自社のサステナビリティについての取組みを適切に開示すること、特に、プライム市場の上場会社は、気候変動に係るリスク及び収益機会が自社の事業活動や収益等に与える影響について、気候関連財務情報開示タスクフォース（TCFD）又はそれと同等の枠組みに基づく開示の充実を進めること（補充原則 3-1 ③の新設）、③自社のサステナビリティを巡る取組みについて基本的な方針を策定すること（補充原則 4-2 ②の新設）が求められています。

　なお、上記の SDGs（エス・ディー・ジーズ）とは、Sustainable Development Goals（持続可能な開発目標）の略語です。2015 年 9 月の国連サミットで採択されたものであり、「誰一人取り残さない」持続可能で多様性と包摂性のある社会の実現のため、2030 年を年限とする 17（貧困の撲滅、不平等の解消、気候変動への取組み等）の国際目標が示されています。民間企業もその課題解決に取り組む主体として位置付けられており、日本企業においても、SDGs に対する関心が急速に高まっており、その経営戦略の中に位置付けられるようになっています。

③　「マネジメント・モデル（アドバイザリー・モデル）」と「モニタリング・モデル」

　これらの用語はいずれも、取締役会の在り方に関する考え方を示すものです。一般に、マネジメント・モデル（アドバイザリー・モデル）とは、業務執行の意思決定機能を重視する取締役会をいい、モニタリング・モデルとは、業務執行者に対する監督機能を重視する取締役会をいいます。日本の取締役会は、伝統的に、マネジメント・モデル型であったといわれます。

　もっとも、いずれも、会社法その他法令等で定義されている言葉ではありません。そのため、これらの言葉の明確な定義はなく、人によってその想定

する意味内容が異なる可能性があります。

　CG コードをはじめとする昨今のガバナンス強化の流れは、伝統的なマネジメント・モデル型の取締役会からモニタリング・モデル型の取締役会への移行を求めるものであるといえます。

　マネジメント・モデルでは、業務執行事項に関する審議及びその意思決定が重視されますので、取締役会は、業務執行機関との連続性・一体性が高くなります。取締役会は、個別具体的な業務執行事項の決定に関わり、業務執行の意思決定機関として、広い意味で業務執行機関と同視されるともいえます。そのため、取締役会が業務執行者から独立していることよりも、業務執行者こそが取締役会のメンバーとなることが必要かつ合理的であることになります。

　これに対し、モニタリング・モデルでは、業務執行者を適切に監督することが重視され、業務執行に関与しない者こそが取締役会のメンバーとなる（取締役会のメンバーの多数派となる）ことが必要かつ合理的であることになります。そのため、取締役会は、個別具体的な業務執行事項の決定に関わるという意味での業務執行の意思決定機関ではなく、業務執行者に対する監督機関として、業務執行機関から分離することになります。「経営と監督の分離」「執行と監督の分離」という言葉がありますが、モニタリング・モデルは、正にそれを志向した取締役会であるといえます（以上の点は、**第 2 章**で詳しく述べます）。

④　善管注意義務・経営判断原則

　会社と取締役の関係は、委任関係にあります（会社法 330 条）。そのため、取締役は、善良な管理者の注意をもって、その職務を遂行する義務を負います（民法 644 条）。これが「善管注意義務」といわれるものです。ちなみに、民法の注意義務にはもう 1 つあり、自己のためにするのと同一の注意義務というものがあり（例えば、民法 659 条に定める無償受寄者の注意義務）、これは、善管注意義務よりも注意義務が軽減されたものであるといわれています。取締役は、会社の経営について、自己の財産に対する注意義務よりも重い注意義務を負うということです。

　そのような善管注意義務を負う取締役が、任務を怠り（任務懈怠）、その結果、会社に損害を生じさせてしまった場合は、会社に対してその損害を賠

償する責任を負います（会社法 423 条）。そのような会社に対する損害賠償責任の金額は、億単位となることも珍しくありません。取締役が、その職務を行うについて悪意又は重大な過失があり、その結果、第三者に損害を生じさせてしまった場合は、同様に、当該第三者に対してその損害を賠償する責任を負います（同法 429 条）。

　特に、取締役の会社に対する責任については、会社が取締役に当該責任を追及しない場合には、株主が、会社に代わって、訴えにより、当該責任を追及することができます。いわゆる株主代表訴訟です。株主であれば誰でも、その持株数・議決権数の多寡にかかわらず、株主代表訴訟を提起することができます（会社法 847 条。手続の詳細等については、**第 4 章Ⅴ 1 (2)を参照ください**）。一般株主のいる上場会社において、実際に株主代表訴訟が提起されることも珍しくありません。そこで、上場会社の取締役は、株主代表訴訟を提起される可能性があるということも 1 つのプレッシャーとなって、悪事を行うことはやめておこう、適正に業務執行をしようというインセンティブが働くことになります（これは、株主代表訴訟の違法行為抑止機能といわれるものです）。

　他方で、このような、取締役の責任ばかりを強調してしまうと、取締役は、危なっかしくて、積極的に会社を経営しようとはしないおそれが生じてしまいます。そのようなことでは、会社の成長は望むべくもありません。

　そこで、そのような萎縮効果が生じないようにするため、取締役には広範な裁量が認められており、その裁量の範囲内で職務を遂行している限りは、善管注意義務に違反したことにはならないと考えられています。逆に、裁量を逸脱してしまうと、取締役は善管注意義務の違反を問われることになります。

　では、どのような場合に善管注意義務の違反を問われることになるのでしょうか。この点については、以下の 2 点から判断されます。

---

①　行為当時の状況に照らし、合理的な情報収集、調査、検討等が行われたか？（判断過程（プロセス）についての審査基準）
②　その状況と取締役に要求される能力水準に照らし、合理的な内容の判断が行われたか？（判断内容についての審査基準）

　要するに、①判断過程（プロセス）と②判断内容のそれぞれについて、不合理な点がなかったかということを吟味し、いずれかについて不合理な点があれば善管注意義務の違反が認められると考えられます。この不合理性は、近時の裁判例では、「著しく」不合理でないかという観点から吟味する、すなわち、上記①判断過程及び②判断内容に著しく不合理な点がない限りは、取締役の善管注意義務に違反するものではないと解すべきであるとされています（最判平成 22 年 7 月 15 日判時 2091 号 90 頁（アパマンショップ HD 株主代表訴訟上告審判決））。

　また、上記の「行為当時の状況」に照らしという点も重要です。これは、事後的・結果論的に、後から冷静に振り返ってみて、あれはおかしな判断であったのかということを吟味するのではなく、その判断を求められた状況からしてやむを得ない判断であったのかということを吟味すべきであるということです。取締役の業務執行は、不確実な状況で迅速な決断を迫られる場合が多く[10]、その時々の状況の下における判断として（著しく）不合理であったかどうかを問うべきであるという考え方です。

　以上の考え方が「経営判断原則（business judgment rule）」といわれるものです。もともとは、アメリカで発展している考え方ですが、アメリカにおける経営判断原則と同じであるかは諸説あり得るところです。

> **コラム 3　アパマンショップ HD 株主代表訴訟上告審判決**
>
> 　この最高裁判決は、親会社が事業再編計画の一環としてその子会社の株主から当該子会社の株式を任意の合意に基づき買い取る場合において、当該子会社の株式の買取価格の決定について、買主たる当該親会社の取締役の善管注意義務の違反の有無が問題となった事例です。
> 　最高裁判所は、「事業再編計画の策定は、完全子会社とすることのメリットの評価を含め、将来予測にわたる経営上の専門的判断にゆだねられていると解される。そして、この場合における株式取得の方法や価格についても、取締役において、株式の評価額のほか、取得の必要性、参加人〔注：親会社を指します〕の財務上の負担、株式の取得を円滑に進める必要性の程度等をも総合考慮して決定することができ、その決定の過程、内容に著しく不合理な

---

10)　江頭憲治郎『株式会社法〔第 8 版〕』（有斐閣、2021 年）493 頁。

点がない限り、取締役としての善管注意義務に違反するものではないと解すべきである」と判示し（下線筆者）、結論として、取締役の判断として著しく不合理なものということはできないため、善管注意義務に違反したということはできないと判断しました。

⑤　信頼の原則

　社外取締役は、日ごろから会社の業務に関わっているわけではなく、会社で日々何が起こっているかということをタイムリーに逐一知る立場にもありません。社外取締役は、会社の具体的な状況について、基本的に、業務執行取締役や執行役員・従業員からの情報提供に頼るほかはありません。

　他方で、そのようにして提供される情報が必ずしも正確であるわけではありません。では、社外取締役は、そのような誤った情報に基づき判断をした場合に、それを見抜けなかったのは職務怠慢だ、ということで善管注意義務の違反が認められてしまうのでしょうか。

　ここで現れるのが「信頼の原則」といわれるものです。自己の担当する事項以外の事項については、これを担当する他の取締役（担当取締役）の職務執行が適法であることを信頼することができるというものです。すなわち、担当取締役の職務執行が適法であることを信頼し、適法であることを前提に判断したところ、実は担当取締役の職務執行が違法であったために判断を誤ってしまったという場合であっても、当該担当取締役以外の取締役には善管注意義務の違反が認められないというものです。

　ただし、これには留保があり、担当取締役の職務執行が違法であることを疑わせる特段の事情が存在する場合は、当該職務執行を信頼することには正当性がない、すなわち、当該担当取締役以外の取締役は、そのような違法な職務執行を信頼したからといって善管注意義務の違反を免れるものではないとされます。担当取締役の職務執行が違法であることを疑わせる特段の事情のある場合は、その疑いを払拭するなどした上で、判断する必要があります。

　信頼の原則について言及した裁判例として、大阪地判平成 12 年 9 月 20 日判時 1721 号 3 頁や東京高判平成 20 年 5 月 21 日判タ 1281 号 274 頁等が存在します。後者の裁判例は、会社の業務執行を全般的に統括する責務を負う代表取締役や個別取引報告書を確認し事後チェックの任務を有する経理担当の

取締役以外の取締役については、「相応のリスク管理体制に基づいて職務執行に対する監視が行われている以上、特に担当取締役の職務執行が違法であることを疑わせる特段の事情が存在しない限り、担当取締役の職務執行が適法であると信頼することには正当性が認められるのであり、このような特段の事情のない限り、監視義務を内容とする善管注意義務違反に問われることはないというべきである」と判示しています。

　社外取締役には業務担当がありませんので、社外取締役は、基本的に、信頼の原則のもと、業務執行取締役及び使用人の職務執行が違法であることを疑わせる特段の事情が存在しない限りは、当該職務執行が適法であると信頼することができるといえます。

⑥　内部統制システム

　「内部統制システム」それ自体は、会社法上の用語ではなく、その明確な定義が会社法に定められているわけではありません。他方で、会社法上、監査役設置会社の場合、大会社の取締役会は、会社の業務の適正を確保するための体制を決定しなければならないとされている（会社法362条5項・4項6号）ところ、一般に、「会社の業務の適正を確保するための体制」が内部統制システムといわれます。

　そして、グループ会社化やグループ経営の進展に伴い、当該「会社」の業務だけでなく、当該会社及びその子会社から成る「企業集団」の業務の適正を確保するための体制（グループ内部統制システム）の整備も求められています（会社法362条4項6号参照）。

　会社の業務及び企業集団の業務の適正を確保するための体制の内容は、会社法施行規則に定められており、**図表1-6**のとおりです（会社法施行規則100条）。

[図表1-6]　内部統制システムの内容

①	当該会社の取締役及び使用人の職務の執行が法令・定款に適合することを確保するための体制
②	当該会社の取締役の職務の執行に係る情報の保存及び管理に関する体制
③	当該会社の損失の危険の管理に関する規程その他の体制

④	当該会社の取締役の職務の執行が効率的に行われることを確保するための体制
⑤	以下に掲げる体制その他の当該会社並びにその親会社及び子会社から成る企業集団における業務の適正を確保するための体制
	ⅰ　当該会社の子会社の取締役、執行役、業務を執行する社員、会社法598条1項の職務を行うべき者（法人が持分会社の業務を執行する社員である場合における、当該業務を執行する社員の職務を行うべき者）その他これらの者に相当する者（ⅲ及びⅳにおいて「取締役等」という）の職務の執行に係る事項の当該会社への報告に関する体制
	ⅱ　当該会社の子会社の損失の危険の管理に関する規程その他の体制
	ⅲ　当該会社の子会社の取締役等の職務の執行が効率的に行われることを確保するための体制
	ⅳ　当該会社の子会社の取締役等及び使用人の職務の執行が法令・定款に適合することを確保するための体制
⑥	当該会社が監査役設置会社である場合には、次に掲げる体制を含む。
	ⅰ　当該会社の監査役がその職務を補助すべき使用人を置くことを求めた場合における当該使用人に関する事項
	ⅱ　上記ⅰの使用人の当該会社の取締役からの独立性に関する事項
	ⅲ　当該会社の監査役の上記ⅰの使用人に対する指示の実効性の確保に関する事項
	ⅳ　以下に掲げる体制その他の当該会社の監査役への報告に関する体制
	（ⅰ）当該会社の取締役及び会計参与並びに使用人が当該会社の監査役に報告をするための体制
	（ⅱ）当該会社の子会社の取締役、会計参与、監査役、執行役、業務を執行する社員、会社法598条1項の職務を行うべき者その他これらの者に相当する者及び使用人又はこれらの者から報告を受けた者が当該会社の監査役に報告をするための体制
	ⅴ　上記ⅳの報告をした者が当該報告をしたことを理由として不利な取扱いを受けないことを確保するための体制
	ⅵ　当該会社の監査役の職務の執行について生ずる費用の前払又は償還の手続その他の当該職務の執行について生ずる費用又は債務の処理に係る方針に関する事
	ⅶ　その他当該会社の監査役の監査が実効的に行われることを確保するための体制

　内部統制システムというと、コンプライアンス体制（法令遵守体制）（図表1-6の中では①の「当該会社の取締役及び使用人の職務の執行が法令・定款に適合することを確保するための体制」）やリスク管理体制（図表1-6の中では③の「当該会社の損失の危険の管理に関する規程その他の体制」）と同じ意味を有すると思うかもしれません。しかし、会社法上取締役会が決定しなければならない「会社の業務の適正を確保するための体制」や「企業集団の業務の適正を確保するための体制」には、図表1-6の④のとおり、取締役の職務の執行が「効率的に」行われることを確保するための体制も含まれています。

　なお、金融商品取引法の下では、上場会社は、事業年度ごとに、有価証券報告書と併せて内部統制報告書を提出しなければなりません（金融商品取引法24条の4の4第1項）。内部統制報告書は、当該会社の属する企業集団及び当該会社に係る財務計算に関する書類その他の情報の適正性を確保するために必要な体制について評価した報告書をいいます。内部統制報告書は、財務計算に関する書類の適正性（財務報告の信頼性）の確保に限ったものであり、会社法上の内部統制システムの一部（例えば、図表1-6の①の当該会社の取締役及び使用人の職務の執行が法令・定款に適合することを確保するための体制の一部）を構成するものといえます。

　内部統制システムに関しては、監査役設置会社は、大会社に限り、また、監査等委員会設置会社と指名委員会等設置会社は、大会社であるかどうかにかかわらず、その全てにおいて、それぞれ、取締役会は、会社の業務及び企業集団の業務の適正を確保するための体制の整備について決定しなければなりません（会社法362条5項・4項6号、399条の13第2項・1項1号ロハ、416条2項・1項1号ロホ）。取締役会が定めるべき当該事項は、一般に「内部統制システムの基本方針」といわれるものであり、執行側が整備すべき内部統制システムの大綱となります。執行側は、取締役会が定めた当該内部統制システムの基本方針に従って具体的な内部統制システムを構築し、構築した内部統制システムを適切に運用することが求められます。そして、取締役会や監査役、内部監査部門は、定期的に、内部統制システムの構築及び運用の状況を点検します。そこに不備があるなどすることが判明した場合は、内部統制システムの基本方針の改定を含め、内部統制システムの改善・強化を行うことになります。これは、内部統制システムに係るPDCAサイクル（Plan-Do-Check-Action）といえます（図表1-7参照）。

[図表 1-7]　内部統制システムに係る PDCA サイクル

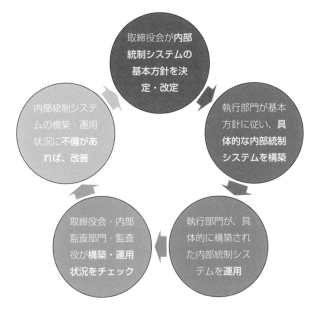

　取締役会の定めた内部統制システムの基本方針の概要及び内部統制システムの運用状況の概要は、事業報告に記載しなければなりません（会社法施行規則 118 条 2 号）。そして、監査役、監査等委員会及び監査委員会は、事業報告に記載された内部統制システムの基本方針及びその運用状況が事実を正しく表示しているかということはもちろん、取締役会の定めた内部統制システムの基本方針が相当かどうか、内部統制システムの構築・運用状況が相当かどうか、すなわち、内部統制システムが適切に構築され、また、適切に運用されているかどうかを監査し、相当でないと認めるときは、その旨及びその理由を監査報告に記載しなければなりません（同規則 129 条 1 項 5 号、130 条 2 項 2 号、130 条の 2 第 1 項 2 号、131 条 1 項 2 号）。

　いかなる内容の内部統制システムを構築すべきかは、各社がそれぞれ置かれた状況等により異なり、全ての会社が一律に構築すべき内部統制システムがあるわけではありません。基本的には、経営判断原則の下、いかなる内容の内部統制システムを構築するかについて取締役に合理的な裁量が認められ、その裁量の範囲内で内部統制システムを適切に構築することが求められます。

そして、内部統制システムを適切に構築していたかどうかは、一般に、①通常想定される不正行為を防止し得る程度の管理体制を整えていたか、また、②通常容易に想定し難い方法による不正行為である場合には、取締役においてその発生を予見すべきであったという特別な事情があったか、の2つの観点から判断されると考えられます（最判平成21年7月9日集民231号241頁（日本システム技術事件上告審判決）参照）。

　自ら業務執行に関与しない社外取締役は、業務執行取締役を監視・監督することを主な職務とします。そして、その監視・監督の在り方として、この内部統制システムが適切に構築され、また、適切に運用されているかどうかをチェックすることが特に重要となります（この点は、**第4章Ⅰ①(2)**もご参照ください）。

コラム4　日本システム技術事件上告審判決

　内部統制システムに関しては、最判平成21年7月9日集民231号241頁（日本システム技術事件上告審判決）がリーディングケースとして重要です。これは、従業員らが営業成績を上げる目的で架空の売上げを計上したため有価証券報告書に不実の記載がされ、その後当該事実が公表されて会社の株価が下落したことについて、公表前に当該会社の株式を取得した株主が、当該会社の代表取締役に従業員らの不正行為を防止するためのリスク管理体制を構築すべき義務に違反した過失があり、その結果当該株主が損害を被ったなどと主張して、当該会社（代表取締役ではなく会社自身）に対し、会社法350条に基づき損害賠償を請求した事案です。

　最高裁判所は、会社が、通常想定される架空売上げの計上等の不正行為を防止し得る程度の管理体制は整えていたものということができること、本件不正行為が、通常容易に想定し難い方法によるものであったということができること、本件以前に同様の手法による不正行為が行われたことがあったなど、代表取締役において本件の不正行為の発生を予見すべきであったという特別な事情も見当たらないこと、さらに、売掛金債権の回収遅延につき不正行為者が挙げていた理由は合理的なもので、取引先との間で過去に紛争が生じたことがなく、監査法人も会社の財務諸表につき適正であるとの意見を表明していたというのであるから、財務部が、不正行為者による巧妙な偽装工作の結果、取引先から適正な売掛金残高確認書を受領しているものと認識し、直接取引先に売掛金債権の存在等を確認しなかったとしても、財務部におけるリスク管理体制が機能していなかったということはできないとした上で、結論として、代表取締役に、本件の不正行為を防止するためのリスク管理体

制を構築すべき義務に違反した過失があるということはできないとし、会社に対する請求を棄却しました。

7　インセンティブ報酬

　日本の上場会社の役員の報酬は、伝統的には、基本報酬（基本給としての固定額の金銭報酬）、年次インセンティブとしての賞与、退職慰労金及びストックオプションといったもので構成されていました。

　このような報酬の構成、特に基本報酬がその大部分を占めていた点について、業績が悪くともあらかじめ定められた金額の報酬を受領することができ、他方で、業績が良くともそれに見合った高額の報酬を受領することができず、役員報酬が会社の業績向上に向けた十分なインセンティブとして機能していないとの批判がされていました[11]。

　そこで、CG コードは、以下のとおり、上場会社に対し、役員報酬について、会社の業績向上・持続的な成長に向けたインセンティブのための 1 つのツールとして捉え直し、中長期的な業績と連動する報酬（業績連動報酬）の割合や自社株報酬（株式報酬）の割合を高めることを求めています。

原則4-2
経営陣の報酬については、中長期的な会社の業績や潜在的リスクを反映させ、健全な企業家精神の発揮に資するようなインセンティブ付けを行うべきである。

補充原則4-2①
取締役会は、経営陣の報酬が持続的な成長に向けた健全なインセンティブとして機能するよう、客観性・透明性ある手続に従い、報酬制度を設計し、具体的な報酬額を決定すべきである。その際、中長期的な業績と連動する報酬の割合や、現金報酬と自社株報酬との割合を適切に設定すべきである。

---

11)　この点に関し、全国株懇連合会の提案書「中長期的インセンティブプランの実務～業績連動報酬・自社株報酬の導入の手引き～」（2018 年 10 月 19 日）8 頁では、「ストック・オプション登場以前の旧商法時代において、インセンティブの要素を加味した報酬といえるものとしては、役員賞与と退職慰労金の功労加算部分程度であった。これは終身雇用を基礎とし従業員の昇進のゴールに役員があるという日本的な雇用・昇進慣行の存在と、そのような就労構造により役員報酬体系も基本的には従業員の報酬体系の延長線上に位置づけられていたことと無縁でない」と指摘されています。

　さらに、対話ガイドライン [12] の3-5でも、「経営陣の報酬制度を、持続的な成長と中長期的な企業価値の向上に向けた健全なインセンティブとして機能するよう設計し、適切に具体的な報酬額を決定するための客観性・透明性ある手続が確立されているか」との対話の視点が示されています。

　このように会社の業績向上・持続的な成長に向けたインセンティブとなる報酬が、一般にインセンティブ報酬といわれます。

　インセンティブ報酬は、短期インセンティブ報酬と中長期インセンティブ報酬から成ります。短期インセンティブ報酬は、通常は1年（年次）を対象期間とし、その業績達成度合いに応じた報酬を付与するというものであり、役員賞与が典型的です。

　これに対し、中長期インセンティブ報酬は、1年超、例えば、3～5年を対象期間とし、その業績達成度合いに応じた報酬を付与するものです。上場会社は、CGコードにおいて、この中長期インセンティブ報酬の割合を高めることが求められ、特に、自社の株式（上場株式）を報酬として付与するケース（株式報酬）が増えています。

　このような株式報酬には、従前から通常型ストック・オプションと呼ばれるものが存在しています。これは、あらかじめ定められた一定額の行使価額で株式を取得することができる権利たる新株予約権を報酬として付与するものです。新株予約権の行使価額は、一般に、新株予約権の割当時の株価以上の価格に設定されます。そのため、ストック・オプションを付与された役員においては、行使価額以上に株価を上昇させようというインセンティブが働きます。他方で、株価が行使価額を大きく下回るような場合は、インセン

---

12)　対話ガイドライン（正式名称は、「投資家と企業の対話ガイドライン」）は、2018年6月のCGコードの改訂に際して金融庁が策定したものであり、2021年6月のCGコードの改訂に際して改訂されました。その前文では、対話ガイドラインとは、SSコード及びCGコードの附属文書として位置付けられるものであり、両コードが求める持続的な成長と中長期的な企業価値の向上に向けた機関投資家と企業の対話において、重点的に議論することが期待される事項を取りまとめたものであるとされています。機関投資家と企業（上場会社）との間でどのような視点から議論されるべきであるかということを示したものであり、ややお節介的なものでもあります。しかし、対話ガイドラインにおいて示されているガバナンスに関する対話の視点は、上場会社がCGコードにおいて求められているガバナンスよりも一段厳しい内容となっています。そのため、対話ガイドラインは、CGコードの一歩先を行くものであるといえ、今後のCGコードの改訂の方向性を示すものとして捉える余地があります。

ティブが働きづらいといわれています。

　これに対し、最近増えているのが、株式そのものを報酬として付与するというものです。譲渡制限付株式（リストリクテッド・ストック）及び株式交付信託です。譲渡制限付株式は、株式が役員に交付された上で、一定期間その譲渡が制限されるものです。株式交付信託は、会社が信託銀行に金銭の信託（株式交付信託）を行い、信託において株式を取得するものであり、役員は、一定の対象期間中に役位等に応じた一定のポイントを取得し、当該ポイントの数に応じて、在職中又は退職時等の一定の時期に株式の交付を受けるというものです。

　株式そのものが報酬として役員に付与されることにより、役員と株主との利害関係を一致させる、役員の目線と株主と目線を合わせるという関係がより直截になります。

　さらに、これらの株式報酬について、中長期の事業計画における業績目標等の達成度合い等に応じて受領する株式の数が変動するものが、業績連動報酬となります。

　このような業績連動報酬における指標としては、①売上高、営業利益、経常利益、当期純利益等の財務指標、②株価という市場指標、③顧客満足度や環境負荷低減への貢献度といった非財務指標が考えられ、これらを組み合わせて連動させることになります。②株価については、株主との目線合わせという観点からは、TSR（Total Shareholders Return、株主総利回り）を指標に入れることについて、機関投資家からますます強く求められる可能性があります。TSR は、「（一定期間の株価の上昇額＋配当額）÷当該期間の開始時点の株価」で算出されます。

　このようにインセンティブ報酬と一口にいっても様々なバリエーションがありますが、基本報酬、年次インセンティブ報酬及び中長期インセンティブ報酬をどのような割合で構成するかという報酬ミックスも重要です。

　さらに、そのような報酬ミックスや個々の報酬制度、報酬水準をどのように設計するかということの基本方針となるものが報酬ポリシーです。報酬ポリシーは、経営理念・経営戦略を実現するために、どのような報酬制度とするのが適切かという観点から策定することになります。インセンティブ報酬も、そのような報酬ポリシー及びその基礎となる経営理念・経営戦略に沿った内容とすることが求められます。

> **コラム5**　令和元年会社法改正②──お手盛り防止としての報酬規制と、取締
> 役の個人別の報酬額の決定の代表取締役への再一任に対する批判

　本文で述べたとおり、日本においてこれまで、役員報酬が業績向上のための
インセンティブ（ツール）であるとは必ずしも捉えられてはいませんでし
た。

　役員報酬については、伝統的に、旧商法及びこれを引き継ぐ会社法のもと、
お手盛りの弊害の防止の観点から主に論じられていました。すなわち、取締
役が自身の報酬を過度に高額に定めることのないよう、その報酬は、定款又
は株主総会の決議により定めなければならないというものです（会社法361
条1項）。

　そして、株主総会の決議により、取締役の報酬枠（報酬総額の上限）が設
定された上で、取締役の個人別の報酬額の決定が取締役会に一任されます
（その後、株主総会において、報酬枠改定議案が上程されることは極めて稀で
す）。当該一任を受けた取締役会は、取締役の個人別の報酬額の決定について
自ら決定することなく、代表取締役に再一任し、当該再一任を受けた代表取
締役が当該報酬額を決定するという実務がこれまで確立していました。

　これは、株主総会において、取締役の報酬枠を定めてさえいれば、取締役
の個人別の報酬額までは定めていなくとも、お手盛りの弊害は防止すること
ができるという考え方によるものでした。

　取締役の個人別の報酬額の決定を、株主総会ではなく代表取締役が行うと
いう実務の下では、個々の取締役は、他の取締役の報酬額が分かりません。
また、日本の会社法制上、プライバシーへの配慮から、取締役の個人別の報
酬額は原則として開示されません。

　このように役員報酬の決定プロセスがいわばブラックボックス化されてい
る状況に対しては、機関投資家からの批判があります。すなわち、経営トッ
プを監督する役割を担う取締役会のメンバーたる取締役の報酬額が、被監督
者たる当該経営トップによって決定されていては、当該経営トップに対する
実効的な監督を期待することができない、報酬決定の独立性・客観性・透明
性をもっと確保せよとの批判が生じています。

　そこで、CGコードの補充原則4-2①は、「取締役会は、客観性・透明性あ
る手続に従い、報酬制度を設計し、具体的な報酬額を決定すべきである」と
しています。

　このようなことを背景に、上場会社では、監査役会設置会社や監査等委員
会設置会社において、社外取締役を中心に構成される報酬委員会を任意に設
置し、報酬決定の独立性・客観性・透明性を確保するよう努めている状況に
あります（**第5章Ⅰ**参照）。

　このように、役員報酬については、本文で述べた報酬の内容だけでなく、

報酬決定のプロセスについても、変革が求められています。

　さらに、役員報酬は、令和元年会社法改正の対象にもなっています。役員報酬の決定プロセスのブラックボックス化への対応として、また、役員報酬の内容がインセンティブの付与の観点から適切に定められているかどうかを判断することができるようにするため、役員報酬についての事業報告による開示事項の充実化が図られています。具体的には、公開会社は、以下の事項を事業報告に記載しなければなりません（会社法施行規則121条4号・5号の2〜5号の4・6号・6号の3、122条1項2号参照）。

① 　報酬等の種類（業績連動報酬等、非金銭報酬等及びそれら以外の報酬等）ごとの総額
② 　業績連動報酬等に関する事項
③ 　非金銭報酬等の内容
④ 　報酬等についての定款の定め又は株主総会の決議による定めに関する事項
⑤ 　取締役（監査等委員である取締役を除きます）の個人別の報酬等の内容についての決定に関する方針に関する事項（会社法361条7項、会社法施行規則98条の5参照）
⑥ 　取締役（監査等委員である取締役を除きます）の個人別の報酬等の内容の決定についての取締役その他第三者への委任に関する事項
⑦ 　職務執行の対価として会社が役員に交付した株式等に関する事項

第2章

業務執行者に対する「監督」とは？

I　総論——守りのガバナンス（ブレーキ）と攻めのガバナンス（アクセル）のバランス

1　「守り」だけでなく「攻めも」

序章Ⅱにおいて、社外取締役に特に期待される役割は、経営の監督を行うことであると述べました。

では、経営の監督を行うとは、また、業務執行者に対する監督を行うとは、一体何を意味するのでしょうか。この点が、会社法やCGコードには定義がなく、また、人によって捉え方が異なり得るため、混乱が生じている部分もあります。

社外取締役による業務執行者に対する監督は、社外取締役がそのメンバーである取締役会の職務の1つである、取締役の職務の執行の監督（会社法362条2項2号）、特に、代表取締役をはじめとする業務執行取締役の職務の執行の監督に由来するものです。そして、この監督の職務を裏付けるものが、代表取締役その他業務執行者を選定し、解職する権限です（同条2項3号・3項・4項3号、363条1項2号参照）。

取締役会による業務執行者に対する監督については、まず、コンプライアンス（法令遵守）、すなわち、経営トップの違法行為・不正行為を防止する、経営トップが違法行為・不正行為を行わないように見張っておく、という意味が挙げられます。伝統的には、このような意味合いのみで「監督」が捉えられる傾向も強く、「監督」と（監査役による）「監査」がほぼイコールであったといっても過言ではありませんでした。

61

　もちろん、監督が、そのようなコンプライアンス・適法性の確保という意味合いを含むことは疑いがありません。企業価値が現状よりもマイナスにならないように、ブレーキの利きをよくしておくことは非常に重要です。

　しかし、企業価値がマイナスにならないようにするということは、うまくいってもせいぜい現状維持にしかなりません。そして、産業構造の変化や競争の激化がグローバルに生じている中では、そのような発想では、実際のところは現状維持どころかジリ貧になるだけです。企業が成長する、業績を上げる、すなわち、企業価値をプラスにするという積極的な姿勢がなければ、企業は生き残れません。

　そこで、取締役会による業務執行者に対する監督の意味合いも、そのような観点から見直されるべきであるというのが、昨今のガバナンス強化の肝となります。これまでは、取締役会の監督機能を論ずるに当たって、企業価値をプラスにするという観点がすっかり抜け落ちていた、等閑視されてしまっていた（全く意識されていなかったわけではないでしょうが、そこに力点が置かれていたわけでもなかった）が、今後は、企業価値をプラスにする、業績を上げることにもっと注力すべきであるということです。

　このように述べると、コンプライアンスは置き去りとなるのか、コンプライアンスが軽視されるのではないか、という懸念がもたれることがあります。しかし、ひたすらブレーキを磨くという「守り」の観点「だけ」に重きを置いていたこと[1]を反省し、アクセルを踏み込む、エンジンを吹かす観点「も」持とうというのが上記の議論のポイントです。このような姿勢は、「攻めのガバナンス」ともいわれます。もちろん、攻めのガバナンスが重要視される時代にあっても、前述のとおり、これと対を成す「守りのガバナンス」、すなわち、企業価値を現状からマイナスにしないという、コンプライアンス・適法性の確保の観点の重要性は従来から何ら変わっていないことにも留意が必要です。ただ、競争の厳しい現代においては、守りに主軸を置くのではなく、攻めに主軸を置くべきである、企業が生産性・収益性・競争力を向上させる観点（効率性の確保の観点）にもっと注目すべきであるという点がポイントで

---

　1)　会社法の前身の旧商法の改正（特に、昭和時代の改正）においては、専ら、監査役の機能を強化するための改正がされ、取締役会の機能の強化にはなかなか手が付けられていませんでした。このことが正に、守りの部分、適法性の確保に注力してきたことを象徴しているといえます。

す。

② 監督におけるキーワードは「業績評価」

　企業価値の向上・攻めの観点から、業務執行者に対する監督機能を見直す際のキーワードは、「業績評価」です。企業価値を向上させる、業績を上げることが重要である以上は、業績が良いのか悪いのか、そして、特に、業績が悪い場合に、その責任が業務執行者にあるのか、という業績評価が極めて重要となります。

　これは、業務執行者に対する監督機能を強化するということが、業績の良し悪しを業務執行者に対する評価の軸とすることであるということを意味します。業績が良ければ、現職の業務執行者に引き続き当社の経営を任せる、業績が悪ければ、業務執行者を解任する、また、業績の良し悪しに応じた報酬額とする、更には、業績を向上させるためのインセンティブとして報酬制度を設計し直すという発想になります。また、当然のことながら、そもそもの出発点として、当社の業績を上げてくれると見込まれるかどうかという観点から業務執行者を選任することになります。

　こうして、業務執行者の選任・解任及び報酬という業務執行者の人事が業績評価・業績の良し悪しに基づいて行われることになります。人事権を行使するに当たり、違法行為・不正行為をしたから業務執行者をクビにする、という場面もあるでしょうが、その発想だけでは足りないということです（繰り返しですが、①で述べたとおり、攻めのガバナンスの時代においても、違法行為・不正行為があった場合に、業務執行者を解任するという形で、監督権限を行使する必要があることはいうまでもありません）。

　また、このような業績評価が主観的・恣意的に行われないようにするために、あらかじめ評価基準・モノサシが定められている必要があります。このようなあらかじめ定められる評価基準・モノサシが、中長期の経営計画・経営戦略です。経営計画・経営戦略において、今後3年や5年で会社をどこまで引っ張っていくのか、という経営目標を定めておき、それを評価基準として、実際の業績と照らし合わせて業務執行者を評価することになります。具体的には、経営計画の途中段階（途中の事業年度）において、その業績に鑑みて当該経営目標を最終的に達成しそうであるか、また、最終段階（経営計画の最終の事業年度）において、実際に当該経営目標を達成したのか、また、

特に、達成しなかった場合に、その経営責任が業務執行者にあるのか、ということを評価することになります。

　経営目標を達成しなかった（又は達成しないと合理的に見込まれる）場合に、その経営責任が業務執行者にあるのかという責任の有無・所在についての評価、すなわち、業績評価が非常に重要となります。経営目標を達成しなかったからといって直ちに業務執行者に経営責任がある、すなわち、解任しなければならない、ということになるわけではありません。業務執行者に帰責性がなければ、解任するという判断はできない（してはならない）はずです。

　そのような帰責性（経営責任）の有無については、例えば、いわゆるリーマン・ショックのような金融危機や新型コロナウイルス感染症による経済への悪影響の発生、また、そこまでの甚大な事象でなくとも、何らかのマクロ経済の要因によって業績が悪化したということであれば、当該業務執行者の手腕によってはいかんともし難かったということで、帰責性はないという判断になり得ると考えられます。

　これに対し、新規事業を立ち上げる、M&Aによって他社を買収してシナジーを創出するといったことで業績向上を見込んでいたところ、その見込みが甘かった、想定したとおりには新規事業がうまくいかなかった、シナジーが生じなかった、その結果、経営目標に達しなかった、ということになると、業務執行者に帰責性ありという判断になりやすいと考えられます。

　以上をまとめると、①あらかじめ評価目標となる中長期の経営計画・経営戦略を策定し、②当該経営計画等を踏まえて業務執行者の業績評価を行い、③当該業績評価に基づき業務執行者に対する人事権を行使する、というのが取締役会の監督機能の中核であると、近時は理解されるようになっています。この点を整理したのが図表2-1です。

　業績評価、業績の良し悪しが軸となると述べましたが、業績評価が重要であることは、図表2-2のとおり、CGコードでは、取締役会の役割との関係において、「業績評価」「業績の反映」という文言が何度も登場していることにも表れています。

　社外取締役による業務執行者に対する監督も、以上のような取締役会による業務執行者に対する監督の意味（の変遷）を踏まえ、その一環として行われる必要があることを十分に理解しておく必要があります。序章で述べたとおり、違法行為・不正行為を「発見」することは、社外取締役に期待されて

いる「監督」の役割ではありません。会社の業績を向上させることができると見込まれる業務執行者を選任し、業績が悪化している場合は、当該業務執行者の帰責性（経営責任）の有無を評価し、責任ありと判断される場合は適時に当該業務執行者を解任すること（クビにすること）が、業務執行には関与せず、かつ、業務執行者からの独立性を有する社外取締役に求められている「監督」の役割です。

[図表 2-1]　取締役会の監督機能の中核

①　経営計画・経営戦略における経営目標（評価目標）の設定 ②　経営目標に基づき、業務執行者の業績を評価 ③　業績評価に基づき、業務執行者に対する人事権を行使 　(ⅰ)　選任の場面 　　・当該業務執行者に引き続き自社の経営を任せてよいかを判断し、業務執行者の候補者を指名 　　・当該業務執行者に引き続き自社の経営を任せるのが適切でない、経営目標の不達成について当該業務執行者に責任があると判断される場合は、当該業務執行者を解任・不再任（交代） 　(ⅱ)　報酬面 　　・当該業務執行者の報酬額を決定 　　・業績向上に向けたインセンティブとなるよう報酬制度を設計 ※「監督」機能は、以下の２つから成るのであり、コンプライアンス機能「だけ」ではない ・企業が法令を遵守して経営を行う観点（健全性）：守りのガバナンス ・企業が生産性・収益性・競争力を向上させる観点（効率性）：攻めのガバナンス

[図表 2-2]　「業績評価」「業績の反映」という文言が使用されているＣＧコード上の原則（下線は筆者）

原則４-２ 経営陣の報酬については、中長期的な会社の業績や潜在的リスクを反映させ、健全な企業家精神の発揮に資するようなインセンティブ付けを行うべきである。
補充原則４-２① 取締役会は、経営陣の報酬が持続的な成長に向けた健全なインセンティブとして機能するよう、客観性・透明性ある手続に従い、報酬制度を設計し、具体的

な報酬額を決定すべきである。その際、<u>中長期的な業績と連動する報酬</u>の割合や、現金報酬と自社株報酬との割合を適切に設定すべきである。

原則4-3

取締役会は、独立した客観的な立場から、経営陣・取締役に対する実効性の高い監督を行うことを主要な役割・責務の一つと捉え、<u>適切に会社の業績等の評価を行い、その評価を経営陣幹部の人事に適切に反映</u>すべきである。

補充原則4-3①

取締役会は、<u>経営陣幹部の選任や解任について、会社の業績等の評価を踏まえ、公正かつ透明性の高い手続に従い、適切に実行</u>すべきである。

補充原則4-3③

取締役会は、<u>会社の業績等の適切な評価を踏まえ、CEO がその機能を十分発揮していないと認められる場合に、CEO を解任</u>するための客観性・適時性・透明性ある手続を確立すべきである。

II　取締役会の意思決定機能をどのように捉えるか？──取締役会は細かいことには口を出さない

　Iでは、取締役会の監督機能について、守りのガバナンスと攻めのガバナンスの比較の観点から説明しました。

　ところで、取締役会の機能は、業務執行者に対する監督機能だけではありません。取締役会の機能には、もう1つ、業務執行の意思決定機能があります（会社法362条2項1号参照）。個々の取締役の役割について当てはめると、取締役会の決議において議決権を行使すること（議案に対する賛否を表明すること）です。

　この意思決定機能の捉え方も2つの捉え方があり、伝統的には、個別具体的な業務執行事項の意思決定を行うということで捉えられてきました。これは、取締役会の構成とも関連しており、伝統的には、取締役会は、業務執行者（業務執行取締役）で占められていました。取締役会は、業務執行者から成る会議体である以上、そこで議論される事項は、個別具体的な業務執行事項（のうち、比較的重要なもの）ということになります。そのため、取締役会の意思決定機能とは、個別具体的な業務執行事項を決定する機能ということになります。

　この場合、取締役会と業務執行者とはいわば不可分一体のものとなっているといえます。業務執行者から成る取締役会がいわば頭脳として機能して意思決定を行い、業務執行者がいわば手足としてその決定された事項を実行するという関係にあり、取締役会と業務執行者を併せて業務執行機関といっても過言ではありません。このような状況では、取締役会が監督者となり、Ⅰで述べた意味で業務執行者を監督することは望むべくもありません。取締役会には、せいぜい、業務執行者が、取締役会の決定したとおりに業務執行を行っているか、ということを監督することしか期待できません（このような観点からの監督も必要ではありますが）。そうであったからこそ、Ⅰで述べたとおり、従前は、取締役会の監督機能が等閑視されていたともいえます。

　これに対し、取締役会の監督機能を重視するということになると、監督者たる取締役会は、被監督者たる業務執行者から独立している必要があります。また、取締役会が業務執行者を監督するとはいっても、取締役会が個別具体的な業務執行事項を決定していては、結局、自分自身で決定したこと（の実行）の当否を自分で監督する（自分がしたことの監督を自分で行う）ことになってしまい、監督の実効性は確保されません。

　そこで、取締役会の監督機能を重視するのであれば、取締役会が個別具体的な業務執行事項を決定することはやめておいたほうがいい、そのような事項の決定は、業務執行者に任せておこう、ということになります。そのようにして個別具体的な業務執行事項の決定が業務執行者に委任されると、取締役会に残される意思決定事項は、業務執行者の選定・解職及び業務執行者が個別具体的な業務執行事項を決定するに当たって拠るべき大きな方針となります。後者の方針が正に、中長期の経営計画・経営戦略や内部統制システムの基本方針ということになります。

　要するに、取締役会としては、3〜5年後の経営目標を決定し、それを実現してくれるであろうと考えられる業務執行者（特に、社長・CEOといった経営トップ）を選任するところまでを行い、どのようにしてその経営目標を達成するか、その達成のために何を行うかの決定は、業務執行者に任せる、自身が選んだ業務執行者を信頼するということになります。逆にいえば、取締役会は、個別具体的な業務執行事項の決定については、口出しをしないことが求められます。取締役会は、業務執行者が経営目標の達成に向けてリスクを取ろうとするのであれば、自身が選んだ業務執行者を信頼してむしろそ

の背中を押してあげる（リスクテイクをさせてあげる）べきであるということです。

　比喩的にいえば、会社がこれから向かおうとする先にＡという山とＢという山がある場合に、どちらの山を何年かけて登るかということと、その山を登るために誰に会社を引っ張って行ってもらうかということは、取締役会が決めます。他方で、これから５年かけてＡを登る（Ａの頂上を目指す）ことにし、また、甲という経営トップに引っ張って行ってもらうこととしたという場合に、どのようなルートでＡを登るか、どのような方法で登るか、ということについては、取締役会は関与せず、甲をはじめとする業務執行者に任せます。取締役会は、時には、甲が大きなリスクをとってチャレンジしながら登ることも後押しします。そして、取締役会は、例えば、途中段階の３年後において、さらに２年後にＡという山の頂上に到達することができそうであるかどうか、また、５年が経過した時点で実際に頂上に到達したのかどうかを評価し、次の山を登るために誰に会社を引っ張って行ってもらうかということを改めて決定することになります。

　このように監督機能を強化する取締役会においては、業務執行の意思決定機能は、個別具体的な業務執行事項の決定を意味するのではなく、あくまでも、会社の大枠・会社が向かうべき方向の決定を意味することになります。そして、後者の意味での意思決定機能は、それ自体に意義があるというよりは、監督機能の一環を成すものとして捉えられるべきであるといっても過言ではありません。

　なお、リスクテイクに関して、CGコードの基本原則４は、上場会社の取締役会の役割の１つとして、会社の持続的成長と中長期的な企業価値の向上を促し、収益力・資本効率等の改善を図るべく、「(2) 経営陣幹部による適切なリスクテイクを支える環境整備を行うこと」を掲げ、また、原則４-２は、当該役割に関し、「経営陣からの健全な企業家精神に基づく提案を歓迎しつつ、説明責任の確保に向けて、そうした提案について独立した客観的な立場において多角的かつ十分な検討を行うとともに、承認した提案が実行される際には、経営陣幹部の迅速・果断な意思決定を支援すべきである」としています。これらの原則も、上記のような取締役会と業務執行者との役割分担の発想や、取締役会の意思決定機能についての考え方を前提として理解されるべきであると考えられます。

Ⅲ　取締役会の監督機能の強化に向けた近時の動き

1　総　論

　Ⅱで述べたところを一言で整理すると、取締役会の監督機能を強化するとは、取締役会が業務執行機関であることをやめる、監督者と被監督者が同じであることをやめるということです。これは、「経営と監督の分離」や「執行と監督の分離」ともいわれます。

　このような経営と監督の分離は、①取締役会の業務執行者からの独立性の確保及び②取締役会が個別具体的な業務執行事項の意思決定に関わらないようにすることを、その主な内容として含みます。

　これらの点を含め、Ⅰ及びⅡで述べたことを前提とした取締役会の監督機能の強化に向けた近時の動きは、図表2-3のように整理することができます。

[図表2-3]　取締役会の監督機能の強化に向けた近時の動き

① 「業務執行機関」から「監督機関」へのシフト
　▶個別具体的な業務執行事項の決定は、取締役会で行わず、業務執行者に委任
　　＝　取締役会の決議事項のスリム化（アジェンダセッティングの見直し）（後記[2]）

② 取締役会の業務執行者からの独立性の確保
　▶社外取締役の選任及びその人数・割合の増加（後記[3]、**第7章Ⅰ**）
　　・CGコード原則4-8は、2名（プライム市場は3分の1）以上を求める
　▶取締役会議長と社長・CEOの分離（**第5章Ⅱ**）

③ 業務執行者の指名・解任に関する事項の改革
　▶指名・解任のプロセスの独立性・透明性・客観性の確保
　　・任意の指名委員会を設置し、監督の中核部分である業務執行者の候補者の「指名」について、より少ない人数で（＝独立社外取締役の占める割合をより高くして）集中的に議論（**第5章Ⅰ**）
　▶業務執行者の選任だけでなく、解任の方針・基準及び手続の策定（後記[4]）
　▶社長・CEOの後継者計画（サクセッション・プラン）の適切な監督（後記[5]）

④　業務執行者の報酬の決定に関する事項の改革
　　▶報酬の決定プロセスの独立性・透明性・客観性の確保
　　　・任意の報酬委員会を設置し、監督の中核部分である業務執行者の「報酬」
　　　　について、より少ない人数で（＝独立社外取締役の占める割合をより高
　　　　くして）集中的に議論（**第5章Ⅰ**）
　　▶会社の成長に向けたインセンティブを業務執行者に持たせるための報酬制
　　　度の導入（**第1章Ⅱ⑦**）
　　　・報酬ミックス（固定報酬、短期の業績に連動した報酬及び中長期の業績
　　　　に連動した報酬の比率）の見直し
　　　・中長期的な業績と連動する株式報酬の導入

② 取締役会決議事項の見直し（スリム化）

　Ⅱで述べたところからも分かるとおり、取締役会の役割・機能をいかに捉
えるかということは、取締役会の決議事項の範囲をどのように設定するか、
ということに影響します。その点を表したものが、図表2-4です。

[図表2-4]　取締役会に期待する機能と取締役会の決議事項の範囲の関係

① 　取締役会の意思決定機能を重視する場合
　・取締役会において、個別具体的な業務執行事項を決定
　　⇒　取締役会の決議事項が多くなる傾向

② 　取締役会の業務執行者に対する監督機能を重視する場合
　・会社の大枠、会社の在り方について議論し、決議することが取締役会の主
　　な役割となる
　　＝　個別具体的な業務執行事項の決定は、業務執行者に委任
　　⇒　取締役会の決議事項が少なくなる傾向

　伝統的には、取締役会の意思決定機能が重視されてきましたので、取締役
会では、個別具体的な業務執行事項が決定されていました。
　これに対し、取締役会の業務執行者に対する監督機能が重視されるように
なると、個別具体的な業務執行事項の決定は、業務執行者に委ねよう、取締
役会は、その結果である業績の評価に注力しよう、ということになります。
　また、取締役会の業務執行者に対する監督機能を重視する場合は、③で述
べるとおり、社外取締役の人数・割合が増えることになります。そして、社

外取締役は、会社の事業の個別具体的な事情に精通していませんので、そのような社外取締役がいる取締役会において個別具体的な業務執行事項について決定することは、むしろ適切でないといえます。したがって、このような観点からは、取締役会の業務執行者に対する監督機能を重視する場合は、個別具体的な業務執行事項の決定は業務執行者に委任し、取締役会の決議事項を減らすことが適切な対応となります。

　実際、上場会社において、社外取締役の人数・割合が増えるにつれ、取締役会の決議事項を減らす、スリム化するという対応がとられるようになっています。

　そして、取締役会の決議事項が減ることで、取締役会の議案が減り、取締役会の開催時間が短くなることもあるでしょうし、場合によっては、取締役会の開催頻度が低くなる、月に1回開催していたものが2か月に1回の開催となることもあるかもしれません。

　しかし、それによって取締役会の負担が減ってよかった、ということではもちろん終わりません。これまで個別具体的な業務執行事項の決定に費やされていた時間を、中長期の経営計画・経営戦略や業績の評価、社長・CEOの後継者計画の監督、ガバナンス体制や内部統制システム、コンプライアンス体制の在り方といった、会社の大枠や会社の進むべき方向等、これまでもっと時間をかけて社外取締役とともに審議・検討すべきであったけれども十分な時間を充てることができなかった議題について審議・検討する時間に充てることになります。

　このような取締役会の決議事項の範囲・アジェンダセッティングについては、社外取締役ガイドラインにおいても、「取締役会においてどのような議題を議論するかはガバナンスを働かせる上で非常に重要であり、社外取締役としても必要に応じてアジェンダセッティングに能動的に関与することが期待される」などとされています（27頁以下）。

③　社外取締役の選任による取締役会の独立性確保

　社外取締役の選任が求められている点については、既に**序章**でも述べていますので、ここでは、取締役会の機能と社外取締役の選任の必要性の関係について述べます。

　取締役会の役割・機能をいかに捉えるかということは、②で述べた取締役

会の決議事項の範囲と同様に、社外取締役をどの程度選任すべきか、また、社外取締役にどのような役割を期待するか、ということに影響します。その点を表したものが、図表2-5です。

[図表2-5] 取締役会に期待する役割と取締役会構成（社外取締役の必要性の程度）及び社外取締役に期待する役割の関係

---

① 取締役会の業務執行の意思決定機能を重視する場合
  ▶取締役会は、内部昇進者（業務執行者）を中心として構成される
   ・業務担当のある取締役は、全体最適よりも、自己の担当する事業部門の利害（部分最適）を考えがち
   ・経営トップの解任という伝家の宝刀を抜くことも期待し難い
  ▶社外取締役の人数が少ない／取締役総数に占める割合が低い傾向
  ▶社外取締役に対しては、経営への助言機能を特に求める傾向

② 取締役会の業務執行者に対する監督機能を重視する場合
  ▶社外取締役の人数が多い／取締役総数に占める割合が高い傾向
  ▶社外取締役に対しても、業務執行者に対する監督機能を特に求める傾向
  ▶被監督者である業務執行者が取締役会のメンバーである必要性・相当性が低い傾向
   ・取締役会全体のサイズも小さくなる傾向

　伝統的には、業務執行の意思決定機能が取締役会に期待され、取締役会において個別具体的な業務執行事項の決定がされてきました。②で述べたとおり、そのような取締役会では、業務執行に精通した者（業務執行者）こそが、そのような意思決定を行う取締役会のメンバー（取締役）であるべきであるということになります。すなわち、取締役会は、業務執行者たる内部昇進者で占められ、社外取締役の必要性は低くなります。社外取締役を置くことは、そのような意思決定を適切に行う観点からは、有害であるともいえます。

　その結果、そのような取締役会では、社外取締役はゼロ、又はせいぜい1〜2名いれば足り、取締役総数に占める割合も低くて構わない、ということになります。また、取締役会がいわば業務執行機関である以上、そこに置かれる少数の社外取締役にも、業務執行者に対する監督というよりも、経営に対する助言を主に期待することになるといえます。

　これに対し、取締役会について、業務執行者に対する監督機能を重視する

場合、業務執行者を適切に監督することができる者が取締役会のメンバー（取締役）であるべきであるということになります。そして、その監督の対象となる者（被監督者）である業務執行者がそのメンバーであることは適切でないことはいうまでもなく、被監督者から独立している者、すなわち、社外取締役がそのメンバーの中心となることが求められます。

　その結果、そのような取締役会では、社外取締役が多数いるべきである、その裏返しとして、業務執行取締役が多数であるべきでない、ということになります。また、監督権限の最たるものが業務執行者の選任・解任の権限であり、多数決によってその選任・解任を行うことからすれば、業務執行者から独立した者である社外取締役が取締役会メンバーの多数派であるべきであり、したがって、社外取締役が取締役総数に占める割合も高いほうがいいという発想になります。

　なお、被監督者である業務執行者が監督者である取締役会のメンバーであることは適切でないというのは前述のとおりですが、他方で、業務執行者が一人もそのメンバーとなってはいけないかというと、必ずしもそうではありません。業務執行者が一人も取締役会のメンバーになっておらず、社外取締役のみから取締役会が構成されていると、業務執行に関する情報、会社の経営状態等に関する情報が、取締役会に十分に提供されなくなるおそれがあります。そのため、少数の業務執行者（典型的には、CEO と CFO といった経営トップ）が取締役会のメンバーとなることはむしろ適切であり、許容されるべきであるということになります。

　また、取締役会が主に監督機関として位置付けられる以上、そこで多数派を占める社外取締役に期待する役割も、当然のことながら業務執行者に対する監督機能であることになります。

　ところで、社外取締役の必要性が高くなるとはいっても、現在多数派である業務執行取締役のほとんどをそのまま社外取締役に置き換えさえすればいいというわけでは必ずしもありません。仮に現在の取締役総数が 10 名であるとした場合[2]　に、社外取締役が多数派であるべきであるとしても、6〜7名もの社外取締役を置く必要はないのではないかということです。

　この点について、確かに、取締役会の業務執行の意思決定機能を重視する場合は、取締役会において個別具体的な業務執行事項を決定するために、当該会社の各事業部門を代表する業務執行者が取締役会のメンバー（取締役）

となる必要性が高く、事業部門数が多くなるにつれ、取締役の人数が増えることも不思議ではありません。

　しかし、取締役会の監督機能を重視し、主に、会社の大枠といった大きな事項について議論することを想定すると、そのメンバーが多いほうがいいというわけでは必ずしもなく、頭数ベースではなく、割合ベースで社外取締役が多数派となっていることこそが重要となります。

　そのため、取締役会の監督機能を重視する場合には、3～4名の社外取締役がいれば十分であり、あとは、業務執行に関する情報を提供し、執行側と非執行の社外取締役をつなぐ役割となる業務執行取締役が数名いれば足りる、ということになります。それを突き詰めたパターンとしては、業務執行取締役は、社長・CEOといった経営トップとCFOの2名のみと、取締役総数の過半数となるべき社外取締役3名、合計5名の取締役会というパターンとなります。

　このようなパターンに一気に動くとは考え難いものの、取締役会の監督機能を重視すればするほど、あくまでも割合ベースで社外取締役を増やすことが重要となり、その結果、取締役会全体のサイズが小さくなることが予想されます。

④　業務執行者（特に経営トップ）の「解任・不再任」の方針・基準

(1)　解任についての議論を始めるきっかけとしての解任の方針・基準

　CGコードの原則3-1は、上場会社は、「取締役会が経営陣幹部の選解任と取締役・監査役候補の指名を行うに当たっての方針と手続」を開示すべきであるとしています。2018年の改訂前は、「経営陣幹部の選任」とされていたところ、「選解任」と改められ、経営陣幹部の「選任」だけでなく「解任」の方針と手続を開示することが求められるようになりました。

　このような「解任」への着目は、同じく2018年の改訂に際して新設され

---

2)　取締役全体の人数の平均について、東京証券取引所「東証上場会社コーポレート・ガバナンス白書2021」（2021年3月）によれば、上場会社全社で8.14名、市場第一部で8.94名、市場第二部で7.67名、マザーズで6.17名、JASDAQで6.92名です。また、連結売上高別にみると、連結売上高が大きいほど取締役の人数が多くなる傾向にあり、100億円未満の上場会社が平均6.41名であるのに対し、1兆円以上の上場会社が11.20名です（85～86頁）。

たCGコードの補充原則4−3②「取締役会は、<u>CEOの選解任</u>は、会社における最も重要な戦略的意思決定であることを踏まえ、客観性・適時性・透明性ある手続に従い、十分な時間と資源をかけて、資質を備えたCEOを選任すべきである」及び同じく新設の補充原則4−3③「取締役会は、会社の業績等の適切な評価を踏まえ、CEOがその機能を十分発揮していないと認められる場合に、<u>CEOを解任</u>するための客観性・適時性・透明性ある手続を確立すべきである」にも表れています（下線は筆者）。

　これは、業績評価に基づく人事権の行使という観点からは、業績が良かった場合に現職の業務執行者に引き続き会社の経営を任せるということだけでなく、業績が悪かった場合にそれについて責任のある現職の業務執行者を解任する（交代する）ということも必要となることを踏まえたものであると考えられます。

　ところで、業務執行者、とりわけ、社長・CEOといった経営トップの解任・不再任の要否は、そもそも、取締役会で議論すらされていなかったのではないかと思われます。これは、伝統的には、取締役会が、業務執行取締役で構成されていた、すなわち、経営トップのいわば部下である者によって構成されていたことによるものであると考えられます。部下が上司（社長・CEO）の解任について発議すること（経営トップの解任という伝家の宝刀を抜くこと）は、なかなか期待することができません。

　しかし、実際に解任するかどうかは別としても、せめて、取締役会において、業績を踏まえて現職の業務執行者に引き続き任せていいのかどうかということ自体は議論がされなければ、取締役会がその監督機能を十分に果たしているとはいえません。そのような議論を行うきっかけとなるものとして、解任の方針（基準）を策定し、公表することが求められているといえます。

　この点について、解任の方針・基準を策定した場合において、これに抵触したときは直ちに業務執行者を解任しなければならないこととなるのではないか、そのような硬直的な運用のおそれがあるので解任の方針・基準を策定することは適切ではないのではないかという批判も想定されます。

　しかし、解任の方針・基準に抵触したからといって、直ちに業務執行者を解任しなければならないことになるわけではありません。経営目標を基礎とした解任の方針・基準を定めたところ、業績が悪化して当該経営目標を達成することができなかったという場合、まずは、当該目標未達の業績について

業務執行者に責任があるのかどうかということが検証されなければなりません。そして、その検証の結果、経営判断の失敗等、業務執行者に責任があるとの判断に至って初めて、解任の当否が検討されることになります。

　この段階においても、まだ解任という結論になるわけではありません。その責任の程度によっては、報酬に反映させるにとどめることで足りる、すなわち、解任するほどの責任ではないという場合もあり得ます。CGS ガイドラインにおいても、「社長・CEO の評価は、社長・CEO の解任といった極端な事例としてではなく、むしろ毎期の報酬に反映されていくことが通常であると考えられる」（43頁）、「社長・CEO の評価をする上で、社長・CEOに問題があると認められる場合においても、指名委員会でいきなり解任する（あるいは再任しない）という厳格な選択を行う前に、報酬委員会における評価を通じて、経営の改善に取り組むようシグナルを発することが考えられる」（84頁）とされています。

　そして、報酬に反映させるだけでは足りない、解任が相当であるという判断に至る場合になっていよいよ解任が現実的なものとなります。もっとも、業務執行者、特に、経営トップの解任は、それ自体極めて重要な判断であり、慎重さが求められます。そのため、もう１期（１年）などしばらく様子を見るという判断もあり得るところです。

　以上のように、解任の方針・基準に抵触した場合において、実際に解任に至るまでには、いくつかのステップを踏むことになりますので、解任の方針・基準への抵触イコール即、解任となるわけではありません。

　そして、そのような帰責性の有無や帰責性がある場合における解任の当否といったことについて、これまで日本の会社の取締役会では議論すらされてこなかったのではないかという反省のもと、取締役会の監督機能を実効的なものとするべく、その議論を始めるきっかけとなるものとして、解任の方針・基準の策定・公表が求められていると理解されます。この点は、社外取締役ガイドラインにおいても、「社外取締役が躊躇することなく議論が行えるよう、あらかじめ社長・CEO の解任について検討を行うべき場合の基準を定め、その基準に基づき検討を始められるような仕組みを構築しておくことが有用である」、「解任基準を事前に明確にする趣旨は、社長・CEO の解任について検討を行う場合を予め明確にしておくことで解任に関する議論に入りやすくする趣旨であり、形式的な基準を定め、機械的な運用により社

長・CEO の解任を行うことを推奨するものではない」とされているところ
です（37頁）。

(2)　解任と不再任

　(1)のとおり、CG コードでは、「解任」という用語が使用されています。
しかし、業務執行者をその任期途中に文字どおり解任するという積極的なア
クションをとることに限定されるわけではないと考えられます。「解任」と
いう用語には、業務執行者の任期満了に当たり、「再任しない」、「不再任と
する」という消極的なアクションをとることも含まれると解すべきです。あ
くまでも、取締役会として、その業績・能力に鑑みて業務執行者の任に相応
しくないと考えられる人物がそのポジションに居続けないように行動するこ
とこそが重要であると考えられるためです。そういう意味では、「解任」の
方針・基準とは、「解任・不再任」の方針・基準と解すべきです。

　そして、取締役の任期が1年である上場会社が多数派であり（**第6章**冒頭
部分参照）、また、執行役員の任期も1年であるのが一般的です。そうすると、
実際上も、任期途中に解任するという事象が生ずるよりもむしろ、1年の任
期満了に際して再任するのが適切であるかどうかを判断するに当たり、「解
任・不再任」の方針・基準が参照され、それを当てはめた結果として「不再
任」となり、業務執行者の交代に至るというケースの方が想定しやすいと考
えられます。

　他方で、業務執行者がその任期満了時に交代するに当たり、業績悪化の経
営責任をとるためという説明がされることはなかなかありません。そのため、
取締役会が解任・不再任の要否について果たして実質的な議論をしているの
か、本当に監督機能を発揮しているのかということは、業務執行者が不再任
となる場合は、業務執行者が文字どおり解任される場合に比べて、外部から
は分かりづらいといえます。

　この点に関し、CG コードの原則 3-1(ⅴ)は、上場会社は、取締役会が、(1)
で述べた同(ⅳ)の経営陣幹部の「選解任」を行うに当たっての方針と手続を踏
まえて「経営陣幹部の選解任…を行う際の、個々の選解任…についての説
明」を行うべきであるとしています。このように、CG コードでは、上場会
社は、経営陣幹部の個々の「解任」についての説明をするべきであるとされ
ています。ここでいう「解任」は、文字どおり任期途中に解任するケースが

想定されていると読むのが素直であります。しかし、上記のとおり、解任による交代の場面に比べれば、不再任による交代の場面のほうが想定し得る一方で、後者であること及びその交代の理由の説明はなかなかされづらいことを踏まえると、CGコードの原則3-1（ⅴ）の「解任」についての説明には、不再任による交代の場合の説明も含まれると解する余地もあります。

⑶　解任・不再任の方針・基準の在り方

⑴で述べたように、解任の方針・基準は、あくまでも、業務執行者の解任・不再任についての議論を始めるためのきっかけとして位置付けられます。

そのような解任・不再任の方針・基準の具体的な内容として、以下の2つが考えられます。

---

① 定性的な基準
・違法行為・不正行為を行った場合
・業務執行者としての資質を欠くなど適切でないと判断された場合

② 定量的な基準
・一定の経営目標・水準に達しなかった場合
・〇期連続経常赤字・最終赤字、〇期連続債務超過であった場合

---

①の定性的な基準は、策定することにさほど抵抗感はないでしょう。しかし、違法行為を行うとか資質を欠くというケースが稀であり、また、基準としての客観性も欠いており、解任・不再任についての議論のきっかけとなるための基準とはなりづらいです。また、業績・企業価値の向上に向けた監督権限の行使という観点からは、定性的な基準だけでは物足りないといわざるを得ません。

したがって、②の定量的な基準が特に重要となります。補充原則4-3③が、「会社の業績等の適切な評価を踏まえ」、CEOを解任するための手続を確立すべきであるとしているのも、このような趣旨であると解されます。

定量的な基準として、〇期連続で赤字であった場合といったような基準も考えられますが、中長期的な経営計画・経営戦略に掲げられた経営目標等と整合・連動する形で、また、ある程度の客観性を持った内容で策定することが肝要となります。

この点について、2019年4月28日付け日本経済新聞朝刊1面「社長解任

に業績連動基準」では、アサヒグループホールディングスが、「業績不振が続けば社長兼最高経営責任者（CEO）を解任する基準を設けた。自己資本利益率（ROE）などが経営目標から一定期間下回ると、指名委員会で審議し取締役会での検証を経て解任する」、「ROE や投下資本利益率（ROIC）、売上高など定量的な解任基準を取締役会で定めた。指名委員会が決算期ごとに解任基準に該当するかを審議する。基準に該当する場合は取締役会で検証し、社長兼 CEO の役職を解任する」とされており、注目されます。

　このほか、業績評価の観点をとり入れた解任の方針・基準を定めているケースとして、図表 2-6 に掲げるケースがあります。

　このような解任・不再任の方針・基準の策定に当たっては、業務執行者から独立した社外取締役が主導することが期待されています（社外取締役ガイドライン 36 頁以下）。

[図表 2-6]　業績評価の観点をとり入れた解任の方針・基準を定めるケース
　　　　　　（下線は筆者）

Ｊ．フロントリテイリング（2021 年 6 月 11 日付け CG 報告書）

〔代表執行役社長の解職〕
設定した目標や期待した成果と取組みの結果（毎期の業績、戦略の遂行状況等）に加え、指名委員会で決議した後継者計画により選定された後継者候補の成果発揮等の状況を踏まえ、指名委員会が審議、決議した答申内容を取締役会で決定することとしています。

リコー（2021 年 5 月 25 日付け CG 報告書）

＜方針＞
1）CEO の選解任
　社長執行役員（以下 CEO）の選定にあたっては、企業価値・株主価値の向上の観点から当社 CEO に必要な資質の有無を見極めるために、CEO 候補者について十分な時間をかけ慎重に審査を行います。また、CEO 就任後は、業績や経営指標等の財務的実績、株主への貢献度や資本市場の評価、ESG 等の非財務的実績の視点などを基準とする多面的な評価を毎年実施することで、CEO 選解任の客観性・適時性・透明性を確保します。

　（中略）

＜手続＞
［評価プロセス］
　指名委員会は、現任 CEO を含む業務執行取締役の評価を毎年実施しており、2018 年度から二段階による評価へと変更しています。一次評価は、職務継続の妥当性について慎重かつ適正に審議することで、選解任の適時性を確保しています。また、二次評価においては、実績を多面的に評価し、課題等を明確にして、本人へ評価結果のフィードバックを行うことにより、経営の質的向上を図っています。なお、指名委員会での評価に関する審議の結果は、取締役会へ報告され、CEO、経営陣幹部および取締役に対する実効性の高い監督を行うこととしています。

＜CEO 評価の主な項目＞
　①財務の視点
　　・中期経営計画や事業計画の進捗、資本収益性、その他の主要経営指標など
　②株主・資本市場の視点
　　・TSR 等の株式関連指標、アナリスト評価など
　③非財務の視点
　　・ESG への取り組み、顧客・社員満足度、安全・品質など

ウェザーニューズ（2020 年 8 月 24 日付け CG 報告書）

経営陣幹部の解任については、上記選任基準からの逸脱や中期経営計画・事業計画等における達成の度合いが著しく低い場合および企業価値の著しい毀損等があった場合に、指名委員会が総合的な評価プロセスを確認し、取締役会が決定します。

5　社長・CEO の後継者計画の監督

　取締役会は、社長・CEO をはじめとする業務執行者を選任・解任する権限を有しています（会社法 362 条 2 項 3 号・4 項 3 号、363 条 1 項 2 号参照）。業務執行者を新たに選任し、又は解任するとは、すなわち、業務執行者を交代するということですが、業務執行者を交代するためには、その後継者がきちんと育っており、いざ交代するというときに業務執行者の職を継ぐ者がいるようにしておく必要があります。

　業務執行者については、会社の経営の舵取りを行う経営トップである社長や CEO が特に重要であることはいうまでもなく、その経営トップに誰を据えるかの決定が、取締役会による「監督」において最も重要となります。

　そのため、経営トップの後継者計画が同様に重要となります。そこで、CG コードの補充原則 4−1③は、後継者計画の監督に関し、取締役会に対し、以下の点を求めています。

・取締役会が、CEO 等の後継者計画（プランニング）の策定・運用に主体的に関与
・取締役会が、後継者候補の育成が十分な時間と資源をかけて計画的に行われるよう監督

　また、これに関連して、CG コードの補充原則 4−3②は、取締役会が「客観性・適時性・透明性ある手続に従い、十分な時間と資源をかけて、資質を備えた CEO を選任すべきである」としています。

　経営トップの後継者計画、とりわけ、誰が次期経営トップとなるかという

　ことは、非常にセンシティブな事項であるとともに、現職の経営トップの専権中の専権、聖域中の聖域としてこれまで扱われてきたものです。そのため、これまで取締役会において明示的に議論されることはほとんどなかったのではないかと思われます。CG コードは、そこにメスを入れ、例外扱いとすべきでないとし、取締役会がむしろ主体的に関与し、後継者計画について、透明性・客観性を持たせるべきであるとしています。

　ここで活躍することが期待されるのが、やはり業務執行者から独立性を有する社外取締役です。

　とはいっても、現職の経営トップが後継者計画について一切関与してはならないというわけではありません。それどころか、自社の経営トップとしてどのような資質・能力・経験等を有しているべきか、また、誰が後継者の候補者となり得るかということについて、最もよく知見を有し、第一次的な判断をすることができるのは、やはり、現在その職にある者、すなわち、現職の経営トップです。

　そのため、現職の経営トップが後継者計画の立案や運用をすることは何ら忌避されるべきものではなく、むしろ、平時において、後継者計画の原案を策定することは、現職の経営トップの役割であるといえます。

　取締役会（社外取締役）による後継者計画の監督とは、これまで現職の経営トップの頭の中だけで完結していた後継者計画の立案・運用を、現職の経営トップら社内者と社外取締役が共同して取り組むことを求めるものであり、それによって、最適な後継者指名を行うことができるようにすることを期待するものであるといえます。経営トップの人事権を社外取締役に移すということではありません（社外取締役ガイドライン 36 頁）。

　なお、後継者計画の立案・運用又はその監督は、センシティブな事項を含むものであることから、取締役会ではなく、まずは、より人数が絞られたメンバーで構成される（任意の）指名委員会において行われるのが一般的となりつつあります。

　後継者計画の内容については、例えば、**図表 2-7** に掲げた事項を盛り込むことが考えられます。

［図表２-7］　後継者計画の内容

・資質、能力、経験、スキル等の要件（あるべき社長・CEO 像）
・（潜在的）後継者候補の評価・選定の基準・プロセス
・後継者候補の育成計画
・社外から後継者を招聘することに対する考え方
　（※対話ガイドライン 3-3 では、後継者候補の育成について、「必要に応じ、
　　社外の人材を選定することも含む」とされています）
・社長・CEO が死亡等により職務を遂行することができなくなるなど、緊急事
　態が発生した場合における、後継者計画（エマージェンシー・プラン）

　この中で特に重要なものは、CG コードにも示されているとおり、「後継者候補の育成計画」です。次の経営トップ、次の次の経営トップをどのように育成するかということの考え方です。

　一定の年次・役職ごとに、後継者候補（更にその候補）の母集団の絞込みを行った上で、将来、後継者（の候補）となることを想定し、どのような資質・経験を備えるべきか、また、それを習得するための機会をいかにして確保・提供するかということを検討することになります。

　そのような母集団ごと、後継者候補ごとの育成計画として、例えば、経営に関する知識の習得機会の提供や社内でのディスカッション形式での研修・合宿を行うことが考えられます。

　このほか、特定の経験を積ませたり、特定の能力（リーダーシップなど）を伸ばしたりするための「タフ・アサインメント」を課すことも重要です。例えば、子会社の社長となることが、そのようなタフ・アサインメントの一つとして挙げられます。本社（親会社）と子会社とでは規模や業種は異なりますが、同じ「経営トップ」というポジションを経験したことが、将来、実際に本社の経営トップとなった際に活かされることは間違いないでしょう。子会社の社長職は、子会社によっては、グループの人事ローテーションの中でいわゆる「上がりポスト」として位置付けられることもありますが、後継者候補の育成という観点から活用することも十分に検討に値します。グループガイドラインにおいても、「グループとしての社長・CEO 等の後継者計画の一環として、「タフ・アサインメント」の対象として子会社の経営陣ポスト（特に社長・CEO）を積極的に活用することも有効である」とされています（106 頁）。

　また、後継者候補を、新規に立ち上げた事業の責任者としたり、不採算事業の建て直しの責任者としたりすることも、タフ・アサインメントの例として挙げられます。

　以上のような育成を経て、後継者候補について、経営トップの後継者として相応しいかということを、社外取締役を中心に、取締役会や（任意の）指名委員会において審議・検証することになります。

　その際に、社外取締役が、後継者候補の人となりをよく知っていないと、そのような検証をすることは不可能です。そこで、後継者候補と社外取締役との接触頻度を高める工夫が必要となります。例えば、後継者候補が取締役会での議案説明を行うことや質疑応答に応じることが考えられます。そのような場での受け答え等から、後継者候補の能力・資質を見定めます。また、後継者候補と社外取締役との面談を行うことも考えられます。その際、後継者候補に対しては、自身が後継者候補であるということや、後継者として相応しいかどうかを見極めるための面談であるということを伝える必要はありません（伝えることにはむしろ害があり得ます）。事業や業績（の見通し）についての社外取締役への説明・意見交換の場といった適宜の名目で行えば足ります。

　このような工夫も行い、社外取締役においても後継者候補のことをよく知った上で、後継者計画の監督が適切に行われることが期待されています（後継者計画の監督については、CGS ガイドライン 33 頁以下及び 102 頁以下が詳しいです）。

　なお、後継者計画そのものは、CG コードにおいて開示することが求められていませんが、図表2-8 に掲げる会社のように、これを開示するケースもあります。

[図表2-8]　後継者計画の開示例

J. フロントリテイリング（2021 年 6 月 11 日付け CG 報告書）

〔代表執行役社長の選定〕
　当社は、代表執行役社長の選定を最も重要な戦略的意思決定ととらえ、後継者（次期経営陣幹部）計画の策定・実施を経営戦略上の特に重要な項目として位置付けています。
　後継者候補の選定に際しては、社内データをもとに第三者機関による診断を踏まえて作成した各後継候補者の評価内容について、独立社外取締役が過半数を占める指名委員会において審議を重ねることで、選定プロセスを明確化し、透明性・客観性を確保するとともに、後継者計画の妥当性を担保するため、当社を取り巻く社内外の環境変化、戦略の進捗等を反映できるよう、毎年

定期的に後継者計画を指名委員会において確認しています。

取締役会は指名委員会からの答申内容に基づき、基本理念・グループビジョンの実現を見据え、監督の役割を果たします。

〔代表執行役社長の解職〕

設定した目標や期待した成果と取組みの結果（毎期の業績、戦略の遂行状況等）に加え、指名委員会で決議した後継者計画により選定された後継候補の成果発揮等の状況を踏まえ、指名委員会が審議、決議した答申内容を取締役会で決定することとしています。

また、経営陣幹部については、代表執行役社長の場合と同様、指名委員会の審議を受け決定します。

〔後継者に求められる資質〕

方針書記載の「JFRグループ　経営人財のあるべき姿」において、以下の５項目を役員に求められる資質として、必要な価値観・能力・行動特性を明確にしています。

①戦略思考
②変革のリーダーシップ
③成果を出すことへの執着心
④組織開発力
⑤人財育成力

指名委員会でこれらを共有することで、評価・育成指標の認識を一致させ、中立的育成・選抜に努めています。

みずほフィナンシャルグループ（2021年4月1日付けCG報告書）

(1)　基本的考え方と概要

・当社は、グループ全体の持続的成長と中長期的な企業価値の向上を図るべく、最適な人材をグループCEOやグループCEOを支える主要な経営陣（カンパニー長等）、中核3社のトップ等に登用できるよう、十分な時間と資源をかけて後継者計画（サクセッション・プランニング）に取り組んでいます。同時に、グループCEOの不測の事態にも備えるとともに、"次の次の"グループCEOの候補者についても検討を行います。

・グループCEO等の後継者計画の策定・運用状況については、指名委員会および人事検討会議（以下、「指名委員会等」という）に報告がなされます。

・グループCEO等の後継者計画においては、①求められる人材要件、②交代時期、③候補者プールの設定と時間をかけた候補者の適切な育成（候補者の重要なキャリア選定を含みます）、④指名委員会等の各委員による候補者の人物把握、⑤候補者の決定等について、現グループCEOの意見も踏まえつつ、指名委員会等で審議することを基本的な取り組み内容としています。

・指名委員会等においては、360度評価や外部評価機関による第三者評価等、多面的な人材評価情報を活用し、徹底的に候補者のプロファイリングを行い、現グループCEOの意見も徴した上で、年次順送りなどの形式的な人事運用を排した人物本位での選定について、十分な議論を行います。現グループCEOは、指名委員会等の各委員が候補者の能力・資質等を直接に把握するプロセスを設ける等、指名委員会等による候補者の人物把握に最大限の協力を行います。

・執行役を兼務する取締役であるグループCEOについては、指名委員会により、プロセスの客観性や透明性の確保を図りつつ決定を行うこととしています。

(2)　グループCEOの人材要件

・当社グループCEOには『日本を代表する、グローバルで開かれた総合金融グループ』のトップとして、以下の通りの人材であることが求められます。

①強い意志と謙虚さを兼ね備え、オープンでフェア、真摯且つ誠実で、グローバルに多様なステークホルダーから信頼、信用される人物であること

②不確実な環境や困難な状況に直面しても、揺るぎない信念と変化に対する柔軟さを持って果断に立ち向かい、グループを統率して持続的成長を成し遂げて行くリーダーであること

③豊かな知見と経験、グローバルな視点で時代の先を見通す力を備え、お客さまや経済・社会の未来に貢献する新たな価値の創造や変革に情熱を注ぎ続けるチャレンジャーであること

・上記に加え、グループCEOの選任にあたっては、その時点における時代認識や、当社を取り

巻く経営環境の変化、将来に亘るグループ戦略の方向性等を踏まえ、重視する、または追加で考慮すべき資質や能力要件につき検討を行います。

MS&AD インシュアランスグループホールディングス（2020 年 11 月 19 日付け CG 報告書）

グループ CEO（以下「CEO」）の選任及び後継者の育成を定めたサクセッションプランの概要は以下のとおりです。
a．CEO の選任基準
　・当社グループの経営理念（ミッション）・経営ビジョン・行動指針（バリュー）を体現し、社会との共通価値の創造（ＣＳＶ：Creating Shared Value）の実現に高い価値観を有している
　・将来ビジョンの構想力、構築力を備えている
　・公平・公正さを備えている
　・人財育成力を有している
　・リーダーシップが発揮できる
　・グローバルな対応力を有している
　・グループベストを行動の基本としている
b．CEO の選任プロセス
　(a)CEO による推薦
　・CEO は複数の候補者に優先順位をつけ、人事委員会（委員の過半数及び委員長は社外取締役）に推薦します。
　・候補者には当社グループ内出身者に加え、当社グループ外の人財を含めることができます。
　(b)人事委員会の審議
　・人事委員会は CEO からの候補者推薦を受けて、審議を行います。
　・社外取締役は、別の候補者を推薦することができます。
　(c)取締役会の決議
　・(a)(b)のプロセスを経て、人事委員会は取締役会に助言を行い、取締役会の決議により決定します。
c．CEO 候補者の育成計画
CEO は多くの候補者を育成することを自身の重要な役割と位置付け、候補者（当社グループ内出身者）には必要に応じて以下の経験を積ませることとします。
　・複数部門（管理・業務・国際・営業・損害サービス・システム等）
　・国内事業会社、海外子会社の経営

第3章

社外取締役への就任の要請時におけるポイント

・・

　社外取締役の選任は、まずは、その候補者を探し、就任を要請するところから始まります。本章では、社外取締役への就任の要請時におけるポイントを述べます。

Ⅰ　会社側の視点から確認すべきポイント

1　自社の取締役会が重点を置く機能は何か

　社外取締役は、取締役会のメンバーです。取締役会は、①業務執行の意思決定と②業務執行者に対する監督をその職務としています。そのような職務を担う取締役会のメンバー、すなわち、取締役会の決議において議決権を有し、これらの職務を担うメンバーとして、業務執行に関与せず、業務執行者から独立した人物を加えようというのが、社外取締役の導入の意味するところです。

　なぜそのような人物が当社の取締役会に必要なのか、そのような人物が当社の取締役会に加わることにより、当社の取締役会にどのようなプラスの効果が生まれることを期待するのかということが明確になっている必要があります。そうでなければ、そのような人物に適切に役割を発揮してもらうことはできません。

　ですので、まずは、自社の取締役会が主たる機能として考えるものを特定する必要があります。その出発点は、**第2章**で述べたとおり、①業務執行の意思決定と②業務執行者に対する監督のいずれに重点を置くかということです。

②　社外取締役に何を期待するか

　自社の取締役会が重点を置く機能を確認したら、次は、それを踏まえ、社外取締役に何を期待するかを確認することになります。

　この点は、**第2章Ⅲ③**の図表2-5で示したとおりであり、以下のとおり整理することができます。

---

①　取締役会の機能のうち、業務執行の意思決定機能を重視する場合
　⇒　社外取締役に対し、**経営への助言機能を特に求める傾向**
②　取締役会の機能のうち、業務執行者に対する監督機能を重視する場合
　⇒　社外取締役に対し、**業務執行者に対する監督機能を特に求める傾向**

---

　①と②の重点の置き方の違いによる社外取締役に期待する機能の違いは、あくまでも相対的なものです。しかし、この点の基本的な考え方を取り違えると、「社外取締役を導入してみたが、こんなはずではなかった」といったことにもなりかねません。

③　社外取締役間の知識・経験・能力の多様性・バランスをどのように考えるか

　自社の取締役会が重点を置く機能を確認し、社外取締役に期待する機能を確認すると、実際にそのような機能を果たしてくれそうな候補者を探すことになります。

　ただ、同じようなバックグラウンド、知識・経験等を有する人物ばかりを社外取締役として選んでしまうと、多様性に欠けることになり、社外取締役が様々な視点から経営に対する助言や監督をすることを期待しづらくなります。

　そこで、社外取締役間の知識・経験・能力の多様性・バランスにも配慮した上で、候補者を探すことになります。もっとも、そのような多様性を確保し得るのは、社外取締役の人数が一定数以上いる場合に限られ、2名程度しかいない中ではそのような多様性の配慮はまだ問題とならないかもしれません[1]。

　まずは、経営経験を有する（経営に対する助言機能を社外取締役に期待する場合は、自社の事業についての知識・経験を有する）社外取締役を一定程度の

人数入れた上で、更に人数を増やす場合に、多様性やバランスにも配慮し、弁護士や公認会計士といった専門知識を有する人物を社外取締役として入れるという発想が、投資家からも受け入れやすいものとなります（以上の点については、**第7章Ⅲ**もご参照ください）。

④　社外取締役選任基準の策定

社外取締役としてどのような人物を選任するかということについて、その独立性を判断する基準を定めている会社がほとんどです。

もっとも、この独立性判断基準は、いわゆるネガティブ・リストであり、当該基準に抵触する者は（独立）社外取締役として選任しない、当該基準に抵触しない者を（独立）社外取締役として選任するという基準です。

そのため、当社としてどのような人物を社外取締役として選任したいか、どのような人物が当社の社外取締役に相応しいかといった観点は、独立性判断基準には定められておらず、それについての会社の考え方を読み取ることもできません。

しかし、本来は、社外取締役を選任するに当たっての基準、いわば社外取締役選任基準こそがまずは重要であり、その上で、当該基準を満たす人物について、独立性の観点からスクリーニングをかけるための基準として独立性判断基準による審査を行うという流れが理想的です。

図表3-1では、社外取締役の単なる独立性に関する基準を超えて、どのような人物が当社の社外取締役に相応しいか、当社の社外取締役となるべき人物にどのような資質等を求めるかということに関する基準を開示しているケースを紹介しています。

今後、社外取締役の人数・割合を増やしたり、社外取締役の入れ替えをしたりするに当たっては、社外取締役選任基準が存在し、会社の一貫した方針のもとで社外取締役を選任するようにしておくことがますます重要となるでしょう。

---

1)　大都市圏以外の地域の会社の場合、そもそも、社外取締役のなり手がそれほどおらず、弁護士や公認会計士に集中してしまう傾向にあるかもしれません。そうすると、社外取締役の人数を増加するに当たり、多様性にも配慮する必要があるとすると、増加したくても増加することができないといったことがあり得ます。

［図表 3-1］　自社の社外取締役に求める資質等に関する基準の開示例

武田薬品工業（2021 年 6 月 29 日開催の定時株主総会の招集通知 17 頁）

【ご参考】社外取締役の独立性に関する基準
当社は、招聘する社外取締役の独立性について、金融商品取引所が定める独立性の基準を満たすことを前提としつつ、次の資質に関する要件を満たすことを重視して判断します。
すなわち、当社では、医薬品事業をグローバルに展開する当社において、多様な役員構成員の中にあっても、事業活動の公平・公正な決定および経営の健全性確保のために積極的に、当社の重要案件について、その本質を質し、改善を促し、提言・提案を発する活動を継続して行うことにより、確固たる存在感を発揮していただける方が、真に社外取締役として株主の期待に応え得る人物であると考え、かかる人物に求められる資質に関する基準として、以下の項目の(1)から(4)のうちの 2 項目以上に該当することを要件とします。
　(1)　企業経営の経験に基づく高い識見を有する
　(2)　会計、法律等の専門性の高い分野において高度な知識を有する
　(3)　医薬品事業またはグローバル事業に精通している
　(4)　多様な価値観を理解し、積極的に議論に参加できる高い語学力や幅広い経験を有する

三菱商事（2021 年 6 月 25 日開催の定時株主総会の招集通知 13 頁）

＜社外取締役選任基準＞
1. 社外取締役は、企業経営者としての豊富な経験に基づく、実践的な視点を持つ者、及び世界情勢、社会・経済動向等に関する高い見識に基づく、客観的かつ専門的な視点を持つ者から複数選任し、多様な視点から、取締役会の適切な意思決定、経営監督の実現を図る。
2. 社外取締役選任の目的に適うよう、その独立性確保に留意し、実質的に独立性を確保し得ない者は社外取締役として選任しない。
3. 広範な事業領域を有する当社として、企業経営者を社外取締役とする場合、当該取締役の本務会社との取引において利益相反が生じる可能性もあるが、個別案件での利益相反には、取締役会での手続において適正に対処するとともに、複数の社外取締役を置き、多様な視点を確保することにより対応する。

MS&AD インシュアランス グループ ホールディングス（2021 年 6 月 28 日開催の定時株主総会の招集通知 18 頁）

＜ご参考＞取締役候補及び監査役候補の選任基準・独立性の判断基準（概要）
1. 社外取締役候補及び社外監査役候補
次に掲げる要件を満たすこと。
　■会社法が定める取締役、監査役の欠格事由に該当しないこと。
　■保険業法が定める保険持株会社の取締役、監査役の欠格事由に該当しないこと。
　■十分な社会的信用を有すること。
　■社外監査役にあっては保険業法等が定める保険会社の監査役の適格性を充足すること。
加えて以下(1)～(3)を満たすこと。
(1)　適格性
会社経営に関する一般的な常識及び取締役・取締役会の在り方についての基本的理解に基づき、経営全般のモニタリングを行い、アドバイスを行うために必要な次に掲げる資質を有すること。
　○資料や報告から事実を認定する力
　○問題及びリスク発見能力・応用力
　○経営戦略に対する適切なモニタリング能力及び助言能力
　○率直に疑問を呈し、議論を行い、再調査、継続審議、議案への反対等の提案を行うことができる精神的独立性
(2)　専門性

経営、経理、財務、法律、行政、社会文化等の専門分野に関する知見を有し、当該専門分野で相応の実績を挙げていること。
(3)　独立性（略）
※通算任期
2015年4月1日以降に新たに就任する社外取締役及び社外監査役の通算任期を次のとおりとする。
　1.　社外取締役にあっては、4期4年を目処とし、最長8期8年まで再任を妨げない。（以下略）

いい生活（「独立社外取締役の選任に係るガイドライン及び独立性基準」）

Ⅰ　独立社外取締役の選任に係るガイドライン
当社は、独立社外取締役の候補者指名及び選任において、以下の諸点を遵守します。
1.　当社は、独立社外取締役が業務執行取締役や支配株主とは異なる独立した立場より経営の監督を行い、もって当社のガバナンス体制強化への貢献が期待されていることを念頭に置きつつ、候補者については特に次に掲げる観点から適切と思われる人材を総合的に検討した上で、株主総会に対して選任議案を提出いたします。
　①当社事業に関する知識及び企業経営に関する経験を豊富に有すること。
　②遵法精神に富んでおり、業務執行取締役や支配株主とは異なった立場からの経営の監督において十分な資質を備えること。
　③選任時点において当社以外に多数の上場会社の役員を兼任しておらず、その他にも当社役員としての職務執行において支障をきたすべき特段の要素がないこと。
　④当該候補者が選任される場合に、他の役員との関係において、取締役会・監査等委員会のいずれにおいてもメンバーの知識・経験・専門能力に特段の偏りがないこと。
2.　当社は、東京証券取引所をはじめとする国内金融商品取引所の定める規程・ガイドラインを遵守します。
　また、次に定める「独立性基準」を、候補者指名及び選任に係る条件といたします。
Ⅱ　独立性基準　（略）

⑤　誰が、どのようにして社外取締役の候補者を見つけるか

　①〜④で述べたところを踏まえて社外取締役の候補者を探すルートとして、例えば、以下のものが考えられます。

①	社長等の執行側が探す
②	現任の社外取締役が探す
③	人材紹介会社から紹介を受ける
④	各種団体の候補者リストから探す

　①社長等の執行側が候補者を探すルートについては、経営経験のある社外取締役という、株主・機関投資家が社外取締役に最も適していると考える経験を有する候補者を探すという観点からは、社長同士・経営者同士のネットワークから見つけやすいという利点があります。他方で、社長の「お友達」

を連れてきたといった批判を受ける可能性や、社外取締役が自身を候補者として推してくれた執行側に遠慮してしまう（取締役会等において執行側に厳しい意見を言いづらくなる）可能性があることに留意する必要があります。

　②現任の社外取締役が候補者を探すルートについては、新任の社外取締役の選定プロセスにおける独立性・客観性を確保することができるという点が最大のメリットです。また、例えば、当該現任の社外取締役が弁護士や公認会計士といった専門職であったり、特定の業界の出身者であったりする場合において、その退任に当たり、後任の社外取締役も同じ専門職にある者や業界出身者を充てたいというときに、当該現任の社外取締役が自身のネットワークから適任者を見つけやすいという利点があります。他方で、現任の社外取締役の全員がそのようなネットワークを有するわけではありませんので、現任の社外取締役のネットワークを活用して新任の社外取締役を探すことには限界があり得ます。また、執行側としては、社外取締役といえども、取締役会のメンバーの候補者の選定の主導権を、社外取締役に渡してしまうことに抵抗感を覚えるかもしれません。

　③人材紹介会社から紹介を受けることは、紹介し得る人材が豊富であり、企業側のニーズに合ったマッチングをしやすいことがメリットとして挙げられます。もっとも、人材紹介会社からの紹介の場合は、知り合いからの紹介の場合に比べ、当該候補者に対する信用や信頼が直ちに生まれるわけではありません（社長や現任の社外取締役など、信用できる人物からの紹介の場合は、当該紹介された候補者の資質等に対するお墨付きがあると考えられやすいのではないでしょうか）。取締役の候補者の選定は、会社の人事上最も重要な事項の1つであるため、人材紹介会社からの紹介の場合は、紹介された候補者の選定が①及び②のルートに比べて慎重になる可能性もあります。

　④各種団体の候補者リストから探すルートは、③人材紹介会社からの紹介のルートに準じたものといえますが、単に名簿の提供を受け、その名簿から候補者を探すのはなかなか容易ではないかもしれません。図表3-2は、弁護士会等の団体における社外取締役の人材紹介のサイトを紹介しています。

　実際上は、新任の社外取締役に求める資質等を踏まえ、上記①〜④を組み合わせて、最適な候補者を探すことになるでしょう。

[図表 3-2]　各種団体における社外取締役の人材紹介のサイト

1　各弁護士会の（女性）社外役員候補者名簿の提供事業
（女性）社外役員の登用を考えている企業に対し、社外取締役及び社外監査役の候補者となることを希望する（女性）弁護士会員及び（女性）外国特別会員の名簿を提供するもの https://www.nichibenren.or.jp/recruit/lawyer/externaldr.html（日本弁護士連合会のサイト）
2　日本公認会計士協会の社外役員候補公認会計士紹介制度
社外役員に公認会計士の登用を検討している、金融商品取引法又は会社法による監査を受けている企業に対し、公認会計士を紹介する制度 https://jicpa.or.jp/business/independent-directors/
3　公益社団法人日本監査役協会の「役員人材バンク」
「協会登録監査役等及びその OB で、社外役員に就任する意思のある方のリストを掲載し、社外役員などを必要とする会社が無料且つ自由にリストを検索閲覧できるシステム」 https://member-jasba.microsoftcrmportals.com/about_bank/
4　特定非営利活動法人日本コーポレート・ガバナンス・ネットワークの「独立社外取締役導入支援」
「各分野で優れた経験を積み重ね、コーポレート・ガバナンスに理解のある方々をデータベース化し、企業からの要請により独立社外取締役候補者として紹介」するもの http://www.cg-net.jp/support/index.html
5　一般社団法人　実践コーポレートガバナンス研究会の「社外役員コンサルティング」
「会員の人材プールやネットワークを活用し、社外取締役や社外役員などを求める企業に対して人材紹介」を行うもの http://www.icgj.org/introduction.html

Ⅱ　社外取締役候補者の視点から確認すべきポイント

① 自分は、会社が期待する役割を果たせるか？

　会社の視点と表裏の関係にある視点が、「自分は、会社が期待する役割を果たせるか？」という社外取締役の視点です。社外取締役への就任の打診を受けた場合には、まずは、会社に対し、どのような役割を期待して自分に社外取締役への就任を求めるのかという点をよく確認する必要があります。そ

のうえで、自身がそのような役割を果たすことができるか、検討します。

　この点について、社外取締役ガイドラインも、社外取締役の「就任時の留意事項」として、「会社側と役割認識についてすり合わせを行い、必要なコミットメントを確認する」としており、より具体的には、「会社側から社外取締役への就任を打診された際、就任依頼の趣旨に関する会社側の説明を踏まえて、自らの考える社外取締役として果たすべき役割と会社側が自身に対して期待している役割とのすり合わせを行った上で、自らのミッションを明確に認識しておくべきである。その際、当該会社において社外取締役が機能を発揮するための前提となる取締役会の在り方（監督機能がどの程度重視されているか等）や、自らが考える社外取締役の役割を果たすことに対して経営陣が前向きに考えているか、会社側において必要なサポート体制の整備に取り組む意欲があるかといった点について、会社側の説明を踏まえて経営陣の考え方を確認しておくことが重要である」としています（25～26頁）。

　多くの上場会社では、既に、少なくとも２名の社外取締役が置かれていますが、今後社外取締役への就任を打診されるとした場合のパターンとして、以下のパターンがあり得ます。

---

① 　１人目の社外取締役として（すなわち、当該会社で初めて導入される社外取締役として）就任
② 　２人目の社外取締役として就任
③ 　現在の２名の社外取締役のいずれかの後任の社外取締役として就任
④ 　追加の社外取締役（３人目、４人目など）として就任
⑤ 　監査等委員会設置会社の場合は、監査等委員である社外取締役として就任
⑥ 　指名委員会等設置会社の場合は、指名委員会、報酬委員会又は監査委員会の委員となることを前提に社外取締役として就任

　それぞれのパターンによって、個々人ベースで見た際に求められる役割は異なるかもしれません。

　パターン①のこれから初めて社外取締役を導入しようという会社では、ともかくも社外取締役がいることが重要であり、そもそも「何か」を期待しての導入というよりは、入れること自体が目的化してしまっている可能性もあります。そのようなおそれもあることを念頭に、なぜ、今この時期に１人目の社外取締役を入れるのか、ということは執行側によく確認する必要がある

でしょう（なお、令和元年会社法改正及びそれに伴う上場規則の改正により、上場会社は1名の社外取締役の選任が義務づけられています）。

　パターン②の2人目の社外取締役を導入しようという会社の場合も、例えば、現在マザーズ市場やJASDAQ市場に上場しているが、市場第一部・第二部への市場替えを検討しており、CGコードとの関係で「やむを得ず」2人目の社外取締役を入れるという考えの会社もあるかもしれません。そのような会社では、パターン①で述べたおそれと同様のおそれもあり得ます。他方で、1人の社外取締役を入れてみたところ、有用な意見を述べてもらうなど活躍してもらっている、現在いる社外取締役が1人では負担が重く、それを軽減するために当該社外取締役から社外取締役の増員の要望が出されているといった事情もあるかもしれません。

　以上に対し、パターン③及びパターン④は、類型的には今後増えるパターンであるといえます。

　パターン⑤の監査等委員である社外取締役として就任する場合及びパターン⑥のうちの監査委員となることを前提に社外取締役として就任する場合は、「監査」という、社外取締役に本来求められる役割とは異なる役割があり、また、監査のほうに重点を置いた人選がされることも多いと思います。就任の打診を受ける候補者（の候補者）としても、社外取締役に就任するというよりも、社外監査役への就任に近い発想で就任の当否を検討することになるかもしれません。

　以上のパターンのうち、既に当該会社に社外取締役がいるパターン②〜⑥の場合は、候補者は、執行側だけでなく、現任の社外取締役とも面談（例えば、指名委員会で面談）し、執行側が社外取締役をどのように扱っているかや、取締役会等での当該社外取締役の振る舞い方、発言内容等を聴取し、自身が実際に当該会社の社外取締役に就任した場合にどのようにしてその役割を果たすことになるか、イメージしておくことも考えられます。

２　取締役会の開催状況、他の（社外）取締役・監査役の発言状況

　社外取締役は、取締役会のメンバーであることから、取締役会に出席しなければなりません。そのため、社外取締役に就任する以上は、取締役会資料に事前に目を通すなどの準備時間を含め、取締役会に出席する時間を確保しなければなりません。

　そこで、社外取締役への就任を打診された場合には、当該会社の取締役会の開催頻度、定例の取締役会の開催曜日及び平均的な所要時間を確認する必要があります。定例の取締役会の開催曜日に、社外取締役となる人物の本業の関係で、定例の予定が既に入っているような場合は、いずれかの曜日を変更することが考えられますが、それが不可能である場合は社外取締役への就任を諦めなければならないかもしれません。

　また、他の取締役や監査役、とりわけ、取締役会における社外取締役の発言状況等についても確認しておいたほうがいいでしょう。社外取締役の発言が活発であるかどうか、また、社長をはじめ、業務執行取締役が社外取締役の発言・意見に耳を傾け、真摯に対応しようとしているかどうかなどを確認することが重要です。これにより、社外取締役が発言をしやすい雰囲気の取締役会であるのか、また、取締役会が活発に意見交換をする場として位置付けられているのかといったことが分かります。さらに、当該会社が、社外取締役をお飾りのために入れようとしているだけであるのか、それとも、真に自社のガバナンス強化のために入れようとしているのかといったことが垣間見えるでしょう。

③　取締役会への出席以外の職務の有無及びその内容

　ところで、社外取締役の職務は、形式的には、取締役会の構成員（取締役）としての職務に尽きるはずです。

　しかしながら、昨今、社外取締役には、いろいろな役割が求められており、取締役会の構成員としての職務以外の職務を担うことがあります。

　まず、自身が社外取締役に就任する会社が監査等委員会設置会社であれば、監査等委員である社外取締役となる可能性があります。

　また、監査等委員会設置会社や監査役会設置会社において、任意の指名委員会や報酬委員会が設置されていれば、これらの委員会の委員となる可能性があります。

　指名委員会等設置会社であれば、指名委員会、報酬委員会又は監査委員会の委員である社外取締役となる可能性があります。

　会社には以上のほかにも様々な委員会があり、社外取締役が、例えば、ガバナンス委員会やコンプライアンス委員会の委員となることも考えられます。経営会議へのオブザーバー参加の機会が与えられることもあります。

　一口に社外取締役に就任するといっても、これらの委員会の委員等となるかどうかによって、その負担は大きく異なります。そのため、社外取締役への就任を打診された場合は、これらの法定又は任意の委員会その他社内の会議体の委員等となるかどうかについても確認する必要があります。

④　当該会社の事業上のリスクの確認

　各社が抱える事業上のリスクは、会社ごとに異なることはいうまでもありません。そして、当該リスクが顕在化することによって、社外取締役を含め、役員が法律上又は事実上の責任を負うことになる可能性もあります。

　そのため、社外取締役に就任する場合は、あらかじめ、当該会社に固有の事業上のリスクを確認し、きちんと把握しておく必要があります。

　そこで、社外取締役への就任を打診された場合には、例えば、上場会社であれば、有価証券報告書に記載されている「事業等のリスク」を確認することが考えられます。そして、そのような開示資料の内容を踏まえ、社長その他経営陣との面談に当たり、当該会社における事業上のリスクとそれに対する対処方針を確認することが望ましいです。

　また、過去の当社における法令等の違反に基づく監督当局等による摘発の有無及びその再発防止策の内容とその進捗状況等を確認することにより、コンプライアンスの状況やリスクの程度を測ることも重要です。

⑤　社外取締役の報酬内容

　社外取締役は、業務執行こそしませんが、取締役会の一員としての責務を果たさなければならない以上、その対価として報酬を得るのは、当然のことです。社外取締役への就任の打診を受けた際は、社外取締役の報酬体系や報酬額について確認すべきであることはいうまでもありません[2]。

　社外取締役の報酬の内容は、基本報酬、すなわち、固定額の金銭報酬（基

---

2)　なお、社外取締役ガイドラインでは、心得3として、「社外取締役は、業務執行から独立した立場から、経営陣（特に社長・CEO）に対して遠慮せずに発言・行動することを心掛けるべきである」とされ、そのため、「社外取締役には、会社及び経営陣からの独立性が求められる。経歴や血縁関係等に基づく客観的独立性のほか、いつでも会社を辞任できる覚悟を含む精神的な独立性、そのために会社に対して経済的に過度に依存しすぎないことが重要である」（傍点筆者）とされています（21～22頁）。この点について、**コラム1**をご参照ください。

本給）のみというのが一般的です。

　では、社外取締役の報酬の一般的な水準はどの程度でしょうか。朝日新聞と東京商工リサーチの調査によれば、2018年4月末時点で東京証券取引所市場第一部に上場する約1,980社の社外取締役の報酬は、平均で年663万円、800万円以上が3割を占め、200万円未満が5％であり、また、日経平均株価に採用されている上場会社225社のうち、報酬が判明した218社の平均は1,200万円、それ以外の東京証券取引所市場第一部上場会社の平均は598万円であったとのことです（2019年2月14日朝日新聞朝刊7面）。

　また、労務行政研究所が2020年に行った調査によれば、社外取締役の年間報酬について、回答のあった338名（平均年齢63.8歳）の平均支給額は、報酬月額53万円、年間賞与3万円、これらを合わせた年間報酬が639万円、また、1,000万円以上の年間報酬が支給されている割合は、全体の12.7％であったとのことです[3]。

　前述のとおり、社外取締役の報酬の内容は、基本報酬のみであり、賞与をはじめ、業績向上に向けた短期・長期のインセンティブ報酬は、社外取締役に付与されないのが一般的です[4]。これは、社外取締役が担う、業務執行者を監督する職務の執行の適正性を損なわないようにするためであると考えられます。

　機関投資家の中にも、三井住友トラスト・アセットマネジメントやりそなアセットマネジメントのように、議決権行使基準において、例えば、役員賞与について、社外取締役、監査等委員である取締役、監査役に賞与を支給する場合には原則として反対するとしている機関投資家が少なくありません。

　また、昨今、役員報酬については、自社の株式を報酬として役員に付与する会社が増えていますが、現在の実務では、株式報酬の付与対象者から社外取締役が除かれるのが一般的です。**図表3-3**は、社外取締役に対する株式報酬議案に関する議決権行使基準を設けている機関投資家を紹介しています。この点の賛否の基準を明らかにしていない機関投資家が多いですが、明らか

---

3)　「2020年役員報酬・賞与等の最新実態」労政時報4006号（2020）25〜26頁。調査対象は、全国証券市場の上場企業3,667社と、上場企業に匹敵する非上場企業71社であり、回答があったのは141社とされています（同13頁）。
4)　「2020年役員報酬・賞与等の最新実態」・前掲注3）25頁によれば、社外取締役への賞与支給について、「支給あり」は338名中19名と、全体の6％にとどまります。

にしている機関投資家の中では、社外取締役への株式報酬議案に対して原則
として反対することとしている機関投資家のほうが多い印象です（業績に連
動した株式報酬に対して反対するとして明示しているものを含みます）。

　もっとも、CGS ガイドラインでは、「社外取締役の報酬について、インセ
ンティブ付与の観点から、固定報酬に加えて、業績によって付与数が変動し
ない自社株報酬など、インセンティブ報酬を付与することも考えられる」と
されています（72頁）。これは、業績連動型でなければ、社外取締役の監督
機能を阻害するものでないばかりか、株主と同じ目線に立って職務を行うこ
とが期待されるとの考え方によるものであると考えられます。

　そして、近時のケースでいえば、東京エレクトロンが、社外取締役の報酬
について、「中長期的な企業価値向上への貢献意欲を高めるとともに、株主
の皆さまとのより一層の利益の共有を図ることを目的とし、年次業績連動報
酬の支給を廃止し」、「交付する株式数が業績に連動しない非業績連動の株式
報酬制度」を導入することとしています（同社の 2020 年 6 月 23 日開催の定時
株主総会第 6 号議案）。また、新生銀行も、同様の観点から、社外取締役に対
し、非業績連動型の譲渡制限付株式を付与することとしています（同行の
2020 年 6 月 17 日開催の定時株主総会第 4 号議案）。これらのケースにも見られ
るとおり、社外取締役（又は監査等委員である取締役）に対し、業績連動型で
はない株式報酬を付与するケースが徐々に現れています。

[図表 3-3]　社外取締役に対する株式報酬議案に関する議決権行使基準を設け
　　　　　　ている機関投資家（下線は筆者）

社外取締役に対する株式報酬議案について原則として「反対」とするもの

岡三アセットマネジメント

⑴取締役・監査役への報酬
以下のいずれかに該当する場合は反対し、それ以外の場合は賛成する。
③監査役、監査等委員会設置会社における監査等委員である取締役及び社外取締役への報酬に、
業績連動制を導入する場合や株式報酬が付与されるなど、業務執行に対する監査の実効性が担
保されにくいスキームであると考えられる場合

朝日ライフ アセットマネジメント

4. ストックオプション、株式報酬等
　原則として賛成します。ただし、以下の基準に該当する場合は原則として反対します。

反対基準		
	通常のストックオプション	株式報酬型ストックオプション
権利付与対象者	・社外取締役、監査委員もしくは監査等委員である取締役、監査役	

※譲渡制限付株式報酬、信託型株式報酬については、株式報酬型ストックオプションの基準に準じます。

富国生命投資顧問

（3）株式報酬（ストックオプションを含む）

　株式報酬制度やストックオプションは、インセンティブとしての効果を通じて中長期的な企業価値の向上に資すると考えます。但し、株価が大幅に下落した時点におけるストックオプションの新規付与や、株式価値の大幅な希薄化に繋がるストックオプションなどについては、株主利益を棄損させる可能性があるので反対します。

　また、取締役の職務執行を監査・監督する監査役、経営に対する助言・監督機能を有する社外取締役への株式報酬やストックオプションの付与は、牽制機能が弱まる可能性があるので否定的に判断します。

● 社外取締役、監査等委員である取締役、監査役への付与

　〜株式報酬（ストックオプションを含む）に原則として反対します。但し、社外取締役（監査等委員である場合も含む）への譲渡制限付き株式報酬は、合理的な理由があれば、賛成します。

三井住友トラスト・アセットマネジメント

【行使の原則】

　以下のいずれかに該当する場合、原則として反対します。

　・付与対象者に、社外取締役、監査等委員である取締役、監査役、社外監査役、または業績向上との関連性が認められない者が含まれる場合

【行使判断基準】

議案内容	原則基準
業績連動型報酬制度（金銭報酬・株式報酬・ストックオプション）	① 付与対象者に、社外取締役、監査等委員である取締役、監査役、社外監査役、または業績向上との直接的な関連性が認められない者が含まれる場合、反対
株式報酬制度・株式報酬型ストックオプション（業績連動型でないもの)	⑧ 付与対象者に、社外取締役、監査等委員である取締役、監査役、社外監査役、または業績向上との直接的な関連性が認められない者が含まれる場合、反対

社外取締役に対する株式報酬議案について原則として「賛成」とするもの

ニューバーガー・バーマン

取締役報酬プラン

当社は、社外取締役は、現金と株式を組み合わせた適正水準の報酬を受けるべきであると考えます。取締役への株式報酬は、取締役と株主の利益を一致させるものと考えており、全面的に支持します。取締役への株式報酬は、取締役がリスクを取る行動に出ないようにするため、業績連動でない報酬として付与すべきと考えます。

りそなアセットマネジメント

④　株式報酬等（ストックオプション、株式）
・　社外取締役、監査等委員である取締役、監査役、社外の者への株式報酬等の支給は反対します。
・　但し、<u>社外取締役、監査等委員である取締役への業績等に連動しない株式報酬や株式報酬型ストックオプション（1円ストックオプション）割当は、過大でなければ（原則として、現金：株式等＝1：0.3以内、または500万円以下）賛成します。</u>

三菱ＵＦＪ信託銀行

（筆者注：2021年4月1日付けで改定された内容）

内容	新基準	旧基準
ストックオプション・株式報酬等の付与対象者	＜以下に該当する場合は原則反対＞ 監査役、社外者（子会社の役職員は対象者として妥当）などに付与する場合	＜以下に該当する場合は原則反対＞ 社外取締役・監査等委員である取締役、監査役、社外者（子会社の役職員は対象者として妥当）などに付与する場合 なお、社外取締役、監査等委員である取締役への付与については金額が過大でない場合（公正時価で5百万円以下）、賛成とする。

<u>中長期的な企業価値向上の観点から各取締役の役割に応じた役員報酬体系を考える上で、社外取締役への株式報酬付与も選択肢の一つとして検討することは、より取締役会の実効性が高まると期待し、当該基準を変更します。</u>

その他

大和アセットマネジメント

④　業績連動型報酬の導入・改定（金銭報酬、株式報酬、ストックオプションを含む）
　　原則として賛成する。ただし、以下のいずれかに該当する場合については、反対する。
　(ⅱ)　付与対象者が適切でない場合
　　　(*)　付与対象者が適切でないと判断する基準は、以下のいずれかの条件に該当する場合。
　　　　・条件1：対象者に監査役または社外取締役が含まれる場合
⑤　業績連動型ではない株式報酬の導入・改定
　　<u>業績連動型ではない株式報酬を監査役または社外取締役に付与する議案については、下記の点などを考慮した上で、賛否を判断する。</u>
　　・社内と社外、執行と非執行など明確な対象の選別があり、監査役または社外取締役には業績連動部分がないことが明白であるか。
　　・株式報酬の比率が限定的であるか。
　　・役員退任時まで株式を保有する仕組みが確保されているか。
　　・交付される株式が希薄化を伴わないものであるか。

⑥　責任限定契約の締結の有無

　社外取締役は、いわゆる責任限定契約を締結することができます（会社法427条1項）。責任限定契約とは、任務懈怠に基づく会社に対する損害賠償責

任（同法423条1項）について、社外取締役が職務を行うにつき善意かつ重大な過失がないときは、一定の額に限定するという内容の契約です。社外取締役の責任が限定されるのは、社外取締役が職務を行うにつき故意はなかったものの、過失があったために会社に対する損害賠償責任は負うが、重過失ではなく、軽過失にとどまったというケースに限られます。

　当該責任限定契約をいったん締結すれば、その後万が一会社に対して損害賠償責任を負うことになっても、職務を行うにつき善意かつ無重過失である限りは、当然に、すなわち、特段の手続（株主総会の決議や取締役会の決議）を経ることなく、その責任が一定額（自己負担額）まで免除されるものです。責任限定契約を締結しておくことにより、事前に会社に対する責任の限度額が確定することになります[5]。

　社外取締役への就任を応諾するに当たっては、責任限定契約の締結を必須の条件とすることが実務上は一般的です。

　なお、会社が責任限定契約を締結するためには、責任限定契約を締結することができる旨の定款の定めが必要です。上場会社では、当該定款の定めを設けているのが極めて一般的ですが、社外取締役への就任を打診された場合には、当該定款の定めの有無を念のため確認するようにしましょう。

> **コラム6　責任限定契約の下で社外取締役が責任を負う限度額**
>
> 　責任限定契約を締結している場合には、社外取締役の責任は、一定額まで免除されます。
> 　この「一定額」とは、厳密には、①定款で定めた額の範囲内であらかじめ会社が定めた額（実際は、当該範囲内で責任限定契約において定めた額）と②「最低責任限度額」とのいずれか高い額であり（会社法427条1項）、当該いずれか高い額まで免除されます。
> 　②「最低責任限度額」とは、会社法425条1項に定められており、社外取締役の場合、以下の額の合計額をいいます。
> 　（i）　当該社外取締役がその在職中に会社から職務執行の対価として受け、又は受けるべき財産上の利益の1年間当たりの額に相当する額として会社法施行規則113条で定める方法により算定される額に、2を乗じて得た額

5）　江頭憲治郎『株式会社法〔第8版〕』（有斐閣、2021年）510頁。

(ⅱ)　当該社外取締役が当該会社の新株予約権を、会社法238条3項各号に掲げる特に有利な条件で引き受けた場合における当該新株予約権に関する財産上の利益に相当する額として会社法施行規則114条で定める方法により算定される額

　非常に大雑把に言えば、社外取締役の場合の最低責任限度額は、上記(ⅰ)のとおり、報酬等の額の2年分ということになります。

　ところで、上記のとおり、責任限定契約を締結した場合であっても、社外取締役は、①定款で定めた額の範囲内で責任限定契約において定めた額と②最低責任限度額とのいずれか高い額の負担を免れることはできません。

　そして、定款上、責任限定契約に基づく損害賠償責任の限度額は、法令が定める額とする、とのみ規定するケースもあります。

　ここで、仮に、社外取締役の報酬等の額がゼロである場合（すなわち、無報酬である場合）には、当該社外取締役の最低責任限度額もゼロ（＝ゼロ×2年）となります。したがって、この場合、責任限定契約上も、損害賠償責任の限度額を法令の定める額とすることにより、社外取締役は、一切の負担額がない、すなわち、会社に対する損害賠償責任について全額免除されることとなります（なお、当該社外取締役が職務を行うについて善意かつ無重過失である必要があります）。無報酬で社外取締役に就任することも、大株主やファンド株主から派遣された社外取締役についてしばしば見られます。三井住友信託銀行証券代行コンサルティング部法務チーム「社外役員の報酬分析」資料版商事法務394号（2017年）14頁によると、3月決算の上場会社1,879社（新興市場に上場している会社を除きます）において、無報酬の社外取締役を置いている会社は131社、無報酬の社外監査役を置いている会社は107社であり、「報酬の支給を受けていない社外役員の多くは、大株主の業務執行者を兼務している者等である」とされています。

　無報酬の社外取締役の最低責任限度額がゼロとなり、責任限定契約により会社に対する損害賠償責任を全額免除することが可能となる点については、異論があり得るところです。例えば、下山祐樹「買収防衛策以外の定款変更議案への対応」商事法務1827号（2008年）5頁は、役員の会社に対する損害賠償責任を全部免除するためには、総株主の同意を必要とする会社法424条との「抵触が問題となろう」としています。

　しかし、会社法424条は、役員の故意や重過失の有無を問題とすることなく、総株主の同意がありさえすれば、役員の会社に対する損害賠償責任の全部を免除することができるとするものです。これに対し、責任限定契約による役員の責任の限定（免除）が認められるためには、役員が職務を行うにつき善意でかつ重過失がないことを要します（同法427条1項）。このように、責任限定契約は、同法424条に基づく全部免除と異なり、無条件での免除を

認めるものではありません。したがって、上記のようなケースにおいて、社外取締役の報酬等の額がゼロであることによって最低責任限度額がゼロとなり、結果として、社外取締役の会社に対する責任が全部免除されることとなったとしても、同法424条に抵触することになるわけではなく、したがって、そのような全部免除も会社法上許容されると考えられます（大阪株式懇談会編『会社法　実務問答集Ⅲ』（商事法務、2019年）294〜296頁〔前田雅弘〕、坂本佳隆「実務問答会社法第51回　責任限定契約における責任限度額の定め」商事法務2262号（2021年）70頁参照）。

　もっとも、このように解されるとしても、実際に、無報酬の社外取締役について、会社法上の最低責任限度額がゼロであることによって、責任限定契約上の責任額をゼロとすることが適切かというのは別途問題となります。すなわち、無報酬の社外取締役であっても、一定の責任額は負わせるのが適切であるという判断も十分に考えられるところです。

　そこで、無報酬の社外取締役がいるような場合に備え、上記①の定款の定めを設けておくのが適切であると考えられます。具体的には、定款において、「責任限定契約で定める賠償責任の限度額は、金○○万円以上であらかじめ当社が定めた金額又は会社法425条1項に定める最低責任限度額のいずれか高い額とする」と定めることや、更には、「ゼロ円以上であらかじめ当社が定めた金額又は会社法425条1項に定める最低責任限度額のいずれか高い額とする」と定めることが考えられます（岩原紳作編『会社法コンメンタール9──機関(3)』（商事法務、2014年）323〜324頁〔黒沼悦郎〕参照）。

⑦　D&O 保険への加入の有無

　D&O 保険（Director's and Officer's Liability Insurance：会社役員賠償責任保険）とは、保険契約者である会社と保険者である保険会社との間の契約に基づき、被保険者である役員等の行為に起因して、保険期間中に被保険者に対して損害賠償請求がなされたことにより、被保険者が被る損害を填補する保険をいます[6]。

　経済産業省の委託調査の結果によれば、日本国内におけるD&O保険の加入状況について、アンケート調査に回答した企業253社中225社（約89%）

---

[6]　経済産業省の「コーポレート・ガバナンス・システムの在り方に関する研究会」の「コーポレート・ガバナンスの実践〜企業価値向上に向けたインセンティブと改革〜」（2015年7月24日）の「別紙2 会社役員賠償責任保険（D&O保険）の実務上の検討ポイント」1頁。

104

が「加入している」と回答しています[7]。この調査結果に見られるとおり、D&O 保険は、上場会社を中心に広く普及しています。

　社外取締役に限らず、取締役は、その職務を遂行する過程で、会社又は第三者に対して損害を生じさせてしまう場合があります。そのような損害の金額は非常に大きいこともあり、取締役個人でその損害を賠償しきれないほどの金額となることも十分に想定されます。また、そのような損害賠償を求める訴訟を提起された場合には、当該取締役にも弁護士費用等の争訟費用の負担が生じ得ますが、それも決して小さな金額ではありません。

　そこで、そのような役員等が負担すべき損害賠償金や争訟費用について、会社の加入する保険で賄おうというのが D&O 保険です。

　役員等が会社又は第三者から損害賠償請求を受けたり、株主代表訴訟を提起されたりすることは、それほど頻繁にあるわけではありません。しかし、そのような万が一の事態が生ずることも念頭に置いて、自身が社外取締役に就任しようとする会社が D&O 保険に入っているかどうか（自身が被保険者となるかどうか）、また、どのような事項が保険の対象となるか、保険金の上限額はいくらかといった D&O 保険の内容を、就任の打診を受けた際に確認しておくべきでしょう。

> **コラム 7**　令和元年会社法改正③──D&O 保険に関する改正
>
> 　本文で述べたとおり、D&O 保険は、既に実務に広く普及しています。他方で、D&O 保険に関し、これまで会社法上特段の規律は、設けられていませんでした。
> 　これに対し、令和元年会社法改正により、D&O 保険に関する規律が会社法に設けられています。
> 　具体的には、会社法430条の3が新設され、会社が、保険者との間で締結する保険契約のうち役員等（取締役、会計参与、監査役、執行役又は会計監査人をいいます。会社法423条1項）がその職務の執行に関し責任を負うこと又は当該責任の追及に係る請求を受けることによって生ずることのある損害を保険者が填補することを約するものであって、役員等を被保険者とする

---

7)　経済産業省（経済産業政策局産業組織課）委託調査「日本と海外の役員報酬の実態及び制度等に関する調査報告書」（2015年3月）124頁。これは、日本国内の上場会社3,277社を対象に、2015年1月13日〜2月10日にかけて行ったアンケート調査に基づくものです（5〜7頁）。

ものの内容を決定するには、取締役会（取締役会非設置会社の場合は、株主総会）の決議によらなければなりません（会社法430条の３第１項）。取締役会の決議を要するとされている上記の保険契約の定義は、必ずしもこれまで一般的にD&O保険として考えられている保険契約に限られないように読めます。そこで、会社法430条の３第１項は、法務省令で別途定める保険契約は、取締役会の決議を要しないとしています。これを受けて、会社法施行規則115条の２は、そのような取締役会の決議を要しない保険契約として、生産物賠償責任保険（PL保険）や企業総合賠償責任保険、自動車賠償責任保険、海外旅行保険等を想定した定めを設けています（会社法430条の３第１項では、このようにして一定の保険契約を除外した保険契約が「役員等賠償責任保険契約」と定義されています）。

　やや分かりづらい規定内容ですが、結局のところは、取締役会設置会社を前提とすると、D&O保険契約（及びこれに準ずる保険契約。竹林俊憲ほか「令和元年改正会社法の解説〔Ⅳ〕」商事法務2225号（2020年）９頁）の内容の決定について、取締役会の決議が必要となるということです。保険契約の「内容を決定するには」、取締役会の決議によらなければならないと定められていることから、D&O保険に初めて加入する場合だけでなく、D&O保険を更新する都度、取締役会の決議を要することになると解されます。D&O保険の期間は、一般に１年間であり、１年ごとに更新されますので、毎年のD&O保険の更新の都度、取締役会の決議が必要となるということです。

　また、D&O保険に関する事項が事業報告の記載事項として追加されています。すなわち、公開会社は、役員等賠償責任保険契約（D&O保険契約）を締結しているときは、以下の事項を事業報告で開示しなければなりません（会社法施行規則119条２号の２、121条の２）。

---

① 当該D&O保険契約の被保険契約者の範囲
② D&O保険契約の内容の概要（以下の内容を含みます）
　・被保険者が実質的に保険料を負担している場合には、その負担割合
　・填補の対象とされる保険事故の概要
　・当該D&O保険契約によって被保険者である役員等（当該会社の役員等に限ります）の職務の執行の適正性が損なわれないようにするための措置を講じている場合は、その内容

　さらに、開示に関しては、株主総会で役員等を選任するに当たり、その候補者を被保険者とするD&O保険契約を締結しているとき又は当該D&O保険契約を締結する予定があるときは、その選任議案に係る株主総会参考書類において、当該D&O保険契約の内容の概要を記載しなければなりません（会社法施行規則74条１項６号、74条の３第１項８号、75条６号、76条１項８

号、77 条 7 号)。

　令和元年会社法改正における D&O 保険に関する規律については、拙稿「令和元年改正会社法の実務対応(4)　会社補償・D&O 保険の実務対応」商事法務 2233 号 (2020 年) 30 頁もご参照ください。

コラム8　令和元年会社法改正④──会社補償（補償契約）に関する改正

　令和元年会社法改正では、「会社補償」という新たな制度が導入されます（会社法 430 条の 2)。あまり聞き慣れない言葉かもしれませんが、会社補償とは、一言でいうと、会社が、役員等との間の契約（補償契約）により、役員等に生じた弁護士費用等の防御費用や取締役等が第三者に対して支払義務を負う損害賠償金・和解金について、役員等の肩代わりをするということです。

　補償契約は、責任限定契約と異なり、業務執行取締役や執行役も締結することができます（会社法 430 条の 2 第 1 項)。役員等が、会社との間で補償契約を締結することにより、防御費用や損害賠償金・和解金の負担を過度に恐れてその職務執行を萎縮することがないようにし、むしろ、中長期的な企業価値向上のため積極的にリスクテイクをすることができるようにすることが意図されています。補償契約は、優秀な人材の確保という観点から、社外取締役だけでなく、社長等の業務執行者にもニーズがあり得ます。

　規律の内容については、新設の 430 条の 2 第 1 項では、役員等（取締役、会計参与、監査役、執行役又は会計監査人をいいます。会社法 423 条 1 項)に対して一定の「費用」又は「損失」の全部又は一部を会社が補償することを約する契約が「補償契約」と定義され、会社が補償契約の内容の決定をするには、取締役会（取締役会非設置会社の場合は株主総会）の決議によらなければならないと定められています。

　他方で、補償契約の実行、すなわち、会社が補償契約に基づき役員等に補償金を支払う段階では、会社法上、取締役会の決議が求められていません。ただし、取締役会設置会社においては、補償契約に基づく補償をした取締役及び当該補償を受けた取締役は、遅滞なく、当該補償についての重要な事実を取締役会に報告しなければなりません（会社法 430 条の 2 第 4 項。当該規律は、執行役について準用されています。同条 5 項)。

　以上の手続規制とともに、補償契約の内容面についての規律（実体規制）も設けられています。すなわち、補償の対象となる費用と損失のうち、まず、「費用」について、「当該役員等が、その職務の執行に関し、法令の規定に違反したことが疑われ、又は責任の追及に係る請求を受けたことに対処するために支出する費用」が補償契約の対象となるとされています（会社法 430 条

の２第１項１号）。要するに防御費用であり、典型的には弁護士費用です。当該役員等に対して責任の追及に係る請求をした者が、第三者である場合だけでなく、会社である場合であっても、それによって生じた役員等の防御費用については、当該会社による補償の対象となります。ただし、当該費用のうち通常要する費用の額を超える部分は、補償の対象となりません（会社法430条の２第２項１号）。

　次に、「損失」については、当該役員等が、その職務の執行に関し、第三者に生じた損害を賠償する責任を負う場合における以下の損失が補償の対象となります（会社法430条の２第１項１号）。

①　当該損害を当該役員等が賠償することにより生ずる損失

②　当該損害の賠償に関する紛争について当事者間に和解が成立したときは、当該役員等が当該和解に基づく金銭を支払うことにより生ずる損失

　要するに、第三者に生じた損害に係る賠償金と和解金が役員等の損失として補償の対象となります。会社に生じた損害に係る賠償金や和解金は、補償の対象となりません。また、第三者に生じた損害に係る賠償金等であっても、役員等がその職務を行うにつき悪意又は重大な過失があったことにより第三者に対して損害賠償責任を負う場合には、当該損失は、補償の対象となりません。役員等がその職務を行うにつき善意かつ無重過失である必要があるということです。この点について、会社法429条１項に基づく役員等の第三者に対する損害賠償責任は、役員等がその職務を行うことについて悪意又は重大な過失があったことを要件として成立するものです。そのため、当該損害賠償責任に係る損失（損害賠償金・和解金）は、補償の対象となりません。

　D&O保険と会社補償とでは、それぞれ保険金や補償金の支払われる対象や範囲・要件に違いがあるため、双方を併用することも十分に考えられます。

　会社補償に関する事項も、事業報告の記載事項として追加されています。すなわち、公開会社は、役員等との間で補償契約を締結しているときは、以下の事項を事業報告で開示しなければなりません（会社法施行規則121条３号の２～３号の４、125条２号～４号、126条７号の２～７号の４。なお、会社参与又は会計監査人との間の補償契約に関する事項の記載は、公開会社であるかどうかを問わず、必要となります）。

①　当該役員等の氏名

②　当該補償契約の内容の概要（当該補償契約によって当該役員等の職務の執行の適正性が損なわれないようにするための措置を講じている場合は、その内容を含みます）

③　当該役員等に対して「費用」を補償した会社が、当該事業年度において、当該役員等が職務の執行に関し、法令の規定に違反したこと又は責任を負うことを知ったときは、その旨

④　会社が当該役員等に対して「損失」を補償したときは、その旨及び補償した金額

　さらに、開示に関しては、株主総会で役員等を選任するに当たり、その候補者と会社との間で補償契約を締結しているとき又は補償契約を締結する予定があるときは、その選任議案に係る株主総会参考書類において、その補償契約の内容の概要を記載しなければなりません（会社法施行規則 74 条 1 項 5 号、74 条の 3 第 1 項 7 号、75 条 5 号、76 条 1 項 7 号、77 条 6 号）。
　令和元年会社法改正における補償契約に関する規律については、拙稿・前掲商事法務 2233 号 30 頁もご参照ください。

Ⅲ　就任するに当たって留意すべきその他のポイント

①　会社の顧問や業務委託先（の代表取締役）であった者を社外取締役とすることについて

　自社の社外取締役に相応しい人物（本項において以下「社外取締役候補者」といいます）に巡り合えた場合に、すぐに次の定時株主総会で選任することができれば、タイミングとしてはベストです。他方で、現任の社外取締役の任期等の関係で、次の定時株主総会で当該社外取締役候補者を社外取締役に選任することができないというケースがあります。
　このような場合に、当該社外取締役候補者を自社の次期社外取締役の予定者として確保しておくなどの目的で、しばらくの間、当該社外取締役候補者を顧問としたり、経営コンサルタント等の名目で当該社外取締役候補者と会社との間で業務委託契約を締結したりすることがあります。
　この場合に注意しなければならないのは、当該人物が、自社の顧問等である期間において、自社の「使用人」（従業員）と評価されてしまわないようにすることです。自社の「使用人」と評価されてしまうと、以下に述べるとおり、当該社外取締役候補者が取締役に就任した際に、社外取締役の要件（会社法 2 条 15 号イ、**第 1 章Ⅰ①**参照）を満たさず、社外取締役として認められないこととなってしまうためです。これでは、本末転倒です。
　当該社外取締役候補者との間の顧問契約や業務委託契約は、通常、社外取締役への就任時に解消されますので、社外取締役の要件との関係では、特に、取締役への就任の前 10 年間当該会社の「使用人であったことがないこと」

という社外取締役のいわゆる過去要件（会社法 2 条 15 号イ）を満たすかどうかが問題となります。

「使用人」該当性について、会社法上、明確な定義はありませんが、当該社外取締役候補者との契約形態が雇用契約（民法 623 条）かどうかという、形式的な契約類型のみをもって判断されるわけではありません。当該社外取締役候補者と会社との間の関係が雇用関係になく、例えば、（準）委任関係（民法 643 条、656 条）にある場合であっても、当該社外取締役候補者が当該会社の「使用人」であると評価される場合があります（余談ですが、いわゆる「雇用型」の執行役員だけでなく、「委任」型の執行役員も、会社法上は「使用人」に該当します）。

では、「使用人」に該当するかどうかは、どのように判断されるのでしょうか。会社の顧問・嘱託等が社外取締役となり得るかどうかについては、その職務の実態が業務執行機関に対して「継続的」な「従属性」を有するか否かにより実質的に判断されるべきであるとの有力な見解があります[8]。この見解によれば、職務の実態が業務執行機関から「独立」して行われていれば「使用人」に該当しませんし、また、「従属性」があってもそれが一時的なものであれば、やはり使用人に該当しません。

このような「従属性」・「独立性」の有無は、業務執行機関の指揮・命令を受けているかどうか、会社に常駐しているかどうかなど、個別具体的な事情から判断することになります。

また、仮に、「使用人」に該当せず、社外取締役の要件を満たす場合であっても、次に、独立性の要件を満たすかどうか、すなわち、独立社外取締役として認められるかどうかが問題となります。独立社外取締役として認められない社外取締役がいると、2 名以上（プライム市場以外の市場に上場する上場会社）又は 3 分の 1 以上（プライム市場の上場会社）の独立社外取締役を選任すべきであるという CG コードの原則 4-8 をコンプライすることができなくなる場合があり得ます。このほか、機関投資家によっては、独立性が認められない、又は独立役員として届け出ていない社外取締役の選任議案には反対票を投ずるとしているものもありますので、そのような社外取締役の選

---

8)　江頭憲治郎ほか編『改正会社法セミナー〔企業統治編〕』（有斐閣、2006 年）85〜88 頁、江頭憲治郎編『会社法コンメンタール 1——総則・設立(1)』（商事法務、2008 年）41 頁〔江頭憲治郎〕。

任議案の賛成率が下がることも十分にあり得ます。

　第1章Ⅰ[2]で述べたとおり、東京証券取引所有価証券上場規程 436 条の 2 は、独立役員を 1 名以上確保しなければならないとしています。そして、就任直前まで会社との間で顧問契約や業務委託契約等を締結していた社外取締役については、特に、「最近において」、①当該会社を主要な取引先とする者若しくはその業務執行者又は②当該会社から役員報酬以外に多額の金銭その他の財産を得ているコンサルタント、会計専門家若しくは法律専門家（当該財産を得ている者が法人、組合等の団体である場合は、当該団体に所属する者をいいます）に該当していると、独立役員として認められませんので、注意が必要です（東京証券取引所「上場管理等に関するガイドライン」Ⅲ.5.（3）の2、「独立役員の確保に係る実務上の留意事項（2020 年 11 月改訂版）」（本項において、以下「独立役員留意事項」といいます）Ⅰ.3.（2）（2 頁））。

　当該社外取締役候補者が、上記①当該会社を主要な取引先とする者や②当該会社から多額の金銭を得ているコンサルタント等に該当していなければ、もちろん問題ありません。これに対し、もしこれらのいずれかに該当していると、その就任の直前までこれらの関係があったことが問題となります。すなわち、上記のとおり、「最近において」これらの関係があると独立役員として認められないところ、「最近において」とは、独立役員留意事項によれば、「実質的に現在」、これらの①又は②の者と「同視できるような場合をいい、例えば、当該独立役員を社外取締役又は社外監査役として選任する株主総会の議案の内容が決定された時点において」、これらの①又は②の者に該当していた場合等が含まれるとされ、さらに、「1 年以上前に」これらの①又は②の者に該当していた場合には、「『最近において……該当していた』に該当しないことが通常と考えられます」とされています（4 頁）。そのため、仮に、社外取締役への就任と同時に顧問契約や業務委託契約が終了する場合は、「最近において」の要件を満たすことになります。したがって、社外取締役候補者を独立役員に指定する予定である場合（通常は指定するのでしょうが）において、社外取締役候補者にとって自社が「主要な」取引先に該当するときや社外取締役候補者が「多額の金銭」を得ているコンサルタント等に該当するときは、これらの関係を解消するタイミングに注意する必要があります。

　なお、独立役員留意事項では、「『上場会社を主要な取引先とする者』の典

型的な例としては、上場会社との取引による売上高等が当該取引先の売上高等の相当部分を占めている、いわゆる下請企業などが考えられます」とされています（3頁）。また、「当該会社から役員報酬以外に多額の金銭その他の財産を得ているコンサルタント、会計専門家又は法律専門家」について、独立役員留意事項では、「多額の金銭その他の財産」とは、会社法施行規則74条4項6号ニ又は76条4項6号ニの「多額の金銭その他の財産（これらの者の取締役、会計参与、監査役、執行役その他これらに類する者としての報酬等を除く）」に準じて上場会社によって判断されるとされています（3～4頁）。

② 「常勤」社外取締役の可能性の検討

　社外取締役となる者は、通常、当該会社の社外取締役としての仕事しかしていないわけではなく、ほかに本来の仕事（本業）を有しています。そのため、社外取締役は、非常勤であり、月に1回程度の取締役会のために当該会社に来るのが一般的です。このように月に1回程度しか会社に顔を出さない（非常勤の）社外取締役に、果たしてきちんとした監督ができるのかと言われることもしばしばあります。

　これに対し、常勤である場合は、社外取締役といえども、会社がどのような状況にあり、何が起こっているのかといったことをタイムリーに知ることができます。情報不足に陥りがちな社外取締役としては、常勤であることにより、会社についての情報を多く入手することが可能となります。

　また、非常勤であることは、社外取締役の要件ではありません。そのため、会社に常勤するからといって、会社法上、社外取締役として認められないことになるわけではありません。

　そこで、常勤の社外取締役を置くことが考えられます。このような社外取締役は、業務執行者から独立した立場にあるだけでなく、常勤として、会社についての多くの情報を有することで、より実効的に監督の機能を果たすことが期待されます。

　他方で、社外取締役は、業務執行をしてしまうと、社外取締役として認められなくなります（会社法2条15号イ）。そのため、常勤の社外取締役は、業務執行をしてはいけないわけですが、そうすると、業務執行に携わらずに、それでいて会社に常勤して何をしているのか、また、常勤ということで相応の報酬が支払われている場合、業務執行をせずに報酬に見合った働きをして

いるのかといった目を向けられるおそれがあります。

　そのため、もし常勤の社外取締役を置く場合は、その職務を明確にすることが重要です。常勤の社外取締役が監査等委員や監査委員であり、常勤としての職務が監査の職務であれば、常勤の（社外）監査役と同じですので、常勤の社外取締役であるからといって特段の違和感はないでしょう。常勤の監査等委員や監査委員として社内の重要な会議体にオブザーバーの立場で参加し、また、稟議書等の重要書類をチェックするなどして会社の状況をタイムリーに把握し、その上で、社外取締役として執行側に対して問題点を直言することができるという点は、常勤の社外取締役である監査等委員・監査委員の大きなメリットであるといえます。

　また、法定の委員会にせよ任意の委員会にせよ、指名委員会や報酬委員会が置かれており、常勤の社外取締役がその委員長である場合も、それなりの仕事があり、常勤（週に５回来社するほどの仕事はないかもしれませんが）であってもそれほどの違和感はないかもしれません。

　そのような監査や監督の職務ではなく、経営に対する助言をしてもらうために、社外取締役に常勤してもらうというのはどうでしょうか。例えば、証券会社の投資銀行部門出身の社外取締役からM&Aについてのアドバイスを受ける、経営コンサルタント出身の社外取締役から経営改革についてのアドバイスを受ける、法務・コンプライアンス・会計・税務・ITや当該会社特有の規制などについて詳しい専門家である社外取締役から当該専門分野に関して種々のアドバイスを受けるといった目的から、社外取締役が常勤することも考えられますし、実際にそのような目的で社外取締役が常勤する会社もあります。この場合、常勤の社外取締役が、日々、これらの事項について、各担当部署の従業員から相談を受け、アドバイスを提供することになります。

　このような経営に対する助言をすることが直ちに「業務執行」に該当するわけではないと考えられます。「業務執行」に該当しないようにするため、あくまでも、業務執行者から独立した立場でアドバイスを提供するようにし、また、個別の案件について、従業員に対し、具体的な指揮命令をすることは控えたほうがよいと考えられます。

　また、常勤であると、当該会社から受け取る社外取締役としての報酬が主な収入源となります。そのため、そのような常勤の社外取締役は、収入面（経済面）において会社に対する依存度が高くなり、独立性に疑義が呈され

やすくなります。すなわち、社外取締役としての仕事を失うことは、生活の糧を失うことを直ちに意味することになるわけですから、社外取締役をクビにならないように振る舞うことにならないか、執行側に対して厳しい意見を述べることができるのかなど、業務執行に対する監督を実効的に果たすことができるのかという点について懸念を持たれる可能性があります。

　もっとも、この点は、常勤の（社内の）監査役や監査等委員・監査委員についても当てはまることではあります。もちろん、その職務に比して過大な報酬を支払うことがないように留意する必要はありますが、常勤の社外取締役を置くメリットに比して大きなデメリットとまではいえないと思われます。また、社外取締役は、当該常勤者のほかにも非常勤者が置かれているのが通常であり、独立性のより高い非常勤の社外取締役を複数名置くことにより、そのデメリットをカバーすることができると考えられます。さらに、会社に対する経済的な依存度が高くなるとしても、会社に対してモノを言うべきときはモノが言える、クビになる（又は辞任する）ことも辞さないという覚悟がある人物を、常勤の社外取締役として選任すれば足りるといえます。

> **コラム９**　社外取締役の経済的独立性は真に必要か？
>
> 　社外取締役ガイドラインは、社外取締役の心得３として、「社外取締役は、業務執行から独立した立場から、経営陣（特に社長・CEO）に対して遠慮せずに発言・行動することを心掛けるべきである」としています。
> 　そして、これを敷衍して、「経営陣を監督するという役割を果たし、必要な場合には社長・CEOの交代を主導することも期待されるため、社外取締役には、会社及び経営陣からの独立性が求められる。経歴や血縁関係等に基づく客観的独立性のほか、いつでも会社を辞任できる覚悟を含む精神的な独立性、そのために会社に対して経済的に過度に依存しすぎないことが重要である」として、社外取締役が会社に対して経済的に過度に依存することを戒めています。
> 　社外取締役の経済的独立性については、社外取締役ガイドラインの参考資料１の「社外取締役の声」（社外取締役へのインタビュー調査及び社外取締役向けアンケート調査の自由記述欄における意見をまとめたもの）においても厳しい指摘があります。例えば、以下のような意見が紹介されています。
>
> 　「社外取締役にはいつでも辞める心構えが必要であり、会社に経済的・精神

的に依存するのは良くない。その会社からの報酬で生計を立てていると言いたいことが言えなくなってしまう……。」

「収入面で不安がある人はダメだ。経営トップを解任しようとしたときに、『じゃあお前たちみんなクビだ』と言われても全然問題がないような人でなければならない。そうでないと、CEO を解任することはできない。」

「社外取締役の報酬を生活の糧にしている人に社外取締役をやらせてはだめだ。社外取締役によって生計を立てている人は言うべき時に物が言えなくなる。いざというときに辞められる覚悟を持っていなければならない。」

「社外取締役の報酬を生活の糧にしていると経営陣に迎合してしまう。そういう人は社外取締役として適任ではない。」

「報酬に依存していると心が曇る。」

　このような意見からすると、社外取締役が、当該会社に常勤し、ほかに本業を有しておらず、社外取締役としての仕事を生活の糧にすることは望ましくない、ということにもなりかねません。

　この点について、そこまで潔癖に考える必要はないというのは、本文で述べたとおりです。

　ところで、そもそも、上記のような経済的独立性や精神的独立性、さらには、いざというときに辞任することができる覚悟や、社長からクビと言われてもモノともしない姿勢が必要である、ということは果たして自明なのでしょうか。

　もちろん、取締役会の場において忌憚のない意見を言える必要があることはいうまでもありません。しかし、経営陣にとって耳の痛い意見を言うと、クビにされてしまうかもしれない、又は辞任も覚悟しないとそのような意見を述べることができない、という取締役会は、果たして本当に業務執行者に対する監督機能を重視した取締役会（モニタリング・モデル型の取締役会）なのでしょうか。すなわち、社長・CEO といった経営トップをはじめとする経営陣を選任しているのは、取締役会であるはずです。そして、取締役会が監督機能を果たすに当たって中心的な役割を果たすはずの社外取締役が経営陣に対して厳しい意見を述べた場合において、経営陣がそれに耳を傾けないときにクビにされるのは、本来、社外取締役ではなく、当該経営陣であるはずです。監督機能に軸足を置く取締役会を想定した場合には、取締役会、とりわけ、社外取締役が経営陣を選んでいるのであって、経営陣が社外取締役を選んでいるわけではないはずです。

　そうすると、社外取締役がクビを覚悟しなければならないというのは、結局のところ、経営陣が社外取締役を選んでいる会社ということであり、その前提とする取締役会像は、そもそも、業務執行者に対する監督機能を重視した取締役会とは異なるものであり、さらにいえば、社外取締役が少数派であ

る取締役会が念頭に置かれているのではないかと思います。

　したがって、今後、社外取締役が取締役会において多数派となり、過半数を占めることが一般的になり、社外取締役が経営陣を選んでいるのであって、経営陣が社外取締役の生殺与奪権を握っているのではない、という意識が浸透すれば、少なくとも社外取締役としての報酬面における経済的独立性についての手厳しい見方も弱まる（上記のような見方は、あくまでも現在の過渡的な状況におけるものにすぎない）という捉え方も可能ではないかと思います。

第4章

社外取締役への就任後のポイント

Ｉ　社外取締役が認識・配慮すべきこと

１　取締役会のメンバーとしての役割を果たすこと

⑴　非業務執行取締役たる取締役会のメンバーとしての役割とは？

　取締役の役割は、**第２章**で述べたとおり、昨今のガバナンス強化の流れを踏まえ、攻めのガバナンスの観点からの業務執行者に対する「監督」が特に重要となります。

　本章では、もう少し会社法的な観点から社外取締役の役割について述べます。

　取締役の役割には、大きく分けて、①取締役会のメンバーとしての役割と、②業務執行者としての役割（代表取締役をはじめとする業務執行取締役の場合）があります。

　社外取締役は、会社の業務執行を行ってしまうと、「社外取締役」として認められなくなります（会社法2条15号イ）。そのため、社外取締役は、あくまでも、①取締役会のメンバーとしての役割のみを担います。

　繰り返し述べているとおり、取締役会の職務は、(i)会社の業務執行を決定することと、(ii)取締役の職務の執行を監督すること及びその監督の職務を行うための権限の最たるものとして代表取締役を選定・解職することです（会社法362条2項参照）。したがって、社外取締役は、取締役会のメンバーとして、会社法上、(i)会社の業務執行を決定する職務と(ii)他の取締役、特に代表取締役をはじめとする業務執行取締役の職務の執行を監督・監視する職務を担うことになります。

　具体的には、社外取締役は、まず、取締役会という会議体のメンバーである以上、取締役会に出席しなければならず、取締役会の場において、報告事項について報告を受け、決議事項について議決権を行使することになります。また、社外取締役は、報告事項や決議事項について、取締役会の場で意見を述べたり、質問をしたりすることにより、取締役会における審議・議論に参加します。

　そして、取締役会の職務のうち、上記(ⅰ)会社の業務執行の決定に関しては、具体的な議案についての審議・決議に当たり、善管注意義務を果たすため、執行側が合理的な情報収集、調査、検討等を行ったかということを精査します。足りない情報があれば追加の情報を求め、本来なら検討すべきであるのに検討していない事項があれば、なぜ検討していないのかと問い、場合によっては更なる検討を求めます。このような社外取締役の指摘により、当該案件の決議が次回以降の取締役会に持ち越しとされたり、案件自体がいったん取りやめとされたりすることも近時は珍しくなくなりつつあります。

　次に、取締役会の職務のうち、上記(ⅱ)取締役の職務の執行の監督については、**第２章**で述べたとおり、攻めのガバナンスの観点から、業績評価に基づき業務執行者の選任（候補者の指名）及び報酬に関する面で監督を行うことが重要であることはもちろんですが、それだけではありません。業務執行者が違法・不正行為を行っていないかという守りのガバナンス・コンプライアンスの観点からの監督も重要です。取締役の「監視義務」といわれるものです。判例も、取締役会を構成する取締役は、会社に対し、取締役会に上程された事柄についてだけ監視するにとどまらず、代表取締役の業務執行一般につき、これを監視し、必要があれば、取締役会を自ら招集し、あるいは招集することを求め、取締役会を通じて業務執行が適正に行われるようにする職務を有するものと解すべきであると判示しており（最判昭和48年５月22日民集27巻５号655頁）、代表取締役の業務執行に対する取締役の一般的監視義務を認めています。

　社外取締役としては、自ら積極的に業務執行者の違法・不正行為を探して回る必要はありませんが、取締役会で報告・決議される事項に関する情報や取締役会資料その他資料等からその疑いを持つに至ったり、内部通報を受けたりするような場合は、取締役会で問題提起をすることや監査役と情報共有するなどの対応を取らなければならないこともあります。社外取締役は、こ

れらの対応を怠ると、任務懈怠責任を問われる可能性があることに留意する
必要があります。

⑵　社外取締役を法的責任からも守ってくれる内部統制システム

　社外取締役の役割のポイントは、以上のとおり、取締役会のメンバーとし
て、取締役会の決議で議決権を行使し、重要な業務執行の決定に関与すると
ともに、他の取締役の職務の執行を監督・監視することです。社外取締役は、
これらの職務を適切に果たしていなければ、善管注意義務の違反を問われ、
会社に生じた損害を賠償する責任が生ずる可能性があります。

　このような立場にある社外取締役を守ってくれるのが、内部統制システム
です（内部統制システムについては、**第1章Ⅱ6**もご参照ください）。業務執行
に関与しない社外取締役としては、他の取締役（業務執行者）の職務の執行
を監視する職務が重要となりますが、業務執行者の横にピッタリとついてそ
の職務執行を見張ることはもちろんできません。社外取締役は、内部統制に
ついて、以下のポイントからチェックすることになりますが、このようにし
て内部統制システムを通じて他の取締役の職務の執行を監視している限りは、
他の取締役による違法・不正行為が残念ながら発生しても、社外取締役がそ
の監視義務を懈怠したということにはならないと考えられます。

---

① 　取締役会が定めた内部統制システムの基本方針は適切か、その後の会社の
　状況の変化や法令の改正等を踏まえ、見直すべき事項はないか
② 　執行側は、取締役会が定めた内部統制システムの基本方針に沿って内部統
　制システムを適切に構築しているか
③ 　内部統制システムは、構築されたとおり、適切に運用されているか

　内部統制システムの土台となるべきその基本方針がそもそも適切であるか
（①）、その基本方針に沿って内部統制システムが適切に構築され（②）、ま
た、構築されるだけでなくしっかり運用されているか（③）（「仏作って魂入
れず」となっていないか）ということをチェックする必要があるということ
です。社外取締役は、そのいずれかが不十分である、見直すべきであると考
えられる場合には、取締役会において、その旨の意見を述べ、執行側に対し、
是正を促すことが求められます。

　②の内部統制システムの適切な構築については、最低限、通常想定される不正行為を防止し得る程度の管理体制を整えておく必要があります。さらに、**第１章Ⅱ⑥**で紹介した日本システム技術事件上告審判決を踏まえると、通常容易に想定し難い方法による不正行為の発生を予見すべき特別の事情が想定される場合には、当該不正行為をも防止し得る管理体制となっている必要があります。そのため、社外取締役としては、そのような特別の事情への感度を高め、また、そのような管理体制が整っているかどうかを検証し、整っていない場合はその整備を求めることが求められます。

　さらに、③の内部統制システムの適切な「運用」については、不祥事のある会社でも、見かけ上は、立派な、ピカピカな内部統制システムの「構築」がされているのが通常です。それにもかかわらず不祥事が生じてしまうのは、構築された内部統制システムの運用がルールどおりに行われていない、ルールの逸脱がある、明文化されていない非正規のルールがある、といったケースがあるためです。そのため、社外取締役は、内部統制システムの運用状況にも十分に留意する必要があります（なお、事業報告には、取締役会で決議された内部統制システムの基本方針の内容の概要だけでなく、内部統制システムの運用状況の概要も記載しなければなりません。会社法施行規則 118 条 2 号）。

コラム 10　社外取締役の調査権限①──個々の取締役の調査権限の有無

　社外取締役には、業務執行者に対する適切な監督をはじめとして、いろいろな役割が期待されています。そのため、社外取締役がそのような役割を果たすため、会社法は、さぞかし、社外取締役に様々な権限を与えているのであろうと思うかもしれません。

　しかし、社外取締役とは、取締役の属性の 1 つにすぎず、会社法上、特別な機関として設けられているものではありません。そのため、会社法上、社外取締役であるからといって、何らかの特別な権限が与えられているわけではありません。令和元年会社法改正によって社外取締役の設置を義務付けられた後も変わりません。この点は、監査役が、独任の機関として、取締役や使用人に対して事業の報告を求め、又は会社の業務及び財産の状況の調査をすることができるとされていること（いわゆる報告徴求・業務財産調査権、会社法 381 条 2 項・3 項）と異なります。なお、監査（等）委員会の場合は、個々の委員ではなく、委員会が同様の権限を有しています（同法 399 条の 3、405 条）。

　では、社外取締役であるかどうかにかかわらず、個々の取締役は、解釈上、取締役としての地位に基づき、自ら会社を調査したり、会社の資料を調べたりするといった権限を有していると解することができるのでしょうか。会社法上これを認める明文の規定はありませんが、解釈上、取締役がそのような権限を有していると解することができるのであれば、社外取締役が当該権限を行使することにより、監督等の役割を実効的に果たすことも期待し得ます。

　しかし、これについても、個々の取締役は、会社の業務を調査したり、会計帳簿を閲覧したりする権限を有しないと、一般に解されています（落合誠一編『会社法コンメンタール8──機関(2)』（商事法務、2009年）219頁〔落合〕、東京地方裁判所商事研究会『類型別会社訴訟Ⅱ〔第3版〕』（判例タイムズ社、2011年）662頁。これに対し、有力な反対説（肯定説）として、江頭憲治郎『株式会社法〔第8版〕』（有斐閣、2021年）431〜432頁があります）。

　裁判例では、肯定説の立場に立つ裁判例として、名古屋地決平成7年2月20日判タ938号223頁があります。当該裁判例は、「会社の業務を執行し、経営に参画するという取締役の職務の性質上、職務に必要な限り会社の会計帳簿等の閲覧謄写を求める権限を有すると解すべきである」と判示しています（抗告審である名古屋高決平成8年2月7日判タ938号221頁も上記一般論を維持しています）。他方で、近時、否定説の立場に立つ裁判例が出されており、東京地判平成23年10月18日金判1421号60頁は、「確かに、取締役が、その会社に対する義務である善管注意義務及び忠実義務を十全に尽くすためには、通常、会社の会計帳簿等を少なくとも閲覧し得ることが必要であるということができる。しかし、取締役からその会社に対する義務の履行に必要な行為であるとして会計帳簿等の閲覧等を求められた会社が、正当な理由なしにこれを拒む場合において、当該不当拒絶により取締役の義務の履行が不能となったときには、その履行が不能となった義務の違反に基づく取締役の責任が会社又は第三者から追及される局面において、当該不当拒絶の事実を取締役のために斟酌し得るものと解すれば足り、取締役の利益が不当に損なわれることがないようにするために、訴えをもって履行を求めることができる権利としての取締役の会計帳簿等閲覧謄写請求権をあえて観念するまでの必要はなく、相当でもない」、したがって、「取締役がその地位に基づき会社に対して会計帳簿等の閲覧謄写を求める権利を有するとはいえない」と判示しています。

　個々の取締役に業務財産調査権や会計帳簿等の閲覧謄写権がないことの理由は、いろいろとあり得ますが、監督権限そのものは、取締役会にあるのであって（会社法362条2項2号）、個々の取締役自身は、合議制の機関たる取締役会の構成員にすぎないという点に求められると考えられます。あくまでも、調査の要否等を判断するのは取締役会であり、取締役は、調査が必要であると取締役会が判断した場合に初めて、取締役会を通じてのみその権限を

行使することができるにすぎないと解されるわけです。

　したがって、個々の取締役が業務財産調査権を行使するためには、取締役会の決議に基づく必要があると解されます。そのため、社外取締役といえども、勝手に社内を調査することができるわけではありません。

　他方で、本文で述べたとおり、取締役は、代表取締役の業務執行一般について、これを監視する職務を有します。この監視義務を適切に果たさなければ、任務懈怠の責任を負うことにもなりかねません。もっとも、権限のないところに責任はないのですから、不正行為等の何らかの問題が疑われる場合に、個々の取締役が自ら進んで調査等をしなかったからといって直ちに責任を負うことになるわけではありません。そのような疑いを抱くに至った（社外）取締役としては、まずは、取締役会の招集を求め、取締役会においてその点を指摘して調査を求めたり、監査役に報告したりする（会社法357条参照。取締役は、会社に著しい損害を及ぼすおそれがあることを発見したときは、直ちに、当該事実を監査役（会）に報告しなければなりません）などの対応を取ることが考えられます。その上で、取締役会が、必要と判断する場合は、その決議に基づき、社外取締役をはじめ、個々の取締役に業務財産調査権限の行使を委ねることになります。

コラム11　社外取締役の調査権限②──不祥事を把握した場合の対応

　社外取締役に対する期待が高まることに伴い、例えば、内部通報が社外取締役に対して直接行われることがしばしばあります。特に、経営トップによる不正（いわゆる経営者不正）の疑いについて、社外取締役に対して通報がされることがあります。

　CGコードにおいても、補充原則２−５①が、「上場会社は、内部通報に係る体制整備の一環として、経営陣から独立した窓口の設置（例えば、社外取締役と監査役による合議体を窓口とする等）を行うべきである」るとしています。

　このように窓口になるなどして内部通報を受けた社外取締役による「有事対応」に関し、グループガイドラインは、公表を要するような重大な事案を想定して、「有事対応においては、当該事案に利害関係のない独立社外取締役や独立社外監査役（独立社外役員）が、いわゆる第三者委員会の設置の要否を含めた調査体制の選択、同委員会の組成・運営において主導的な役割を果たすべきである」とし（98頁）、また、「当該事案について利害関係がない限り、独立社外役員が自ら委員長や委員に就任することも有力な選択肢になりうる」としています（100頁。なお、「『利害関係がある場合』とは、当該事案に対して具体的な関与があった場合や問題を把握しながら放置していたような場合をいい、単に取締役会での決議に賛成したことや議論に参加したこ

とのみをもって直ちにこれに当たると解することは適切ではない」とされています）。

　もっとも、前述のとおり、内部通報を受けた社外取締役といえども、当然に調査権限を有するわけではなく、その独自の判断により調査を進めることができるわけではありません。そのため、例えば、社外取締役が、そのような調査のために弁護士や会計士等の専門家を起用した場合に、その費用を会社に対して当然に請求することができるわけではありません。これらが認められるためには、取締役会の決議により、調査委員会の設置等を決議し、社外取締役に調査を主導させることとするなどの必要があります。

　ただし、経営者不正が疑われる場合において、まだ事案の全貌が判明していない初期の段階に、当該不正をしたと疑われる業務執行者の出席する取締役会において、その調査の在り方について議論することは、証拠隠滅のおそれ等も勘案すると適切でないといえます。

　そうすると、社外取締役としては、経営者不正を疑いながらも、当該不正を調査することができないという、進退窮まる状態となってしまいます。

　経営者不正が強く疑われる場合は、やや見切り発車的に社外取締役が調査を進め、その全容が明らかになった段階で、取締役会の決議により、社外取締役による調査を追認することが考えられます。

　これに対し、そこまで疑いが強いわけではない場合を含め、内部通報等により経営者不正の疑いを認識した以上は、何らかの調査をするほかはありません。そこで社外取締役としては、監査役と情報共有をし、法律上調査権限を有する監査役（会社法381条2項・3項）に調査を主導してもらうことも考えられます（なお、監査役は、原則として、その職務の執行について、会社に対し、支出した費用等の請求をすることができます。会社法388条）。

　また、このような経営者不正の疑いを検知した場合の調査の在り方について、あらかじめ内部通報規程その他社内規程に定めておくことが適切な対応であるといえます。

② 社外取締役がしてはいけない「業務執行」とは？

　①では、社外取締役に期待されている具体的な役割について述べました。このほか、近時、社外取締役の活躍する場面は、ますます増えています。例えば、いわゆるマネジメント・バイアウト（MBO）の場面では、対象会社の社外取締役が、対象会社に設置される特別委員会のメンバーとなり、買収価格をはじめとする買収条件の公正性を確保するため、買収条件について検討するほか、それにとどまらず、買収者との間で買収条件について交渉をすることがあります[1]。また、**コラム11**で述べたとおり、不祥事が発覚すれ

ば、調査手続及び調査内容の公正性を確保するため、社外取締役が、その調査委員会のメンバーとなって、関係者からの聴き取りや関係書類の閲覧等の調査を行うこともあります。

　逆に、社外取締役がしてはいけない職務というものはあるのでしょうか。

　この点について、**第１章Ⅰ①**で述べたとおり、社外取締役の要件の１つに、会社の「業務を執行した」取締役でないことという要件があります（会社法２条15号イ）。そして、一度でも会社の「業務を執行」してしまうと、社外取締役の要件を満たさないことになってしまいます。

　そのため、社外取締役の活躍する場面が増えれば増えるほど、社外取締役に任せようとする仕事が会社の「業務を執行」するものなのではないか、ある仕事を社外取締役に任せてしまうと、逆に、それが「業務を執行」に該当し、社外取締役として認められなくなってしまうのではないか、という法律上の問題が生じやすくなります。

　しかし、社外取締役だからこそ、すなわち、独立性が認められる立場にある者であるからこそ、上記のような役割を担ってもらうことが期待されているのに、それを遂行してもらうと社外取締役として認められなくなるというのは何ともおかしな話です。

---

1)　経済産業省が2019年6月に策定・公表した「公正なM&Aの在り方に関する指針－企業価値の向上と株主利益の確保に向けて－」は、「類型的に構造的な利益相反の問題と情報の非対称性の問題が存在するMBOおよび支配株主による従属会社の買収をその対象」とし（3頁）、これらの取引条件の公正さを担保することに資する実務上の具体的対応（いわゆる公正性担保措置）の1つとして、「特別委員会の設置」を挙げています（19頁）。特別委員会は、任意に設置される合議体であり、「①対象会社の企業価値の向上に資するか否かの観点から、M&Aの是非について検討・判断するとともに、②一般株主の利益を図る観点から、(i)取引条件の妥当性および(ii)手続の公正性について検討・判断する役割を担う」とされています（20頁）。そして、このような「特別委員会の役割に照らして、社外取締役が委員として最も適任であると考えられ、独立性を有する社外取締役がいる場合には、原則として、その中から委員を選任することが望ましい。また、社外取締役が委員長を務めることも、特別委員会の実効性を高めるため実務上の工夫の一つとして考えられる」、「特別委員会は、委員として最も適任である社外取締役のみで構成し、M&Aに関する専門性は、アドバイザー等から専門的助言を得ること等によって補うという形態が最も望ましいと考えられる。現状では、社外取締役が少数にとどまり、こうした形態をとることが困難な企業も多いと考えられるが、今後、多くの企業において、独立社外取締役が多数選任されるようになり、このようなより望ましい構成の特別委員会を設置しやすくなることが期待される」とされています（23〜25頁）。

　そもそも「業務を執行した」（業務執行）とは一体何でしょうか。この要件は、基本的に、監督を受ける者（被監督者）である業務執行者自身が、監督をする者（監督者）であってはならない、監督者と被監督者を分ける必要があるという発想に基づく要件です。趣旨は明確ですが、「業務を執行した」という文言自体の意味は必ずしも明確ではありません。そのように「業務を執行した」の外延がはっきりしていないからこそ、社外取締役の行うある行為の業務執行性が法律上問題となってしまいます。

　この点について、伝統的には、業務執行とは、会社事業に関する諸般の事務を処理することをいうと広く解されており、また、会社法の制定時には、会社の目的である具体的事業活動に関与することという見解が会社法の立案担当者により示されていました。

　これに対し、近時有力に主張されているのは、(ⅰ)取締役が「継続的」に業務に関与するか、又は(ⅱ)代表取締役等の業務執行機関の指揮命令下（従属した立場）において職務を行うことという考え方です[2]。

　会社の業務を「継続的に」行ってしまっていては、社外取締役といえども、「中の人」とみなされてしまいます。また、業務執行機関の指揮命令下で業務を行ってしまっていては、社外取締役もその業務執行機関の「部下」であり、その業務執行機関を適切に監督することを期待することはできません。

　このような考え方に従うと、特定の事項について、代表取締役等から「独立した立場」で「一時的に」関与することは、「業務執行」に該当しないこととなります。

　例えば、経済産業省の「コーポレート・ガバナンス・システムの在り方に関する研究会」（座長：神田秀樹・東京大学大学院法学政治学研究科教授（当時））の報告書「コーポレート・ガバナンスの実践～企業価値向上に向けたインセンティブと改革～」（2015 年 7 月 24 日）の別紙 3「法的論点に関する解釈指針」5 頁以下は、業務執行者の指揮命令系統に属して行われる行為が、「業務を執行した」に当たるとした上で、例えば、**図表 4-1** に掲げる行為は、通常は業務執行者の指揮命令系統に属しては行われない行為であり、原則として「業務を執行した」には当たらないとしています。

---

2)　田中亘＝後藤元＝長谷川顕史＝石井裕介「〈座談会〉会社法制の今後の課題と展望」商事法務 2000 号（2013 年）81～84 頁〔田中、後藤、石井発言〕、田中亘「MBO における特別委員会」金判 1425 号（2013 年）14 頁。

　結局は、社外取締役が、従業員（会社法上の「使用人」）と同様の立場で会社の仕事をすることがあってはならないということともいえるかもしれません。社外取締役は、あくまでも、「独立した立場」から会社の仕事をすることが求められていることの裏返しでもあります。

　もっとも、業務執行者の指揮命令下になく、業務執行者から独立していれば何でもできるのかというと、そういうわけではないと思います。社外取締役が営業をして取引先を見つけてくるようなことは、業務執行者から独立して行っていても、「業務を執行した」に該当するおそれが高いでしょう。社外取締役は、そもそも、代表取締役でないのはもちろん、また、会社法363条１項２号の会社の業務を執行する取締役として選定されているわけでもなく、さらに、使用人兼務取締役でもなく、専ら、取締役会のメンバーとしての職務を担うものとして置かれています。そのような取締役に期待されている役割は、あくまでも、取締役会の職務、すなわち、業務執行の意思決定と業務執行者に対する監督の範囲内のものであると考えられます。特に、ここで問題となっている「業務を執行した」という要件との関係では、あくまでも、「監督」の職務の範囲内の行為であることを当然の前提とした上で、それが、業務執行者から独立して行われている限りは、「業務を執行した」に該当しないと解し得るという議論として理解すべきです。

［図表４-１］　「法的論点に関する解釈指針」で示された「業務を執行した」に該当しない行為の例

① 業務執行者から独立した内部通報の窓口となること
② 業務執行者から独立した立場で調査を行うために、企業不祥事の内部調査委員会の委員として調査に関わること
③ 内部統制システムを通じて行われる調査等に対して、業務執行者から独立した立場に基づき、指示や指摘をすること
④ MBOにおける以下のような行為
　・対象会社の取締役会の意見表明（賛同の是非、応募推奨の是非、アドバイザーの選任等）について検討を行うこと
　・MBOや買付者に関する情報収集を行うこと
　・買付者との間で交渉を行うこと
⑤ 第三者割当による株式の発行、支配株主との重要な取引等を行う場合等、上場規則に基づき必要となる場合において、業務執行者から独立した立場から意見を述べること

⑥　任意に設置されたコンプライアンス委員会に出席し、自らの経験を基に役職員に対するレクチャーを行う等、社内におけるコンプライアンス向上の活動に関与すること

⑦　経営会議その他、経営方針に関する協議を行う取締役会以外の会議体に社外取締役が出席し、意見すること

⑧　社外取締役が、その人脈を生かして、自ら M&A その他の商取引の相手方を発見し、紹介すること

⑨　株主や投資家との対話や面談を行うこと

コラム 12　令和元年会社法改正⑤──業務執行の社外取締役への委託

　本文で述べたように、「業務を執行した」が何を意味するかは必ずしも明確ではなく、その外延ははっきりしません。そのため、社外取締役の活躍する範囲が広がれば広がるほど、「業務を執行した」に該当し、社外取締役の要件に抵触してしまうのではないかという懸念がますます強くなる可能性があり、また、そのことでかえって社外取締役の活躍する場面が限定的となるおそれがあり得ます。

　そこで、令和元年会社法改正は、会社の業務執行をしないことという社外取締役の要件との関係で、いわゆるセーフ・ハーバー・ルールを設けることとしています。すなわち、会社（指名委員会等設置会社を除きます）が社外取締役を置いている場合において、「当該株式会社と取締役との利益が相反する状況にあるとき、その他取締役が当該株式会社の業務を執行することにより株主の利益を損なうおそれがあるとき」は、当該会社は、その都度、取締役会設置会社にあっては取締役会の決議によって、当該会社の業務を執行することを社外取締役に委託することができるものとされています（会社法348条の2第1項）。なお、指名委員会等設置会社では、取締役は、基本的に、会社の業務を執行することができないこと（同法415条）から、上記の「当該株式会社と取締役との利益が相反する状況にあるとき、その他取締役が当該株式会社の業務を執行することにより株主の利益を損なうおそれがあるとき」とは、「指名委員会等設置会社と執行役との利益が相反する状況にあるとき、その他執行役が指名委員会等設置会社の業務を執行することにより株主の利益を損なうおそれがあるとき」と定められています（同法348条の2第2項）。

　そして、この場合は、社外取締役が業務執行取締役（指名委員会等設置会社にあっては、執行役）の指揮命令により当該委託された業務を執行したときを除き、当該委託された業務の執行は、会社法2条15号イに規定する会社の業務の執行に該当しないものとされています（同法348条の2第3項）。

　要するに、一定の場面において、取締役会の決議に基づき、社外取締役が、

「当該株式会社の業務を執行すること」の委託を会社から受けて当該業務を執行したことは、業務執行取締役の指揮命令下で執行する業務でない限りは、「業務を執行した」に該当しないものとする、すなわち、社外取締役の要件に抵触しない（社外性を失わない）というものです。

どのような事項でも会社から「委託」を受けてもいいというわけではなく、「当該株式会社と取締役との利益が相反する状況にあるとき、その他取締役が当該株式会社の業務を執行することにより株主の利益を損なうおそれがあるとき」という場面に限られています。

このような場面として、典型的には、①利益相反取引規制に係るいわゆる直接取引及び間接取引（会社法356条1項2号・3号、419条2項）が考えられますが、これらに限られるわけではありません。

②マネジメント・バイアウト（MBO）の場面、すなわち、取引の構造上、対象会社たる会社の株主と買収者である取締役との間に利益相反関係がある場面が考えられます。そして、このような取引の公正さを担保する措置として、対象会社の社外取締役が、対象会社の特別委員会の委員として、買収者との交渉等の対外的行為を伴う活動をする場合で、上記の新たな制度が利用されることが想定されます。

このほか、③会社とその親会社との間で取引が行われるような場面において、子会社たる当該会社の社外取締役が、親会社との間で交渉等を行う場合に、上記の新たな制度を利用することも考えられます。

上記の新たな制度は、このように限定的な場面で利用することができる制度ですので、頻繁に利用されるものではないと思われます。

なお、当該新たな制度は、あくまでも、セーフ・ハーバー・ルールとして設けられることが想定されています。すなわち、当該新たな制度に係る上記の要件に従わない形での社外取締役の活動が全て「業務を執行した」に該当してしまうことになるわけではありません。当該制度の導入前の会社法の解釈上、「業務を執行した」に該当しないと考えられている社外取締役の行為について、新たに「業務を執行した」に該当するものとすることが意図されているわけではありません。あくまでも、会社法の明文の規定の下で、「業務を執行した」に該当しない一例を示すものだということです。

③　社外取締役の職務の遂行と事業報告における開示

社外取締役が①で述べたような基本的な役割を担っていることを踏まえ、事業年度の末日において公開会社である会社の事業報告では、図表4-2に掲げる事項を含め、社外取締役の当該事業年度における主な活動状況を記載しなければならないとされています（会社法施行規則119条2号、124条4号）。

　図表4-2の④の当該社外取締役が果たすことが期待される役割に関して行った職務の概要は、令和元年会社法改正に伴う会社法施行規則の改正により新たに事業報告における開示が求められる事項です（会社法施行規則124条4項ホ）。当該事項にもみられるとおり、事業報告におけるこれらの事項の開示により、社外取締役が適切に活動しているかどうかについて、株主のチェックを受けることになり、もって、社外取締役がその役割・機能をきちんと発揮するように活動することが期待されているといえます。逆に言えば、社外取締役としても、このような事業報告による開示を通じて株主からのチェックを受けるということも十分に意識して、その期待される役割を果たすよう、社外取締役の職務を遂行することが求められます。

　ちなみに、令和元年会社法改正に伴う会社法施行規則の改正では、候補者が社外取締役候補者である取締役の選任議案に係る株主総会参考書類には、当該候補者が社外取締役に選任された場合に果たすことが期待される役割の概要を記載しなければならないこととされています（会社法施行規則74条4項3号、74条の3第4項3号）。

[図表4-2]　公開会社の事業報告における社外取締役の活動状況についての記載事項

以下に掲げる事項を含む、各社外取締役の当該事業年度における主な活動状況
①　以下の会議体への出席の状況及び発言の状況 　・取締役会 　・監査等委員である社外取締役である場合は、監査等委員会への出席状況 　・指名委員会等設置会社の監査委員である場合は、監査委員会への出席状況 ②　当該社外取締役の意見により当該会社の事業の方針又は事業その他の事項に係る決定が変更されたときは、その内容（重要でないものを除きます） ③　当該事業年度中に当該会社において法令・定款違反の事実その他不当な業務執行が行われた事実（重要でないものを除きます）があるときは、当該社外取締役が当該事実の発生の予防のために行った行為及び当該事実の発生後の対応として行った行為の概要 ④　当該社外取締役が果たすことが期待される役割に関して行った職務の概要（上記①～③の事項を除きます）

　なお、社外取締役の発言の状況については、全ての発言の状況を明らかにする必要があるわけではなく[3]、また、その発言の「内容」そのものを開示

する必要もありません。一般社団法人日本経済団体連合会経済法規委員会企画部会「会社法施行規則及び会社計算規則による株式会社の各種書類のひな型（改訂版）」（2016 年 3 月 9 日）（いわゆる経団連モデル）30 頁では、「発言の状況については、どのような分野についてどのような観点で発言したか等、発言の概要を記載すれば足りる」とされています[4]。

　実務上は、かなり概括的・包括的な記載（毎事業年度の事業報告で同じ記載ぶりを使い回すことも可能な記載）がされるケースが一般的です。この点については、コーポレート・ガバナンスを「形式」から「実質」に深化させることが強調される近時においては、社外取締役を設置するという形式が整いつつある中、社外取締役がその機能を十分に果たしており、形だけの社外取締役ではないということを株主に対してアピールするという観点から、その活動状況をより具体的に記載し、充実化させることも考えられるところです。

④　取締役会においてどのような意見・発言が求められているのか

　③で述べたとおり、公開会社では、社外取締役の活動状況が事業報告で開示されますが、その開示事項の１つに、取締役会等での発言の状況があります（会社法施行規則 124 条 4 号ロ）。

　これまで述べているとおり、社外取締役には、主に、業務執行者に対する監督の役割が求められています。そのような観点からは、社外取締役は、中長期の経営戦略・経営計画・経営目標や経営課題、コーポレート・ガバナンスに関する基本的な在り方、内部統制システムの在り方といった、会社が進むべき道や会社の大枠について、取締役会において、大所高所から、また、大局的な視点からの意見を述べ、業務執行者の見解・見方を質すことが求められています。

　また、取締役会に上程される個別の議案や業務執行者が行おうとしていることが、中長期の経営戦略等との関係でどのように位置付けられるのか、これと整合的かという観点から審査し、意見・質問を出すことが期待されています。

　他方で、社外取締役となる人物は多くの場合、他社の社長・CEO を務め

　3）　相澤哲＝郡谷大輔「事業報告」相澤哲編著『立案担当者による新会社法関係法務省令の解説』別冊商事法務 300 号（商事法務、2006 年）50 頁。

　4）　http://www.keidanren.or.jp/policy/2016/017.pdf

る経験を有するなど、豊富な経営経験を有していたり、特定の分野について優れた識見を有していたりします。そうすると、自分がよく知っている分野等について、つい細かいことにまで、また、あたかも自分自身が業務執行者であるかのように、いろいろと口を出したくなるかもしれません。

　また、社外取締役として取締役会に出席している以上、何か発言しなければならないという思いに駆られ、つい、本質的でない、枝葉末節な部分について、意見を述べてしまうこともあるかもしれません。

　社外取締役の意見だからといって当然に尊重しなければならない、採用しなければならない、というものではありませんが、意見を言われた執行側としては、やはり、社外取締役の意見である以上は尊重せざるを得ず、それを何とか実行しようとしてしまうのではないかと思います。しかし、社外取締役の意見が、本質的でないものであったり、実は、当該会社の置かれた状況等を踏まえると的を射ていないものであったりすると、現場に無用の負担をかけるだけになってしまいます（社外取締役としても、いうまでもなく、社外取締役なりに会社を良くしよう、会社のためと思って意見を述べているはずですが、そのような善意の的外れな意見が、現場としては最も扱いづらいものであるということは、しばしばあるのではないかと思います）。

　そのため、社外取締役としては、もちろん、述べるべき意見は述べる必要がありますが、基本的には、会社の経営は執行側に任せている、自身は監督に注力するというスタンスに立ち、細かいことについて意見を述べることはぐっと堪えることが肝要です。

　この点について、社外取締役ガイドラインにおいても、「『非業務執行』という立場から、過度に細かい業務執行に立ち入らない」とされ、「取締役会に付議される個別の業務執行の決定に関する議案について、取締役会で決定した『経営の基本方針』や経営戦略との整合性、その検討体制やプロセスが適切なものになっているかを確認することは監督の一環として重要であるが、それを超えて、社外取締役が日常の業務執行に過度に細かな口を出すことには慎重であるべきである」、「特に経営経験を有する社外取締役は、その豊富な経験に基づき、個別の業務執行に対して細かなアドバイスを行う能力を兼ね備えている場合が多いと考えられるが、社外取締役の最も重要な役割が経営『監督』であることに鑑み、『執行』と『監督』の役割分担を十分意識した上で、より中長期的かつ大局的な視点から経営の監督にあたることが期待

される」とされ（17頁）、社外取締役が執行の細かなことに関わることがかなり強いトーンで戒められています。「執行」は社長・CEO をはじめとする経営陣が担い、社外取締役は、それを「監督」するという基本的な役割分担を理解し、意識することが重要であるということです。

　また、社外取締役ガイドラインの「社外取締役の声」においても、以下の声が紹介されており（太字は筆者）、実際、社外取締役もこの点について留意していることが窺えます。

　　「社外取締役は、社内の役員が気付かないような本質論について議論を行い、後は執行陣に任せる。そのバランスが大事だと思っている。社外取締役が大枠の方向性についてヒントを出し、執行陣が細かいところを調整することにより、上手い具合に噛み合う。執行するのは執行陣であり、逐一あれはこれはと執行について意見を言うのは効果的ではないと思う。」

　　「社外取締役として気を付けていることは、執行のマイクロマネジメントにならないようにするということだ。社外取締役は自分が経営側に立ってやってきた方が多いので、つい執行の領域に深く入り、全てを決めたくなってしまいがちだが、それはあくまでも執行側の役割であり社外取締役の役割ではない。そこまで執行に携わりたいのであれば、業務執行取締役に就任すべきだ。」

　　「社外取締役が経営コンサルのように執行の細部に口を出すというのは本質的な役割ではない。」

　　「具体的にこうすれば良いという細かな提案を言おうと思えば言えるが、あえてあまり言わないように心掛けている。」

　　「社外取締役の中には、まさにそれは執行の話ではないかというところまで、どんどんどんどん細かなことを知りたがる人がいる。**確かに、ある程度深いところまで執行の中身を聞かないと判断できないケースもあるが、やはりどこかの段階で執行に任せなければならない。」**

⑤　取締役会の準備

　社外取締役が取締役会において適切な発言をするためには、その準備が十分にできている必要があることはいうまでもありません。

　この点について、昨今は、取締役会の開催に先立って、取締役に対し、取

締役会資料が提供される（事前送付される）のが一般的です（Ⅱ[2]参照）。したがって、社外取締役も、取締役会に臨むに当たり、事前に取締役会資料に目を通し、決議事項及び報告事項はそれぞれ何か、ポイントはどこにあるか、質問すべき点は何かということをあらかじめ把握することができます。

　そうはいっても、例えば、取締役会の前日等の直前に大部な資料が送られてきた場合に、社外取締役があらかじめそれに目を通しておくことは難しいでしょう。そのような場合は、取締役会資料にサマリーが付いていれば、せめてそれだけは読んで取締役会に出席したいところです。また、そのような観点からも、会社側において、取締役会資料にサマリーを付けておくのが望ましい場合も少なくないと思われます。

　さらに、取締役会資料を読んだ場合に、疑問点や質問が生ずることや、関連する他の資料も併せて見ておきたいこともあると思います。疑問点や質問については、取締役会の場で解消し、また、他の取締役と共有すべきものもあるでしょうが、内容によっては、あえて取締役会の場で質問するほどのものでもなく、むしろ前提知識として理解した上で取締役会の場に臨むべきものもあるでしょう。

　そこで、事前に、そのような質問や関連資料のリクエストを取締役会事務局に行っておくことも考えられます。事前説明の場が設けられる場合は、その場で行うことになります。

　なかなか時間が取りづらい社外取締役でありますが、取締役会当日の議論を効率的に、また、実効的に行うために、準備もしっかり行う必要があります。

Ⅱ　会社側が配慮すべきポイント

[1]　取締役会の開催頻度・開催時間

(1)　会社法上の規律

　取締役会の開催頻度について、会社法上は、少なくとも3か月に1回は取締役会を実際に開催（実開催。リモートでの開催（バーチャル開催）を含みます）しなければならないとされています。これは、代表取締役をはじめとする業務執行取締役は、3か月に1回以上、自己の職務の執行状況を取締役会に報告しなければならないとされている（会社法363条2項）ところ、当該職務執行状況の報告については、他の取締役や監査役に対して報告すべき事

項を「通知」することによってこれを省略すること（いわゆる書面報告、同法372条1項）[5] が認められていないことによるものです（同条2項）。すなわち、当該職務執行状況の報告については、必ず取締役会を実開催して行わなければならないのです。そのため、業務執行取締役が職務執行状況を報告するため、少なくとも3か月に1回は、取締役会を開催しなければならないことになります。

　それ以上にどの程度の頻度で取締役会を開催するかは、各会社の任意の判断に委ねられています。実務上は、定例取締役会が1か月に1回開催されるのが通常であり、そのほか、定時株主総会終了後や四半期決算のタイミングで開催されることや、緊急の案件等への対応として、臨時取締役会が開催されることがあります。取締役会の開催頻度について、月1回と回答した会社が最も多かった（711社中598社、84.1％）というアンケート結果[6] や、上場会社（監査役会設置会社）における取締役会の年間開催数（平均）が14.45回であったというアンケート結果[7] があります。

　また、取締役会の各回の開催時間について、会社法その他法令における特段の規制はありません。午後1時から開催するというもののほか、午前9時又は10時から開始してお昼頃には取締役会自体は終了し、その後、取締役と監査役が一緒に昼食を取りながらざっくばらんに会話をするというケースも考えられます。上場会社（監査役会設置会社）1,464社における取締役会1回当たりの平均所要時間について、「1時間以上～2時間未満」が最も多い824社（56.3％）、「2時間以上～3時間未満」が307社（21.0％）、「1時間未満」が269社（18.4％）、「3時間以上～4時間未満」が52社（3.6％）、「4時間以上」が12社（0.8％）であったとのアンケート結果があります[8]。

5）　書面報告とは、会社法372条1項に定める取締役会への報告の省略のことをいい、厳密には、取締役、会計参与、監査役又は会計監査人が取締役及び監査役の全員に対して取締役会に報告すべき事項を通知したときは、当該事項を取締役会へ報告することを要しないというものです（(5)ウ参照）。

6）　別冊商事法務編集部編『改正会社法下における取締役会の運営実態——平成26年改正を受けて』別冊商事法務415号（2016年）12頁。

7）　公益社団法人日本監査役協会「役員等の構成の変化などに関する第21回インターネット・アンケート集計結果　監査役（会）設置会社版（2021年5月17日）」57頁。

8）　日本監査役協会・前掲注7）58頁。

(2)　社外取締役への配慮①──早期のスケジュール調整

　社外取締役は、当該会社の社外取締役としての役割以外に、本来の仕事である「本業」（例えば、自身で経営をしている会社の社長職）を有しているのが通常です。そのため、月に1回といえども、3～4時間ほどを社外取締役としての仕事に時間を割くことが容易ではないこともあります。

　また、社外取締役に就任している会社の数も、当該会社以外に1～3社程度あることも珍しくありません。そのように社外取締役の兼任数が多い社外取締役がいると、取締役会の開催スケジュールの調整も容易ではありません。

　そのため、新年度である4月の前のタイミングなどで、向こう1年間、場合によっては2年間の取締役会の開催日を設定しておくなど、スケジュール調整を早めに行っておく必要があります。

(3)　社外取締役への配慮②──取締役会の開催回数・開催時間の減少

　社外取締役にとって、1か月に1回の取締役会の開催頻度が多いと感じられるケースでは、取締役会に出席しやすくするため、2か月に1回にするなど、その開催頻度を減らすことも考えられます。もっとも、開催頻度をただ減らすのみでは、それまで毎月の取締役会に上程されていたことが2か月に1回の取締役会にまとめて上程されることになり、各回の取締役会における負担が増えるだけの結果になるおそれもあります。そのため、**第2章Ⅲ②**でも述べましたが、取締役会の決議事項を減らす（決議事項のスリム化、アジェンダセッティングの見直し）など、取締役会の議題を減らす取組みも併せて行うのが適切です。

　また、開催頻度を減らすことは難しく、月1回の開催は続けるとしても、例えば、四半期決算・本決算に係る月は長時間の開催としつつ、それ以外の開催月は1時間の開催とするなど、開催時間にメリハリをつけるといった工夫をすることも考えられます。

> **コラム13**　3か月に1回の取締役会の開催とする場合の留意点
>
> 　社外取締役が取締役会に出席しやすくするため、取締役会の開催頻度を法定の最小限の頻度まで下げ、3か月に1回の開催とすることが考えられます。
> 　この場合に、厳密に3か月に1回の開催とする、すなわち、前回の開催日

から次回の開催日までの間に3か月超の時間が空いてしまわないにようにする必要がある点に留意しなければなりません。例えば、取締役会を4月10日に開催したところ、次回の開催が7月15日となりますと、両取締役会の開催日の間が3か月を超えて空いてしまいます。この場合には、実開催の取締役会において業務執行取締役が「3か月に1回以上」職務執行状況を報告しなければならないという会社法の義務を果たしていないことになります。

　もっとも、3か月に1回以上の取締役会の実開催という会社法の規律については、これを怠った場合の特段の罰則はありません。これを怠った場合には、法律に従って職務執行状況を報告しなかった業務執行取締役の任務懈怠の責任や、当該報告を適時適切に受けていなかった他の取締役の任務懈怠の責任を問われることが理屈上考えられるだけです。

　そのため、上記の例のように、前回の開催から3か月を数日超えて次回の取締役会が開催されたからといって、直ちに重大な問題が生ずるわけではありません。

　とはいっても、3か月に1回の開催とする場合、会社法に従った取締役会の開催という観点から、取締役会事務局としては、3か月を超えない期間内に次回の取締役会を開催するよう、取締役会の開催スケジュールを適切に調整・管理する必要があります。

(4)　社外取締役への配慮③——電話会議システム・テレビ会議システム・ウェブ会議の方法による取締役会の実開催

　取締役会を実開催する場合であっても、取締役が取締役会の開催場所に必ずしもいなければならないわけではありません。取締役が取締役会の開催場所いなくとも、電話会議システム又はテレビ会議システムの方法や、近時は、新型コロナウイルス感染症の影響もあってウェブ会議の方法により、取締役会に「出席」することができます（会社法369条3項、会社法施行規則101条3項1号参照[9]、平成14年12月18日付け法務省民商第3044号法務省民事局商事課長回答（以下「平成14年商事課長回答」といいます））。このような取締役の「リモート出席」の方法により開催された場合も、取締役会の実開催として

---

9)　会社法施行規則101条3項1号は、取締役会の議事録の記載事項として、取締役会の開催場所に「存しない」取締役や執行役、監査役等が取締役会に「出席」をした場合における当該出席の方法を掲げています。このように、取締役会の開催場所にいない取締役等が取締役会に「出席」することは、法の予定しているものであるといえます。

認められます。

　そのため、社外取締役が多忙等により、取締役会の開催場所に来ることができない場合であっても、電話会議システムやテレビ会議システム、ウェブ会議を利用することにより、その出席を確保することが考えられ、これを利用する会社も珍しくありません。移動中に携帯電話を通じて電話会議システムの方法により出席する社外取締役もいます。

　このような電話会議システム等による取締役会の開催に当たっては、出席者が一堂に会するのと同等の相互に十分な議論を行う、すなわち、適時的確な意見表明を互いに行うことができる状態で開催される必要があります。要するに、①情報伝達の双方向性及び②即時性が確保されており、取締役会の開催場所に存しない取締役が、当該開催場所に存するのとあたかも同じような状態である必要があるということです[10]。

　そのため、電話会議システムやテレビ会議システム（さらには、そのようなシステム化されたものでなくとも、ハンズフリー機能やスピーカーフォン機能を有する電話機を利用することも含まれます[11]）を利用して取締役会を開催する場合には、取締役会の開催の冒頭で、①情報伝達の双方向性及び②即時性が確保されていることを確認し、また、実際に、取締役会の初めから終わりまで、システム等に異状がなく、審議に支障が生じていない必要があり、かつ、これらの点を取締役会の議事録に明記（「電話会議システムにより、出席者の音声が即時に他の出席者に伝わり、出席者が一堂に会するのと同等に適時的確な意見表明が互いにできる状態になっている旨」及び「電話会議システムを利用した取締役会は、終始異状なく議題の審議が終了した」旨を記載）しておく必要があります[12]。

---

10)　福岡地判平成23年8月9日（裁判所ウェブサイト）は、「取締役会は、個人的な信頼に基づき選任された取締役が相互間の協議ないし意見交換を通じて意思決定を行う会議体であるから、遠隔地にいる取締役（以下「遠隔地取締役」という。）が電話会議方式によって取締役会に適法に出席したといえるためには、少なくとも、遠隔地取締役を含む各取締役の発言が即時に他の全ての取締役に伝わるような即時性と双方向性の確保された電話会議システムを用いることによって、遠隔地取締役を含む各取締役が一同〔原文ママ〕に会するのと同等に自由に協議ないし意見交換できる状態になっていることを要するものと解するのが相当である」と判示しています。

コラム 14　チャットの方式による取締役会の「実開催」

　本文で述べたとおり、①情報伝達の双方向性及び②即時性が確保される限りは、取締役会の開催場所にいない取締役が取締役会に「出席」することも可能です。そのため、電話会議システムやテレビ会議システム、ウェブ会議以外の方法で、取締役会の開催場所にいない取締役が取締役会に参加することができる可能性があります。

　この点について、会社法の立案担当者は、情報伝達の双方向性及び即時性が確保されるなどの一定の要件を満たす限りにおいて、インターネットによるチャット等の方式による取締役会への出席も認められると解しています（相澤哲＝葉玉匡美＝郡谷大輔編著『論点解説　新・会社法』（商事法務、2006 年）363 頁）。

　インターネットによるチャットも、通常は、情報伝達の即時性が認められるでしょう。

　他方で、情報伝達の双方向性については、チャットで参加する取締役以外の取締役が 2 名以上いるとすると、チャットで参加していない当該取締役らの議論状況は、チャットで参加している取締役には分からないことになりま

11)　なお、前掲注 10)・福岡地判平成 23 年 8 月 9 日は、取締役会が開催された会議室にある、スピーカーフォンの機能のない固定電話から、別の場所にいる取締役の携帯電話に電話をかける方法で当該取締役が当該取締役会に参加しようとした事案において、当該取締役の取締役会への出席の有無が問題となったところ、取締役会に適法に出席したと判断することはできないと判示しています（具体的には、「Ｂ〔引用者注：携帯電話で取締役会に参加しようとした取締役を指します〕の携帯電話と本件会議室の本件固定電話は、本件取締役会開催直前から閉会時までの間、回線で接続されて通話状態にあったものの、本件固定電話がスピーカーフォンではなかったため、本件取締役会の開催時から閉会時までの間、本件会議室にいる誰かが本件固定電話の受話器を耳に当てなければＢの発言は聞き取れない一方、Ｂも、本件会議室にいる誰かが当該受話器に向かって話さない限り、本件会議室における話の内容をほとんど認識できない状態となっていた。そして、Ｂは、……本件会議室でなされていた議論をほとんど聞き取れていなかっただけでな……かったものである。これらの事実からすれば、Ｂの携帯電話と本件固定電話の回線が本件取締役会の開会時から閉会時までの間接続されていたとしても、そのことをもって即時性と双方向性の確保された電話会議システムを用いていたと評価することはできないのであって、Ｂを含む当時の原告の各取締役が一同〔原文ママ〕に会するのと同等に自由に協議ないし意見交換できる状態になっていたものと認めることはできない。したがって、Ｂについて、本件固定電話と回線で接続された携帯電話の通話で本件取締役会に参加しようとしたことをもって、本件取締役会に適法に出席したと判断することはできないというべきである」と判示しています）。

12)　平成 14 年商事課長回答の解説である登記研究 662 号（2003 年）171〜173 頁参照。

す。チャットで参加している取締役には、音声でその議論の状況が聞こえるようにすると、あえてチャットで参加する必要は低く、電話会議で参加すれば足りるようにも思われます。そのため、チャットで取締役会を開催するとすると、取締役全員がチャットで参加することが前提となり、その場合には、双方向性も確保されているといえるのではないかと思います。

　チャットの方式で取締役会を開催する場合は、チャットで参加している人物が取締役本人であることの確認方法や情報セキュリティの確保の在り方についてを検討しておく必要があります。

　また、電話会議システムやテレビ会議システムについては、これらの方法によって開催・決議された取締役会の議事録が登記申請の添付書類として認められることは、平成14年商事課長回答により明らかです。これに対し、インターネットによるチャットの方式で開催・決議された取締役会の議事録が、登記申請の添付書類として認められるかは必ずしも明らかではありません。そのため、登記申請が必要となる事項について決議する取締役会をチャットの方式で開催することについては、あらかじめ法務局に相談するなど、慎重な対応が必要となり得ます。

(5)　社外取締役への配慮④——書面決議・書面報告の活用

ア　総　論

　電話会議システムやテレビ会議システムを利用しても、社外取締役が取締役会に出席することができないこともももちろんあり得ます。

　そのような場合に、いわゆる書面決議・書面報告の方法によって、取締役会の決議又は取締役会への報告を行うことを積極的に検討すべきです。

　取締役会は、これまで述べてきたとおり、実際に会議を開催する（実開催）のが原則です。そのため、原則として、持ち回り方式や稟議により取締役会の決議を経ることができないと解されています（最判昭和44年11月27日民集23巻11号2301頁）。

　このように実開催が原則とされているのは、取締役がその才能・資質を信頼して会社の経営を任された者であり、そのような取締役間の協議と意見の交換により取締役の知識と経験とを結集し、慎重な審議を経た上で会社にとって一定の妥当な結論を生み出すことが重要であり、また、期待されるためです[13]。

---

13)　大隅健一郎＝今井宏『会社法論中巻〔第3版〕』（有斐閣、1992年）182〜183頁。

　他方で、この実開催の原則を厳格に貫くと、機動的な会社運営が阻害されることにもなりかねません。

　そこで、会社法は、いわゆる取締役会の書面決議及び書面報告を認めています。すなわち、一定の要件を満たすことを条件として、取締役会の決議の目的である事項について、当該事項を可決する旨の取締役会の決議があったものとみなすことができます（会社法370条）。また、取締役、会計参与、監査役、執行役又は会計監査人が取締役（監査役設置会社にあっては、取締役及び監査役）の全員に対して取締役会に報告すべき事項を通知したときは、当該事項を取締役会へ報告することを要しないものとされています（同法372条）。このように、会社法上、例外的にではありますが、取締役会の実開催をしない方法による取締役会の決議や取締役会への報告が認められています。

　これらの書面決議・書面報告を利用することによって、社外取締役が都合により出席できない実開催の場での取締役会の決議を回避しつつ、会社運営の機動性を確保することも十分に検討に値します。

　イ　書面決議とは[14]

　書面決議とは、取締役が取締役会の決議の目的である事項について提案をした場合において、当該提案につき取締役（当該事項について議決に加わることができるものに限ります）の全員が書面又は電磁的記録により同意の意思表示をしたときに、当該提案を可決する旨の取締役会の決議があったものとみなすことをいいます（会社法370条）。取締役の全員の同意は、書面による同意だけでなく、たとえば、電子メールの方法（電磁的方法）による同意も認められています[15]ので、厳密には、「書面」決議に限られないわけですが、慣例上、書面決議といわれています。

　書面決議を行うためには、より具体的には、以下の要件を満たす必要があります。

14）　取締役会の書面決議については、拙稿「社外取締役の増加で検討したい　取締役会の書面決議の活用ポイント」旬刊経理情報1504号（2018年）23頁もご参照ください。

15）　株主総会の書面決議を定める会社法319条に関するものではありますが、同条に基づく株主の書面又は電磁的記録による同意の意思表示について、電子メールの方法による同意の意思表示を認めるものとして、岩原紳作編『会社法コンメンタール7――機関（1）』（商事法務、2013年）314頁〔前田重行〕参照。

> ①　会社法370条に基づく書面決議を許容する定款の定めがあること
> ②　取締役が取締役会の決議の目的である事項について提案したこと
> ③　上記②の事項について議決に加わることができる取締役の全員が上記②の提案について書面又は電磁的記録により同意の意思表示をしたこと
> ④　監査役が上記②の提案について異議を述べていないこと（監査役設置会社の場合）

　実開催による決議と書面決議のいずれであっても、十分な情報の下で、適切に判断をするのに機が熟した事項について決議すべきことに変わりはありません。とりわけ、取締役会の書面決議の提案がされた場合には、取締役間での議論が実際にされるわけではありませんので、その提案を受けた各取締役としては、当該議案の賛否の検討とは別に、当該議案が取締役会の書面決議をするのに相応しいか、すなわち、決議をするに機が熟しているかという観点からの検討を意識的に行う必要があります。そのため、当該議案自体に対して必ずしも反対であるわけではないものの、取締役間の議論・検討がまだ十分に行われていない、他の取締役の意見を直接聴きたいなどという場合に、書面決議を行うことに賛成することができないということもあり得ます。そのように考える取締役又は監査役としては、書面決議の提案に対して不同意とし、若しくは異議を述べ、又は書面決議の手続に入らないように取締役会事務局等と調整することが考えられます。

　書面決議の有用性自体はいうまでもありませんが、特に社外取締役としては、執行側が案件をとにかく前に進めるために安易に書面決議を利用しようとしていないか（実開催をすると社外取締役から厳しい指摘を受けるなどして、再検討や次回の取締役会に持越しといったことにもなりかねず、それを避けたいという動機がないか）という点にも注意を払った上で、書面決議による提案に係る事項について同意をするかどうかということを検討することが求められます[16]。

　取締役会の書面決議については、取締役会の決議を要する案件について、例えば、取締役会の正式な機関決定を要するまでにはまだ至らない、交渉段階・検討段階といった途中段階で、まずは報告事項や審議事項として取締役会に上程し、取締役会において議論した上で、正式な機関決定は、書面決議で行うという利用方法が考えられます。

ウ　書面報告とは

　書面報告は、取締役、会計参与、監査役、執行役又は会計監査人が取締役（監査役設置会社にあっては、取締役及び監査役）の全員に対して取締役会に報告すべき事項を通知したときは、当該事項を取締役会へ報告することを要しないというものです（会社法372条1項・3項）。これにより、取締役会に報告をするためだけに、わざわざ取締役会を開催しないで済むことになります。

　会社法372条1項は、取締役らへの通知の方式について特に定めていません。そのため、書面や電磁的方法での通知に限らず、口頭での通知でも足ります（「書面報告」という呼び名も、会社法上は必ずしも正確ではありませんが、慣例的にそのように呼ばれています）。もっとも、何を通知したかということが後日分かるようにするため、書面や電子メール（電磁的方法）より通知するのが望ましいといえます。

　書面報告を行うために定款の定めがあることは、要件とされていません。

　他方で、書面報告を利用することができない場面が会社法上定められています。それは、前述のとおり、代表取締役その他業務執行取締役が3か月に1回以上行わなければならない、自己の職務執行状況についての取締役会への報告（会社法363条2項）です（同法372条2項）。このように、代表取締役らによる職務執行状況報告は、書面報告が認められていないため、取締役会を実開催した上で行わなければなりません。そして、当該職務執行状況報告は、上記のとおり、3か月に1回以上行わなければなりません。その結果、会社法上、取締役会は、3か月に1回以上実開催しなければならないことになります。

---

16)　なお、東京証券取引所『2020～21　新規上場ガイドブック（マザーズ編）』（2020年）115頁では、「取締役会の決議にあたっては、原則として、取締役及び監査役全員出席のもと、議論がなされた上で決議することが望ましいと考えられます。一方、会社法第370条では一定の条件のもとで、書面又は電子的記録による決議（以下、「書面決議等」といいます。）が認められています。しかしながら、書面決議等は、取締役会における経営の意思決定の迅速化を図ることができる一方、実質的な議論がなされないまま重要事項が決議される可能性もあるため、コーポレート・ガバナンスを有効に機能させるという観点から望ましくないケースも考えられます。したがって、上場審査においては書面決議等を一律否定するものではありませんが、書面決議等を行っている場合には、コーポレート・ガバナンスが有効に機能しているかどうかを個別に確認することとなります」とされています。
　そのため、東京証券取引所における上場審査に当たっては、取締役会の書面決議が行われていることがマイナスに捉えられるおそれがあります。

⑹　社外取締役への配慮⑤——取締役会への出席率が低くなりすぎないこと

　前述のとおり、多忙な社外取締役が取締役会に欠席する場合もあり得ます。

　他方で、機関投資家の一部や議決権行使助言会社は、**図表4-3**のとおり、その議決権行使基準において、取締役会への出席率が一定割合を下回る社外取締役の再任議案について、反対票を投ずる（反対の議決権行使を推奨する）としています。社外取締役の取締役会への出席率については、**図表4-3**のとおり、議決権行使助言会社（Institutional Shareholder Services 及び Glass Lewis）や多くの機関投資家は、75％未満である場合に、当該社外取締役の再任議案に反対するとしていますが、機関投資家の中には、これよりも高い80％未満（コモンズ投信、三井住友DSアセットマネジメント）や85％未満（アセットマネジメント one）を基準とするものもあります。

　このような議決権行使基準に基づき、取締役会への出席率が低い社外取締役については、反対票が集まる可能性があります。そのため、社外取締役が、極力、取締役会に出席する必要があることはいうまでもありませんが、会社としても、社外取締役の出席率が低くならないように、可能な限り社外取締役の都合にも合わせて取締役会のスケジュールを組むことや、社外取締役が出席しやすくするために取締役会の開催頻度を下げること（ただし、下げすぎると、逆に、1回の欠席が出席率の低下に与えるインパクトが大きくなりますので、留意が必要です）などを検討することが求められます。

　ところで、機関投資家は、社外取締役の出席率をどのようにして知るのでしょうか。

　Ⅰ③のとおり、事業報告には、社外取締役の取締役会への出席の状況を記載する必要があります（会社法施行規則124条4号イ）。

　各取締役会についての個別の出欠状況まで明らかにする必要はないですが、取締役会への社外取締役の参加状況が明らかになるような開示をすべきであるとされています[17]。

　この点に関し、機関投資家の中には、社外取締役の選任議案について、取締役会への出席率を確認することができない場合や出席率を把握できる明確な情報が開示されていない場合は、当該社外取締役の再任に反対するとしているものがあります（例えば、ちばぎんアセットマネジメント、三井住友トラス

---

17)　相澤＝郡谷・前掲注3）50頁。

ト・アセットマネジメント、大和アセットマネジメント、アセットマネジメントOne）。

　また、**図表4-3**の機関投資家のように、具体的な出席率によって、社外取締役の再任議案への賛否を決することとしている機関投資家も、概括的な記載であるために実際の出席率が分からない場合は、反対票を投ずる可能性があります。

　そのため、対象の事業年度中に取締役会が何回開催され（出席率における分母）、個々の社外取締役がそのうち何回出席し（出席率における分子）、その出席率が何割かといったことまで具体的に記載することが望ましいといえます。最近は、取締役選任議案に係る株主総会参考書類において、取締役会や各委員会への出席率を記載するケースも増えています。

　なお、上記の事業報告における開示の対象は、社外取締役の取締役会への「出席」の状況ですので、取締役会が実際に開催されていることが前提となります。そのため、書面決議によって取締役会の決議が行われた場合は、上記の出席率の分母にはカウントされません。他方で、テレビ会議や電話会議等で取締役会に出席した場合は、もちろん、取締役会への「出席」として適法に扱われますので、出席率における分子にカウントされます。

　ところで、出席の状況の開示において、取締役会への欠席の理由を記載することまでが求められているわけではありません。しかしながら、他の社外取締役の出席率よりも出席率が低い社外取締役については、その理由（例えば、病欠など）を記載し、その欠席がやむを得ないものであることや恒常的なものではないこと等を事業報告や株主総会参考書類に記載することにより、当該社外取締役の機能の発揮において不都合がないということを株主に対して明らかにすることも十分に検討に値します。

　[図表4-3]　社外取締役の選任議案に係る社外取締役の出席率についての議決権行使基準（下線は筆者）

日本生命保険

5. 取締役の選任
【精査基準】
（ハ）社外取締役の選任
　②社外取締役等の出席率
　社外取締役等の経営監督機能が不十分と判断される　(取締役会または各委員会の出席率が3分の2未満)　場合

【賛否の考え方の例】
＜賛成となる主な例＞
〈（ハ）－②社外取締役等の出席率の例〉
・当該年度における社外取締役の経営監督機能の発揮状況について納得的な説明があり、十分に出席できなかった理由についても相応の事情がある場合で、具体的な改善取組内容を確認のうえ、今後の改善が見込めると判断される場合
＜反対となる主な例＞
〈（ハ）－②社外取締役等の出席率の例〉
・十分に出席できなかった理由について相応のやむを得ない事情が確認できない場合や、出席率が低位にとどまる社外取締役が当該企業の経営に対してどのように貢献しているかについて納得的な説明が得られない場合
・兼務先の会議等と日程が重なっているため当該企業の取締役会への出席率が低位にとどまっているにも関わらず、同様の兼務先から新任者を選任し、改善に向けた取組が確認できない場合

住友生命保険

前年度の取締役会等※への出席率が75%未満の候補者の再任には原則不賛同とする。
※指名委員会等設置会社における取締役は、所属の委員会を含む。
　欠席理由が以下のような場合は、当該欠席回数を調整して出席率を判定。
・　臨時取締役会等で招集が急であったことにより都合がつかなかったため。
・　定時取締役会等で直前に急な日程変更があり都合がつかなかったため。
・　急病のため。
・　悪天候による公共交通機関の運休のため。

第一生命保険

	議案	行使基準	考慮すべき特別な事情
1.　取締役選任議案	(5)　取締役会への出席率の低い社外取締役の再任（東証一部上場企業が対象）	社外取締役の取締役会の出席率が直近1年間で75%に満たない場合、原則として反対する。	ア．病気やケガによる入院等、欠席の理由がやむをえない事情によるものであり、かつ、再任後の出席率が改善すると判断できる場合

三井住友トラスト・アセットマネジメント

議案内容	原則基準	例外基準
社外取締役選任	⑭　取締役会、監査委員会、または監査等委員会への出席率が75%未満、または確認できない場合、当該社外取締役の再任に反対	・欠席の理由がやむを得ない事情によるものと判断される場合は、賛成

Institutional Shareholder Services（ISS）

出席率
社外取締役が経営に対する監督として効果的に機能するには、積極的に取締役会の議論に参加す

る必要がある。そのため、ISSは社外取締役の取締役会への出席率に注視する。合理的な理由（注）がなく、社外取締役の取締役会への出席率が75％未満の場合、原則として再任に反対を推奨する。

また、指名委員会等設置会社の監査委員である社外取締役の監査委員会の出席率が75％未満の場合、監査等委員会設置会社の監査等委員である社外取締役の監査等委員会の出席率が75％未満の場合にも反対を推奨する。

(注)「多忙」や「海外在住」などは合理的な理由とは判断できない

Glass Lewis（グラス・ルイス）

グラス・ルイスは、役員の活動状況を精査する際、当該役員の取締役会、監査役会、または委員会への出席状況も重要な要素の一つであると考える。年間を通して出席率が75％に満たない役員に対して反対助言を行う。(注)

(注) 取締役または監査役の在任期間が１年未満の場合には、出席状況に基づいた反対助言は控える。また、病欠など止むを得ない理由がある場合、その理由が開示されていれば、状況に応じて反対助言を控える場合もある。

コモンズ投信

再任社外取締役候補の取締役会出席率が低い（80％未満）場合は原則反対とします。

三井住友DSアセットマネジメント

④社外取締役の活動状況に関する基準
取締役会への当該期出席率が80％未満、もしくは兼職数が当該企業を含め上場企業５社相当を超える場合は、合理的な理由がある場合を除き、基準抵触とする。

アセットマネジメントOne

ガイドライン	議案判断基準
・社外取締役による取締役会への監督・牽制機能および実効性を確保する観点から、取締役会への出席率等を勘案し、問題があると認められる社外取締役の再任に対し、原則として反対する。	○取締役会への出席率が85％未満の場合、原則反対。 ○監査等委員である社外取締役は、取締役会または監査等委員会の何れかへの出席率が85％未満の場合、原則反対。 ○各会への出席状況を具体的に把握するための情報が開示されていない場合、原則反対。

② 社外取締役への取締役会資料の事前送付

　社外取締役は、必ずしも会社の事業内容に精通しているわけではなく、会社の状況を適時に把握しているわけでもありません。そのため、取締役会で審議・報告される事項について、その場で初めて資料を見て、説明を聞いても、すぐに正しく理解して適切に判断することができない可能性もあります。

　そこで、社外取締役に対し、事前に取締役会資料を提供することが有益です。

　ただ、その事前提供のタイミングが、取締役会の前日ということでは、社外取締役があらかじめその資料に目を通すことはできません。社外取締役は多忙ですし、取締役会資料の分量も多いのが通常であるためです。したがって、取締役会の前日に取締役会資料を提供しても、社外取締役に読んでもらえないため、事前提供といっても絵に描いた餅になってしまいます。

　そこで、可能な限り、3日前〜1週間前くらいを目途に、取締役会資料を社外取締役に提供するのが望ましいといえます。

　他方で、取締役会の議題案件を所管する担当部署としては、案件そのものが動いている、交渉中であるなどのため、取締役会資料に記載すべき案件の内容自体がまだ確定していないという事情があったり、取締役会資料に記載すべき内容が固まっていても、その作成に時間を要するという事情があったりするのがむしろ通常でしょう。だからこそ、取締役会資料の提供のタイミングが、取締役会の前日となってしまうのもやむを得ないともいえます。

　その場合、取締役会資料のドラフト・未定稿を提供するのでもよく、社内のイントラネット等に掲示して取締役・監査役がアクセスすることができるようにしておき、随時アップデートするようにしておけば問題ありません。

　また、取締役会資料の分量との関係では、大量の、しかも、細かい情報が満載の資料をいくら事前に送付されても、社外取締役としては、それを事前に読む時間もなければ、気力もないのが通常ではないでしょうか。そのため、取締役会資料の冒頭にサマリーを載せるなど、読み手である社外取締役が知っておくべきポイントを、短時間で把握することができるように工夫する必要もあります。

　社外取締役が知っておくべきポイントとは何でしょうか。当該議案の内容はもちろんですが、なぜ当該案件を実行したいのか、そのメリットとデメリット、とりわけ、会社にとって生じ得るリスクが何であるか、また、経営会議等で出された積極・消極それぞれの意見の内容が挙げられます。これらの情報を簡潔に記載して社外取締役にインプットし、取締役会当日の議論に備えてもらうことが重要となります。

③　社外取締役への事前説明

　取締役会資料は大部であることも少なくなく、社外取締役としては、それが事前に提供されても、自分で読んだだけでその内容を十分かつ適切に理解し、ポイントを把握するというのは容易ではありません。また、取締役会資料を読んで、取締役会事務局等に質問したい事項がある場合もあります。取締役会の場で質問してもいいはずではありますが、あまりに基本的すぎて質問しづらいということもあるかもしれません。

　そこで、取締役会事務局又は案件の所管部署の担当者が社外取締役に事前に議案について説明することが考えられます。社外取締役ガイドラインでも、前述の取締役会資料の事前送付及び社外取締役への事前説明について、「取締役会に先立ち、議案の資料を事前配付（例えば、取締役会の3日前までの提供）するとともに事前説明を行うことは、限りある取締役会の審議時間を有効に活用し、建設的な議論を行うために必要不可欠である」とされています（47頁）。

　もっとも、社外取締役は、多忙であり、そのような社外取締役への事前説明の日程調整も容易ではないかもしれません。定例の取締役会の日程をおさえるのと同時に、事前説明の日程もおさえておくことも有益です。

　社外取締役への事前説明の方法として、例えば、**図表4-4**のような方法があり得ます。このほか、社外取締役が監査等委員や監査委員である場合において、監査（等）委員会が取締役会に先立って開催されるときは、当該監査（等）委員会において、取締役会事務局等から、その後に開催される取締役会の決議事項及び報告事項等の内容について説明がされることもあります。

［図表4-4］　社外取締役への事前説明の方法

①　社外取締役ごとに説明
　→　説明場所は、個々の社外取締役の指定する場所
②　複数名の社外取締役にまとめて説明
　→　説明場所は、当該会社
　　　説明のタイミングは、取締役会に先立つ日又は取締役会当日（取締役会の開催前の時間）

　いずれの方法も一長一短があり、①社外取締役ごとに説明するのは、社外取締役の人数が増えれば増えるほど、取締役会前の、かつ、議案の内容があ

る程度固まっている、限られた日程の中で行うことは、説明担当者にとって大きな負担となるかもしれません。

　そうすると、今後は、②複数名の社外取締役にまとめて説明する方法が現実的な方法となる会社も増えてきそうです。この場合の留意点は、自社の社外取締役としての在任期間やそのバックグラウンド・前提知識等が社外取締役ごとに区々ですと、事前説明に際して社外取締役が関心を有するポイントも、社外取締役ごとに異なり得ることです。例えば、在任期間の浅い社外取締役であれば、まずは、当該会社の専門用語や業界事情といった基本的なことについて説明を受けたいかもしれません。他方で、そのような事項は、在任期間の長い社外取締役にとっては、もはや事前説明で聞くまでもない事項かもしれません。そうすると、そのような社外取締役にとっては、在任期間の浅い社外取締役とまとめて説明されてしまうのはかえって非効率となりかねません。そのため、闇雲に社外取締役にまとめて説明するのではなく、在任期間やバックグラウンド等も踏まえて、効率的な事前説明を心掛ける必要があります。

　なお、このような事前説明の場を、**第5章Ⅳ**で述べる独立社外者のみの会合として活用し、又は当該会合と紐付けるケースもあります。社外取締役ガイドラインの「社外取締役の声」では、「取締役会における議論のクオリティを上げるため、取締役会の事前に社外取締役だけでの会議を行うようにした。社外取締役だけでの会議では、事務方から取締役会の議題について簡単な説明を受け、その後は社外取締役だけで侃々諤々と議論している」という声や、「取締役会の前々日に社外取締役に事前説明があるが、その後、社外取締役の間で『これはおかしいのではないか』『こういう視点がない』『この資料がない』などと半日近くかけて議論している」という声が紹介されています。

　事前説明一般の留意点として、CGSガイドラインでは、「事前の情報提供や意見交換が取締役会当日の議論の制約にならないように配慮することも必要である」とされています（22頁）。また、「事前の情報提供や意見交換を行う際に、その場で社外取締役が意見を出したり社内者と議論を行ったりすることがあるところ、事前の段階で詳細に意見出しや議論を行い意見調整が済んでしまうと、かえって実際の取締役会では特段議論や検討が行われずに終わることにもなりかねないという指摘がある。そのため、取締役会という

フォーマルな場で取締役同士により実質的な議論を交わすべき事項について
は、事前に意見調整を行いすぎないといった配慮が必要な場合もあると考え
られる」ともされています（同頁の脚注21）。要するに、事前説明における
意見交換が充実しすぎると、かえって、取締役会では大して意見が出ず、活
発な議論がされないことにもなりかねない（取締役会が形骸化してしまうおそ
れがある）ということです。事前説明は、あくまでも、取締役会での議論を
実質化させるための事前準備にすぎないという理解のもと、議案に関する前
提事実や背景、業界特有の難解な用語を確認するなどの場にとどめるよう留
意する必要があります。

④　取締役会以外の重要な会議体への参加その他情報へのアクセス

　社外取締役が法律上出席義務を負うのは取締役会のみです。しかし、社外
取締役にとって有益な情報は、取締役会のみで得られるわけではありません。
会社には、経営会議や特定の事項を審議するための委員会その他各種会議体
があります。社外取締役が、その正式な構成員（議決権を有する構成員）で
ないとしても、取締役会以外のこれらの重要な会議体を傍聴することで、会
社についての情報をより多く取得することができ、会社のことをよりよく知
り、監督の職務に活かすことができるようになり得ます。

　また、取締役会資料だけでなく、経営会議等の重要な会議体の議事録や配
付資料、内部監査部門の監査報告等、社外取締役が必要と考える資料を閲覧
することができる、又は社外取締役のリクエストに応じて提供することがで
きる体制としておくことも重要です。

　この点について、社外取締役ガイドラインも、「会社としての情報管理ポ
リシーについてあらかじめ確認した上で、社外取締役がいつでも必要なとき
に、過去に開催された経営会議等の社内会議、取締役会の資料、議事録等に
アクセスできる環境を整えることが重要である」としています（46頁）。社
外取締役が経営会議を傍聴・陪席することや経営会議議事録を社外取締役に
提供することは、執行側においては抵抗感があるかもしれません。しかし、
「社外取締役の声」においても、「取締役会で建設的な議論を行うためには、
経営会議で社内の人間は何を議論したのか、どんなことが争点になったのか
など、経営会議の中身をしっかり開示してもらうことが大事だ」という声を
はじめとして、経営会議における議論の内容を知りたい、経営会議議事録を

閲覧したいという社外取締役の声が多数紹介されています。取締役会の実効性向上という観点からも、経営会議における議論内容を社外取締役に積極的にオープンにすることは検討に値すると考えられます。

> ### コラム15　社外取締役が信頼できる社内スタッフの存在
>
> 　社外取締役は、基本的に、過去に当該会社に所属したことがありませんので、社内の人間関係を持っておらず（せいぜい、自身をリクルートしてくれた社長等との人間関係があるのみではないかと思います）、孤独な存在であるといえます。そのような社外取締役が、日頃から、社内の情報（特に、リスクに関する情報）を入手することは容易ではありません。
>
> 　そのため、社外取締役が、気軽に、会社の状況について質問をしたり、相談をしたりすることができる社内のスタッフが存在することは非常に重要です。
>
> 　この点に関し、社内のスタッフの立場からすると、社外取締役を「お客さん」扱いしてしまいかねないところでもあります。
>
> 　社外取締役を含め、取締役をサポートする部署は、取締役会事務局ですが、取締役会事務局も、ともすると、社外取締役よりも社内取締役のほうを向いて仕事をしてしまいがちであるかもしれません。
>
> 　必ずしも取締役会事務局のスタッフでなくともよいですが、社内のスタッフの中に、社外取締役を積極的にサポートしようというスタッフや、社外取締役と信頼関係を構築することができているスタッフがいると、社外取締役にとっての安心感は大きく、その有無によって、社外取締役がその役割を遺憾なく発揮することができるかどうかも大きく変わり得ると思います。
>
> 　このようなスタッフは、必ずしもフォーマルに置かれるわけではありませんが、その重要性については、社外取締役ガイドラインの「社外取締役の声」にも以下のとおり示されており、参考になります。
>
> 　　「社外取締役が気軽に質問しやすくなるよう、取締役会事務局とは別に、社外取締役一人一人に若手のサポートスタッフを付けてもらっている。直接の担当部署ではない情報も含めて、質問に対する回答だけではなく結構良い情報を積極的に持ってきてくれている。正式決定したばかりの案件やまだ執行側に上がっていない報告書など、普段聞けない色々な情報がある。会社側としても、経営層とは違った立場の観点から現場サイドを見てもらえるという点で意義があると認識しているようだ。」
>
> 　　「社外取締役へのサポート要員として、一人で構わないので、会社の中枢にいて、口の堅い人が必要だ。」

> 「社外取締役の窓口となる部署に、単なる連絡係みたいな人しかいない
> と、質問したいときに誰に聞いて良いのか分からず、フラストレーション
> が溜まる。社外取締役の窓口として、社内のことが充分に分かっており、
> 私が投げたボールをどこに投げたら一番良いかが分かるような資質と経験
> を有しており、その方に投げればワンストップでしっかり必要な情報を
> 取ってきてくださる有能な方を配置して欲しい。」

Ⅲ　社外取締役と株主総会・その他関係者との関係・連携

１　社外取締役と株主総会

⑴　社外取締役に対する質疑への対応

　株主総会では、出席株主との間の質疑応答の時間が設けられます。質疑応
答では、出席株主から、主に、会社の事業や業績の見通し、経営戦略、配当
等の株主還元に関する方針についての質問が出され、これに対し、社長はじ
め執行側の役員が答弁するのが通常です。

　他方で、最近の株主総会では、出席株主が、例えば、ガバナンス体制・コ
ンプライアンス体制の現状認識・課題や、ガバナンスに対する貢献度につい
て、社外取締役の意見を聴きたい、社外取締役に発言してほしいという形で、
答弁者を指名することも珍しくありません。社外取締役に対する株主の期待
が大きいことの裏返しといえるでしょう。

　原則論をいえば、株主総会において、株主からの質問に対して誰が回答す
るかを指名する権限を有するのは、議長です。そのため、議長は、株主によ
る答弁者の指名に拘束されるわけではなく、当該株主からの質問に対して回
答するのが最も相応しい人物に回答させれば足ります。したがって、株主が
社外取締役の発言・回答を求めた場合であっても、議長自身が回答したり議
長の氏名に基づき業務執行取締役等の担当役員が回答したりして、社外取締
役は全く発言しないという対応も、会社法上は特段問題ありません。

　しかし、現代の株主総会は、対話型・IR型株主総会・開かれた株主総会
といわれており、また、会社のファンを増やす場、株主にアピールする場と
なっています。そのような株主総会において、株主からのリクエストがあっ
たにもかかわらず、社外取締役に一切発言させないとなると、冷たい議長で
ある、株主の声に全然耳を傾けない会社であるといった評価を株主から受け

ることにもなりかねません。そのため、株主総会において、上記の原則論に基づく紋切り型・杓子定規の対応は、なかなか取りづらい状況にあります。

　また、昨今は、社外取締役に対する期待が高まっており、そうであるからこそ、株主から社外取締役に対する質問が出されるわけです。特に、CGコードのもと、社外取締役が、業務執行者を監督することが期待されていますが、CEO・業務執行者の選任・解任及び報酬の手続の客観性・適時性・透明性の確保やCEOの後継者計画の監督において、社外取締役の果たす役割は大きく、また、株主の関心も高いといえます。当社が任意の指名委員会や報酬委員会を設置しており、社外取締役が委員となっている場合、更には社外取締役が委員長を務めている場合には、委員会での議論の状況や、指名・報酬についての社外取締役の考えに対する株主の関心はますます高くなります。

　したがって、社外取締役にも積極的に発言してもらうこともあり得るという前提で、株主総会の準備をする必要があり、また、社外取締役にもその心積もりでいてもらう必要があります。

　そのような観点からは、まずは、質問内容によって社外取締役に回答してもらうこととするかどうかについて、会社としての方針を決め、社外取締役に回答してもらう場合があり得るのであれば、その旨を社外取締役にあらかじめ伝えておき、想定される質問について、回答を検討しておいてもらうことが肝要です。回答については、社外取締役用の想定問答集を作成しておくことになるでしょう。社外取締役としても、株主総会中に自身の出番がない（発言の機会がない）などと油断することはせず、質問について自身が答弁者としていつ指名されても慌てることがないように心構えをしておく必要があります。

　社外取締役が回答する場合があるとしても、まずは、議長その他業務執行取締役が回答し、その上で社外取締役が適宜補足して回答する、という対応も考えられます。

　また、社外取締役が複数名いるのが一般的ですが、株主総会の開催時間は限られていますので、社外取締役の全員が回答しなければならないわけではありません。社外取締役の一部に回答してもらうとする場合、どの社外取締役が回答するのかという役割分担もあらかじめ決めておくべきです。筆頭独立社外取締役が選定されている場合には、基本的に、当該筆頭独立社外取締

役が回答するという方針とすることが考えられます。質問内容ごとに分担を決めることも考えられます。例えば、任意の指名・報酬委員会関連の質問については、社外取締役が委員長である場合には、当該委員長である社外取締役に回答してもらうことになるでしょう。

　株主総会において株主から社外取締役に対して意見・回答等の発言を求められるものとして、例えば、**図表4-5**のような事項があります（もちろん、ここに挙げたものの全てについて、社外取締役自身が回答しなければならないというわけではありません）。

[図表4-5]　株主総会において株主から社外取締役に対して発言が求められ得る事項

・社外取締役として、当社に具体的にどのように貢献しているのか
・取締役会でどのような発言（意見陳述、問題提起等）をしているのか
・当社のガバナンス体制やコンプライアンス体制について、社外の人間としてどのように見ているか、ガバナンスが効いていると考えられるか
・当社の業績をどのように評価しているか
・当社の経営上の重要な課題は何か
・どのようなプロセスを経て取締役の候補者の指名や取締役の報酬が決定されているのか、社外取締役はそのプロセスに適切に関与することができているのか
・任意の指名委員会や報酬委員会ではどのような議論がされているのか、その他これらの委員会の活動状況はどのようになっているか
・取締役会の実効性について、どのように評価しているか
・社外取締役の人数・割合について、現状で足りていると考えているか
・（弁護士や公認会計士といった職業専門家である社外取締役に対し）経営経験がないのにきちんと経営を監督することができるのか
・（在任期間の長い社外取締役に対し）在任期間が長いが、独立した立場からきちんと経営を監督することができるのか
・（社外役員の兼職数が多い社外取締役に対し）当社の社外取締役としての職務に十分な時間・労力を割くことができているのか

　なお、各種アンケート調査結果によれば、株主総会での社外取締役の回答の状況は、**図表4-6**のとおりです。

[図表4-6]　株主総会での社外取締役の回答の状況

1.　全国株懇連合会「2019 年度全株懇調査報告書」（2019 年 10 月）（101 頁、122 頁）（※）

・社外取締役が株主総会に出席した会社における、社外取締役の株主総会での回答の有無

	有り	無し
2017 年度 （全 1,657 社）	349 社 （21.1%）	1,308 社 （78.9%）
2018 年度 （全 1,684 社）	402 社 （23.9%）	1,282 社 （76.1%）
2019 年度 （全 1,710 社）	381 社 （22.3%）	1,329 社 （77.7%）

・回答者を社外役員に指定した質問の有無

	有り			無し
	社外取締役のみ	社外監査役のみ	両方	
2017 年度 （全 1,317 社）	87 社 （6.6%）	6 社 （0.5%）	8 社 （0.6%）	1,216 社 （92.3%）
2018 年度 （全 1,325 社）	89 社 （6.7%）	5 社 （0.4%）	11 社 （0.8%）	1,220 社 （92.1%）
2019 年度 （全 1,370 社）	112 社 （8.2%）	7 社 （0.5%）	12 社 （0.9%）	1,239 社 （90.4%）

・回答者を社外役員に指定した質問への実際の対応

	社外取締役が回答	議長が引き取って回答	議長以外の回答役が回答	社外監査役が回答	監査役会を代表して常勤監査役が回答	その他
2017 年度	75 社	24 社	10 社	5 社	2 社	2 社
2018 年度	74 社	32 社	8 社	4 社	3 社	2 社
2019 年度	101 社	31 社	12 社	15 社	4 社	2 社

（※）なお、全国株懇連合会は、「2020 年度全株懇調査報告書」を公表しています。もっとも、2020 年度の株主総会は、新型コロナウイルス感染症の影響を大きく受けた運営がされており、そのため、出席株主数や質問数が減少するなど、例年とはかなり異なる傾向となっています。したがって、本図表では、2019 年

度の調査報告書に依拠しています。次の株主総会白書についても同様であり、2020年度版は取り上げていません。

2. 商事法務研究会編「株主総会白書」（2017年版（商事法務2151号）131頁、2018年版（同2184号）132頁及び2019年版（同2216号）138頁を元に加工）
・社外取締役がいる会社における、社外取締役に回答を求める株主からの質問の有無・対応

	質問があった場合の対応			質問はなかった
	社外取締役のみが回答	社外取締役以外のみが回答	社外取締役と社外取締役以外の双方が回答	
2017年度 (1,709社)	36社 (2.1%)	22社 (1.3%)	45社 (2.6%)	1,606社 (94.0%)
2018年度 (1,718社)	31社 (1.8%)	30社 (1.7%)	39社 (2.3%)	1,618社 (94.2%)
2019年度 (1,685社)	54社 (3.2%)	23社 (1.4%)	53社 (3.1%)	1,555社 (92.3%)

コラム16　株主総会における役員の説明義務

　株主総会は、会議体であり、会議の目的である事項に関して審議する場です。したがって、会議の目的である事項の提案者たる取締役が、会議体のメンバーである株主に対し、当該会議の目的である事項に関し、説明をしなければならないのは当然です。

　この点について、会社法314条は、取締役、会計参与、監査役及び執行役は、株主総会において、株主から特定の事項について説明を求められた場合には、当該事項について必要な説明をしなければならないとして、いわゆる説明義務を定めています。これは、上記の会議体の一般原則を定めたものであるといえます。

　なお、説明義務には、一定の例外があり、以下の場合には、株主が説明を求めた事項について説明をすることを拒絶することができます（会社法314条、会社法施行規則71条）。

①　当該事項が株主総会の目的である事項に関しない場合
②　説明をすることにより株主共同の利益を著しく害する場合
③　当該事項について説明をするために調査が必要である場合（ただし、当該株主が株主総会の日より相当の期間前に当該事項を会社に対して通

知した場合及び当該事項について説明をするために必要な調査が著しく
容易である場合を除きます）

④　当該事項について説明をすることにより会社その他の者（当該株主を
除きます）の権利を侵害する場合

⑤　株主が当該株主総会において実質的に同一の事項について繰り返して
説明を求める場合

⑥　その他当該事項について説明をしないことにつき正当な理由がある場
合

そして、説明義務を尽くさないまま株主総会の決議をしてしまうと、株主
総会の決議の方法が法令に違反するものとして、当該決議に瑕疵があること
になり、当該決議が取り消されるおそれがあります（会社法831条1項1号）。

逆に、株主から説明を求められた事項が株主総会の目的である事項に関し
ないものである場合は、取締役等は、説明義務を負いません。

では、株主総会の目的である事項に関する質問であるかどうか、すなわち、
どこまでが説明義務の範囲かどうかは、どのように判断するのでしょうか。

そもそも、株主総会の目的とは何かといえば、報告事項について報告し、
決議事項について採決することです。株主の目線でいえば、報告事項につい
て報告を受け、決議事項について賛成又は反対の議決権を行使するために、
株主総会にわざわざ出席しているわけです。そうすると、株主総会における
審議、すなわち、質疑応答の場面では、報告事項と決議事項について質問が
出されれば足りるわけですが、その範囲内で株主としてなぜ質問をするかと
いうと、報告内容の中によく分からない、理解することができない点がある
からであり、また、決議事項について賛否を判断するのに必要・十分な情報
が足りないからであるということになります。

報告事項の対象は、事業報告及び（連結）計算書類です。そうすると、こ
れらの書類の理解を助ける程度のもの、その内容を敷衍・補足する程度のも
のについて、説明すれば足りることになります。事業報告及び計算書類の内
容を補足するものは、正にそれぞれの附属明細書ですので、附属明細書に記
載されているような事項が目安となります（附属明細書とは、事業報告及び
計算書類の内容を補足する重要な事項をその内容とするものです（会社法施
行規則128条1項、会社計算規則117条））。

また、決議事項については、株主総会参考書類が正に議案の内容を説明す
る内容であり、基本的には、そこに議案の賛否を判断し得ることが書かれて
います。そのため、株主総会参考書類を敷衍・補足する程度のものについて、
説明すれば足りることになります。

社外取締役においても、自身が答弁者となる可能性があるということを踏
まえ、どこまでが説明義務の範囲内かということを意識しながら、株主の質
問に耳を傾け、答弁に臨む必要があります。

　とはいうものの、以上は、あくまでも、最低限どこまで説明しなければならないか、どこまでの説明をすれば会社法上の説明義務を尽くしたといえるかという観点からの説明です。

　他方で、株主総会の答弁において、説明義務の範囲を超えて回答してはいけないわけではありません。むしろ、対話型・IR型株主総会の観点からは、説明義務の範囲内かどうかにかかわらず、答弁者としては、株主に対し、なるべく丁寧に説明し、株主の理解・納得を得るよう努めることが求められます。説明義務の範囲までは回答したので、これ以上のことは回答しない、という紋切り型の対応では、株主からの反発を受け、また、株主にとって消化不良のまま株主総会を終えることにもなりかねません（もちろん、どのような回答をしようとも納得をしない株主であったり、株主総会が荒れることが予想されたりする場合は、とにかく予定された時間内で適法・有効に株主総会の決議を成立させるため、そのような紋切り型の対応をすることが望ましい場合もあります）。

　このような観点からは、株主総会において、なるべく多くの情報を株主に提供しようということになります。そのような姿勢自体は評価されますが、株主総会で回答してはいけない情報があることにも留意する必要があります。一般的に質疑に当たって注意すべき事項として、例えば、以下のものがあります。

　　・株主に対して約束をするような回答（「来期は増配します」、「検討します」）はしない
　　・インサイダー取引規制上の重要事実（いわゆるインサイダー情報）やフェア・ディスクロージャー・ルール上の重要情報を開示しない
　　・個人情報やプライバシー情報、企業秘密、役員が法令又は契約上守秘義務を負う秘密情報を開示しない

　株主総会における答弁に当たっては、これらの点に十分に注意した上で、丁寧かつ真摯な答弁をしている限りは、説明義務を尽くしているかということをさほど気にせずとも問題ないといえるでしょう（気にしすぎると、答弁の内容及び姿勢が堅くなってしまいます）。

⑵　社外取締役のリハーサル等への参加

　株主総会を迎えるに当たっては、手続を滞りなくとり行い、適法・有効に決議を行うため、入念な準備をしますが、その一環として、株主総会の前にリハーサルを行うのが通常です。

　リハーサルでは、シナリオに沿って、入場から退場までの一連の動きを確認し、また、質問や動議等への対応についての模擬練習を行います。

　以下に述べるとおり、社外取締役にもリハーサルに参加してもらうことも検討に値するといえます。

　一口に株主総会といっても、どのタイミングで役員一同が礼をするのかということや入退場の流れなど、株主総会を巡る作法は、各社によって様々です。そのため、社外取締役にとっても、株主総会の議事進行等をあらかじめ確認しておくことは有益です。

　さらに、社外取締役が株主総会当日に実際に答弁をする可能性があるとすると、指名されたらどのような流れ・動きで答弁するのかといったことをきちんと頭に入れておく必要があります。例えば、自席で起立して答弁するのか、答弁席に移動するのかということや、答弁に際しての決まったフレーズを述べること（冒頭で、「社外取締役の○○です。議長の指名によりご回答申し上げます」と述べ、答弁の最後は、「以上、ご回答申し上げました」と述べて締めくくる、など）は、リハーサルで実際にその流れを練習しておかないと、本番当日になかなかスムーズにできないかもしれません。答弁の模擬練習もしておいたほうが安心でしょう。答弁の模擬練習を行うことで、想定問答集における答弁内容について、修正すべき点も見つかるかもしれません。

　前述のとおり、答弁において、インサイダー情報に言及したり、将来のことについて約束したりすることは避けるなど、答弁に際しての注意事項もありますので、その点も十分に理解しておく必要があります。

　以上の観点から、社外取締役がリハーサルに参加することも十分に考えられます。

　なお、商事法務研究会編「株主総会白書」によれば、「社外役員」がリハーサルに参加した会社は、2017 年は 1,656 社中 759 社（45.8％）（2017 年版（商事法務 2151 号）43 頁）、2018 年は 1,649 社中 847 社（51.4％）（2018 年版（商事法務 2184 号）42 頁）、2019 年は 1,617 社中 860 社（53.2％）（2019 年版（商事法務 2216 号）47 頁）であり、増加傾向にあります。

② 業務執行者との意思疎通

(1) 社長・CEO との意見交換会

　これまで述べているとおり、社外取締役は、会社の業績を適切に評価し、業務執行者の指名や報酬について判断したり、社長・CEO の後継者計画を監督したりするという、会社に関する事項の中でも極めて重要な事項につい

て適切な判断をすることが求められています。

　社外取締役が、そのような監督の職務を実効的に果たすため、月に1回程度の取締役会に出席するだけでなく、忙しいながらも、せめて、監督のコアな対象者である社長・CEOと意見交換を行うなどして、経営トップが現在何を考え、会社の置かれている状況や課題、今後の見通しについてどのように考えているのかを把握することが重要となります。社外取締役ガイドラインにおいても、「社内役員が同席している平場では話しにくいこともあるため、社外取締役と経営陣（特に社長・CEO）との非公式な意見交換の場を設け、コーポレート・ガバナンスへの理解及び意欲や、経営環境をどう捉え、中長期的な経営戦略についてどのように考えているのか等について把握し、理解を深めることが重要である」とされています（42頁）。

　そのような意見交換は、取締役会の開催の前後に公式な会合を設けてもよいですし、昼食会や夕食会といった非公式な場でも構いません。できれば、四半期や半期に一度など、間隔は空いても定期的に行うのが望ましいです。

　このような社外取締役と社長・CEOだけの会合においては、他の業務執行取締役や事務局スタッフが同席していては話しづらいこと、例えば、後継者候補に関することについても積極的に社長・CEOの考えが披露され、また、社外取締役からも忌憚のない意見が出されることが期待されます。

　なお、社外取締役ガイドラインでは、「例えば、社外取締役が取締役会議長を務めている場合や筆頭社外取締役が置かれている場合は、社外取締役を代表して、取締役会議長や筆頭社外取締役が定期的に社長・CEOと1対1で話をする機会を作ることも有意義である」とされています（42頁）。

⑵　業務執行者との意見交換会

　社外取締役が、社長・CEOだけでなく、その他の業務執行取締役や執行役員、部長クラスと意見交換を行うことも有益です。このような意見交換会では、事業部門ごとの現状や事業上の課題・リスクなどについて、より詳しい説明がされることになります。これにより、社外取締役としては、会社の置かれている状況をより具体的に把握することができます。その結果、取締役会において、議論が円滑に行われ（初歩的な質問や専門用語に関する質問などが社外取締役から出にくくなるなど）、また、社外取締役からの意見も、より積極的に出され、また、より突っ込んだものとなることが期待されます。

　また、このような意見交換会に、業務執行取締役以外の執行側のスタッフが参加すれば、当該意見交換会が、社外取締役が社長・CEO の後継者候補に接する場にもなり得ます。この場合、社外取締役は、後継者候補と接することにより、その候補者としての適性等を評価しやすくなります。

コラム 17　取締役会以外のインフォーマルな議論の場の活用

　本文で述べた社長・CEO をはじめとする業務執行者との意見交換会や**第5章Ⅳ**で述べる独立社外者のみの会合は、いずれも、インフォーマルな場での議論・情報共有の場です。

　取締役会では、時間的制約があることから、会社法等に基づき決議や報告が必要となる議題の審議が優先され、派生する論点やテーマについての議論・情報共有について時間を割くことは容易ではありません。また、取締役会では、特に決議事項については、一定の結論を出すことが目的となります。

　他方で、いかにして中長期的に企業価値・業績を高めていくか、中長期的な会社のあるべき姿、経営戦略はいかなるものか、次の世代、さらに次の世代の社長・CEO の後継者候補をどのように見つけ、育成していくか、といったことは、一定の結論があるわけではなく、また、自由闊達に意見を出し合うことにより、何らかの方向性がようやく見えてくる、というものでもあります。

　そのようなテーマは、取締役会といったフォーマルな場で議論してももちろん構いませんが、むしろインフォーマルな、堅苦しくない場で議論するに相応しいテーマであるともいえます。

　このような観点から、社外取締役ガイドラインでも、「取締役会以外のインフォーマルな議論の場を設ける」ことが紹介され、「時間的な制約が比較的少ないインフォーマルな議論の場を設けることにより、結論を出すことに縛られずに自由闊達に意見交換を行うことができ、様々な問題について深掘りすることが可能となる」とされています（41頁）。

　このようなインフォーマルな議論の場として、冒頭で述べたような会合のほか、取締役会の開催の前後の昼食会や夕食会を活用することも考えられますし、社外取締役を含め、役員による合宿を行うことも考えられます。

③　監査役との連携

(1)　総　論

　監査役、とりわけ、常勤の監査役は、毎日のように会社に出勤し、経営会

議その他重要な会議体に出席したり、資料をチェックしたりするほか、内部監査部門のスタッフその他従業員と日々コミュニケーションを取るなどしており、会社に関する情報を豊富に、かつ、タイムリーに有しています。

　そのような情報は、主に、月1回程度開催される監査役会において、常勤の監査役から非常勤の監査役（主に社外監査役）に対して報告され、これにより監査役の間での情報共有が行われます。また、監査役会では、常勤の監査役による日々の監査で発見された会社の問題点・懸念点・リスク等について、社外監査役を含む監査役の間で議論がされ、その問題点等に対する対処等が検討されます。

　その結果、監査役は、常勤か非常勤か、社外監査役か社内監査役かにかかわらず、社外取締役よりも多くの情報を有していることが多いといえます。

　そこで、社外取締役は、監査役と連携し、情報共有に努めることが考えられます。

　もちろん、社外取締役といえども、監査役による監査の対象となります。そのような監査者（監査役）と被監査者（社外取締役）という関係にあることから、社外取締役としては、監査役の独立性が確保される必要があることを認識しておく必要があります。

　他方で、社外取締役は、業務執行をしているわけではなく、むしろ、代表取締役をはじめとする業務執行者から一線を画しており、業務執行者から独立した立場から、業務執行者を適切に監視（監督）することが求められています。そのような社外取締役の位置付けからすれば、社外取締役は、監査役に近い立場にあり、だからこそ、監査役との連携・情報共有が求められるともいえます。

(2)　監査役会の傍聴

　(1)で述べたような社外取締役と監査役との連携・情報共有の在り方として、まず、端的に、社外取締役が監査役会に出席し、監査役会における議論を傍聴することが考えられます。

　ところで、社外取締役は、そもそも、監査役会に出席することができるのでしょうか。

　監査役会に出席する権限があるのは、当然のことながら、その構成員である監査役（会社法390条1項参照）のみです。

　もっとも、このことは、監査役以外の者が監査役会に出席してはいけない、出席することができないということを意味するわけではありません。監査役会の求めがある場合には、監査役以外の者が監査役会に出席することになります。この点について、会社法施行規則 109 条 3 項 4 号は、「監査役会に出席した取締役、会計参与又は会計監査人の氏名又は名称」を監査役会の議事録の記載事項として定めており、監査役以外の者が監査役会に出席することがあり得ることを想定した規定振りとなっています。

　そのため、社外取締役も、監査役会の求めがある場合には、監査役会に出席することになります。なお、監査役会への出席を求められた社外取締役がその監査役会において当然に発言をする権限があるわけではなく、監査役会の議事進行を司る監査役会議長から発言を求められた場合に限られるという留保が付くことにはなります。

　社外取締役が監査役会に出席することにより、生々しい監査の状況を聴くことができ、社外取締役による業務執行者に対する監督にも資することになります。

　実際に、社外取締役が監査役会に出席し、社外取締役との連携・情報共有を図っている監査役会もあります。

(3)　監査役との意見交換会

　(2)で述べたように、社外取締役が監査役会に出席する方法は、社外取締役と監査役の連携という観点からは直截であるといえます。

　もっとも、監査役会というフォーマルな場に、社外取締役といえども取締役が出席し、監査役間の議論を聴いている、ということに抵抗感を覚える監査役がいるかもしれません。

　そのような場合は、監査役会とは別に意見交換会・連絡会といったようなインフォーマルな場を別途設けてもいいでしょう。そこでは、社外取締役に共有すべき情報・トピックをピックアップして、情報を提供の上、社外取締役と監査役との間で意見交換等を行うことになります。独立社外者のみの会合がこれに当たるケースもあるでしょう。

4　会計監査人との連携

　社外取締役が会計監査人と連携するということはあまり耳慣れないかもしれません。

　会計監査人は、計算書類及びその附属明細書、臨時計算書類並びに連結計算書類（以下「計算書類等」といいます）を監査することをその職務とします（会社法 396 条１項）。そして、会計監査人の監査を受けることにより、これらの書類の正確性・適正性・信頼性が担保されることになります。

　近時は、上場会社において、会計不正が行われ、実際の金額とは大幅に異なる金額の利益等が計上されることも珍しくありません。会計不正が行われると、会社のレピュテーション、ブランドイメージが著しく毀損されるだけでなく、株式が上場廃止となる可能性もあり、その悪影響は甚大です。

　そのため、計算書類等が一般に公正妥当と認められる企業会計の基準に準拠して適正に作成されていることは、会社にとって基本的かつ重要なことであることはいうまでもありません。

　このような計算書類等の正確性・適正性・信頼性の確保に関し、社外取締役が、個別の会計不正や会計処理の誤りに気付くことは期待し難いといわざるを得ません。社外取締役は、公認会計士である社外取締役を別とすれば、一般に、財務・会計についての十分な専門的知識を有するわけではないですし、また、会計不正等を積極的に探し出すという役割を担っているわけでもありません。社外取締役がいなかったから会計不正が行われたとか、社外取締役がいれば会計不正が防げた、逆に、社外取締役はなぜ会計不正に気付かなかったのかといった言説を耳にすることがしばしばあります。しかし、会計の専門家である会計監査人が、請求書等の帳票等を確認するなどして行う会計監査の手続を経てもなお見抜けなかった会計不正を、社外取締役が見抜くというのは、幻想というほかないでしょう。

　他方で、上場会社でも会計不正が行われており、また、その悪影響が大きいことに鑑みれば、社外取締役としては、会計不正が行われる可能性があるということを常に念頭に置きながら、取締役会における財務・会計に関する報告に耳を傾け、また、計算書類等の承認に係る取締役会の決議（会社法 436 条３項、441 条３項、444 条５項）において賛否を判断する必要があります。

　そのような観点からは、社外取締役が、会計監査人とコミュニケーションをとっておき、相互の信頼関係を構築しておくことは、非常に有益です。日本公認会計士協会監査基準委員会の監査基準委員会報告書 260「監査役等とのコミュニケーション」（最終改正 2020 年 8 月 20 日）においても、以下のとおり述べられています（下線は筆者）。

≪Ⅲ　適用指針≫
≪1.　監査役等≫
A2. 我が国においては、取締役会、監査役、監査役会、監査等委員会、監査委
　員会、又はそれと同等の機関等が全体としてガバナンスの責任を有している。
　このため、監査役等に限らず、<u>以下のような場合に必要に応じ、社外取締役</u>
　<u>その他の非業務執行取締役ともコミュニケーションを行うことが有用なこと</u>
　<u>がある。</u>
　(1)　経営者の関与が疑われる不正を発見した場合、又は不正による重要な虚
　　　偽表示の疑義があると判断した場合
　(2)　経営者との連絡・調整や監査役会との連携に係る体制整備を図るため、
　　　独立社外取締役の互選により「筆頭独立社外取締役」が決定されている場
　　　合
　(3)　取締役会議長と経営者とを分離している場合

　　具体的には、社外取締役が、会計監査人から、当該会社の規模や事業形態
等に鑑みて行われがちな会計不正や注意すべき会計処理等について説明を受
けたり、会計監査人による実査において気になっている事項について情報の
提供を受けたりすることが考えられます。社外取締役が、そのような知識等
を持つことによって、取締役会において財務・会計に関する報告を受けるに
当たり、そのような要注意事項に関する質問や確認をすることができるよう
になります。会計不正を行う執行側の役職員は、社外取締役にはどうせ気付
かれないだろうと思っているかもしれませんが、社外取締役がそのような質
問等をするだけでも、会計不正に対する牽制となります。誰か（この場合は、
社外取締役）に見られているかもしれないと執行側の役職員に思わせること
が、不正の重要な予防策となるのです。
　　社外取締役と会計監査人との間の情報共有や意見交換等のための会合は、
両者のみの会合として設定することが考えられますが、監査役と会計監査人
との間の会合に社外取締役が出席するという形をとることも考えられます。
監査役は、会計監査人と同様、計算書類等の監査を行うこと（会社法 436 条
2 項 1 号、441 条 2 項、444 条 4 項）から、会計監査人と定期的に会合を有する
など、会計監査人との連携を図っています [18]。社外取締役が、そのような
監査役と会計監査人との会合、例えば、監査計画策定時や四半期レビュー時、
期末監査時の会合に出席することにより、監査役や会計監査人が有している
会計上の懸念点や問題点を共有することができます。もっとも、監査機関と

いう監査役と会計監査人の性質上、社外取締役の同席は避けてほしいということであれば、監査役と会計監査人との会合の一部にだけ出席したり、社外取締役と会計監査人の会合を別途設けたりすることになります。

　また、社外取締役が時間に余裕のある場合は、会計監査人の監査現場に立ち会うことも考えられます。社外取締役が会計監査人の監査現場に立ち会うことはなかなかないと思いますが、監査役は、会計監査の一環としてそのような立会いを行うこともあります。そのため、社外取締役が、監査役に依頼して、監査役による会計監査人の監査現場への立会いに同行させてもらうことが考えられます。

　このような社外取締役と会計監査人との間のコミュニケーションが図られており、信頼関係が構築されていれば、会計監査人が、監査の過程で違法行為・不正行為を発見したり、その疑いを抱いたりした場合に、それについて社外取締役との間で情報を共有するという行動を取りやすくなります。

⑤　内部監査部門との連携

　内部監査部門とは、内部監査を行う部門です。一般社団法人日本内部監査協会の内部監査基準 1.0.1 条では、内部監査とは、「組織体の経営目標の効果的な達成に役立つことを目的として、合法性と合理性の観点から公正かつ独立の立場で、ガバナンス・プロセス、リスク・マネジメントおよびコントロールに関連する経営諸活動の遂行状況を、内部監査人としての規律遵守の態度をもって評価し、これに基づいて客観的意見を述べ、助言・勧告を行うアシュアランス業務、および特定の経営諸活動の支援を行うアドバイザリー業務である」と定められています。

　社外取締役が会社の個別の部門と連携するということは基本的には想定されていないかもしれません。他方で、社外取締役としては、会社のどこにリスクがあって、どの点に留意しておく必要があり、執行側に対し、その対応をどのように促せばいいのかという点について、十分に認識し、理解しておく必要があります。

---

18)　監査役と会計監査人の連携については、例えば、日本監査役協会の「監査役監査基準」（2015 年 7 月 23 日最終改正）47 条が定めています。また、日本監査役協会と日本公認会計士協会が共同して取りまとめた「監査役等と監査人との連携に関する共同研究報告」（2018 年 1 月 25 日最終改正）があります。

　このような観点からは、社外取締役が上記のような内部監査を行う内部監査部門と連携することは有意義であるといえます。

　この点に関し、内部監査部門は、社長・CEO に直属しており、内部監査の結果が、社長・CEO に報告されるにとどまり、取締役会に直接報告されることがない会社も珍しくないかもしれません。その場合は、内部監査の結果を取締役会に報告することが検討されるべきですが、その点をひとまず措くとして、取締役会への報告の有無にかかわらず、それとは別に、社外取締役が内部監査部門長と定期的に面談し、内部統制上のリスクその他会社のリスクについて情報を共有することが重要です。

　その際に、内部監査部門長から、社外取締役に対し、経営陣の関与が疑われる不正行為等についての情報がもたらされることもあるかもしれません。

　なお、内部監査部門が社長・CEO に直属している点に関し、フォローアップ会議の意見書(4)「コーポレートガバナンス改革の更なる推進に向けた検討の方向性」(2019 年 4 月 24 日) 4 頁では、「内部監査部門については、CEO 等のみの指揮命令下となっているケースが大半を占め、経営陣幹部による不正事案等が発生した際に独立した機能が十分に発揮されていないとの指摘がある」とされていました。そして、2021 年 6 月の改訂後の CG コードの補充原則 4-13 ③では、「上場会社は、<u>取締役会及び監査役会の機能発揮に向け、内部監査部門がこれらに対しても適切に直接報告を行う仕組みを構築すること等により</u>、内部監査部門と取締役・監査役との連携を確保すべきである」とされています（下線は筆者）。同改訂により下線部分が追記され、内部監査部門と取締役・監査役との連携の在り方として、内部監査部門から取締役会及び監査役会への直接の報告ルートの構築が例示されています。

コラム 18　３本のディフェンスラインと内部監査部門に係るデュアル・レポートライン

　３本のディフェンスラインとは、組織体のリスク・マネジメントとコントロールについての体制に関する考え方を提示するものです。
　「３本」のディフェンスラインは、具体的には、以下の３つを指します。
　①　第１線＝事業部門：リスクのオーナーであるとともに、それをコントロールする立場にもある

The Three Lines of Defense Model

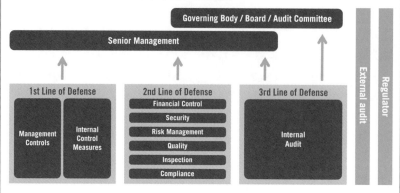

Adapted from ECIIA/FERMA *Guidance on the 8th EU Company Law Directive, article 41*

　②　第２線＝管理部門：法務・財務等の専門性を備えつつ、第１線の支援
　　と監視
　③　第３線＝内部監査部門：第１線・第２線によるリスクマネジメントの
　　有効性を保証
（引用元：The Institute of Internal Auditors（IIA、内部監査人協会）のポジションペー
パー「有効なリスクマネジメントとコントロールにおける３本のディフェンスライン」
（The Three Line of Defense Effective Risk Management and Control, January 2013）。

　この考え方によれば、内部監査部門が、第３線として重要な役割を果たす
ことになります。
　第３線たる内部監査部門に関し、グループガイドライン 86 頁では、「内部
監査部門が実効的にその監査機能を発揮するためには、事業部門や管理部門
から実質的に独立していることが重要であり、こうした独立性を確保するた
めの方策が検討されるべきである」、「この内部監査部門の独立性を確保する
ための方策の検討に当たっては、組織的・形式的なものでは足りず、経営幹
部の関与が疑われる場合も含めた不正事案の実際の場面においてもその機能
発揮が阻害されないよう、その『実質』に着目することが重要である」とさ
れています。
　また、本文で述べたとおり、内部監査部門は、社長・CEO に直属し、社
長・CEO との間にレポートライン（指揮命令系統）があります。この点につ
いて、本文で述べた CG コードの補充原則４−13 ③のほか、グループガイド
ライン 72 頁では、「監査役等〔引用者注：監査役、監査等委員会及び監査委
員会をいいます。グループガイドライン 70 頁〕の機能発揮のため、内部監査
部門の活用を図ることが有効である。こうした視点から、内部監査部門から

業務執行ラインに加えて監査役等にも直接のレポートライン（報告経路）を
確保し、とりわけ経営陣の関与が疑われる場合にはこちらを優先することを
定めておくことが検討されるべきである」とされています。これは、デュア
ル・レポートラインといわれるものです。今後、このようにして、社長・CE
Oだけでなく、監査役等も、内部監査部門に対して指揮命令権を有すること
とするかどうかがガバナンスを巡る重要なテーマの1つとなります。

Ⅳ　社外取締役の「トレーニング」──工場や支店、営業所の見学で満足していないか

① 社外取締役に対するトレーニングの意義

CGコードの原則4-14は、「取締役・監査役のトレーニング」と題し、
その後段において、「上場会社は、個々の取締役・監査役に適合したトレー
ニングの機会の提供・斡旋やその費用の支援を行うべきであり、取締役会は、
こうした対応が適切にとられているか否かを確認すべきである」としていま
す。さらに、補充原則4-14①は、「社外取締役・社外監査役を含む取締
役・監査役は、就任の際には、会社の事業・財務・組織等に関する必要な知
識を取得し、取締役・監査役に求められる役割と責務（法的責任を含む）を
十分に理解する機会を得るべきであり、就任後においても、必要に応じ、こ
れらを継続的に更新する機会を得るべきである」としています（下線筆者）。

　このいわゆる役員トレーニングの対象者には、下線部分に明記されている
とおり、社外取締役が含まれます。すなわち、CGコード上、社外取締役も
トレーニングを受けること、しかも、就任時だけでなく就任後も継続的に受
けることが求められています。

　もちろん、識見が高く、経験豊富な人材を（社外）取締役に選任している
ので、役員トレーニングは不要であるという考え方もあるかもしれません[19]。
しかし、経営上の課題やリスクは個社ごとに異なり、また、会社法等の関連
法令の改正やCGコード等の改訂、関連ガイドラインの策定もしばしば行わ
れるなど、その情報・知識のアップデートも継続的に必要となります。そし
て、それらに関するトレーニングを自己研鑽・自助努力に委ねることには限
界があります。そのため、CGコードは、会社がそのような役員トレーニン
グの機会の提供・斡旋やその費用の支援を行うことを求めているのです[20]。

② 会社の事業・財務・組織等に関する必要な知識を取得するためのトレーニング

上記のCGコードの補充原則４-14①によれば、役員トレーニングの目的は、①会社の事業・財務・組織等に関する必要な知識の取得と、②取締役に求められる役割と責務（法的責任を含みます）の十分な理解の２つに大きく分けられます。社外取締役は、当該会社の事業等に必ずしも詳しくないことからすれば、どちらかといえば、①会社の事業・財務・組織等に関する必要な知識を取得するためのトレーニングを受けることがより強く求められるといえます。

このようなトレーニングとしては、工場や支店・営業所の見学が真っ先に挙げられます。もちろん、会社が重要な設備や拠点としてどのようなものを有しているか、会社の製品がどのような工程で製造されるかということを、社外取締役が直接見て知ることが有益であることはいうまでもありません。取締役会において当該工場や製品等についての議案や報告があるときに、社外取締役が具体的なイメージを持ってその議論に参加することも可能となります。

もっとも、このような工場見学等は、その場に行って満足して終わり、ということにもなりかねません。

そもそも、役員トレーニングは、あくまでも、当該役員の職務をより適切

---

19)　例えば、カルビーは、2020年10月30日付けCG報告書において、CGコード原則の４-14及び補充原則４-14①について、「実施しない理由」の欄に、「社外取締役に対しては、就任時に当社グループの事業、財務、組織等の基本的な情報を提供し、その後、経営判断に必要な情報を随時提供しております。尚、各取締役・各監査役はその能力、経験及び知識が職務を遂行するにふさわしいかどうかを判断したうえで指名し、株主総会の承認を得たものであり、費用支援を必要とするトレーニング機会の提供・斡旋の必要はないと考えています」、「各取締役・各監査役はその能力、経験及び知識が職務を遂行するにふさわしいかどうかを判断した上で指名し、株主総会の承認を得たものであり、'いわゆる'トレーニングを行う必要はないと考えているため、方針を定める予定はありません。ただし、社外取締役・社外監査役に対しては、就任時においてビジョン、経営戦略や事業内容についての詳細な説明を行い、必要に応じて工場・事業所の見学等の機会を設けています。取締役会では、決議事項、報告事項に直接かかわる情報だけでなく、意思決定する上で必要と思われる情報提供を行っています」と記載しています。
20)　企業における実際の役員トレーニングの取組みに関しては、例えば、木村孝行「役員研修の現状と実効性あるプログラム策定に向けた取組み」商事法務2074号（2015年）33頁が参考になります。

に果たすことができるようにするために行うものです。

　そのような観点からは、社外取締役にとって、工場見学等ももちろん重要ですが、それ以上に、当該会社の経営上の課題やリスク、今後の事業や業績の見通し、社長・CEO の後継者候補の育成状況等について、より深く理解することが重要であるといえます。

　そのため、社外取締役に対するトレーニングの一環として、工場見学等のほかに、社外取締役と執行役員や事業部門の担当者等との間で、当該会社の経営上の課題等について意見交換・情報共有を行い、社外取締役が現場の生の声を聴く機会を設けることが考えられます。当該会社の経営上の課題等について、社外取締役に対し、資料を渡したり一方通行の説明をしたりするだけではなく、双方向のディスカッション等を通じて社外取締役の理解を深めるという視点が重要となります。社外取締役や業務執行取締役を含む役員が、年1回など定期的に合宿を行うことも有益でしょう。

③　取締役に求められる役割と責務を十分に理解するためのトレーニング

　CG コードの補充原則 4-14 ①は、役員トレーニングの目的について、前述の①会社の事業・財務・組織等に関する必要な知識の取得のほか、②取締役に求められる役割と責務の十分な理解を挙げています。

　後者の取締役に求められる役割と責務（法的責任を含みます）の十分な理解とは、典型的には、会社法上の善管注意義務や経営判断原則といった、会社の機関（従業員ではなく）としての取締役の基本的な職務を理解することがこれに当たります。CG コードの内容についての基本的な理解も当然のことながら含まれます。

　また、会社法の改正や CG コードの改訂を含め、当該会社の事業に関連する国内外の法制度の整備・運用の状況や留意点及び取締役の責任に関する重要な裁判例、更にこれらを踏まえた内部統制システムの構築・運用の在り方について、アップデートしていくことも必要です。取締役の役割と責務に関連する近時のリスクとしては、（国際）カルテルをはじめとする競争法上のリスク、外国公務員への贈賄リスク、GDPR（EU 一般データ保護規則、General Data Protection Regulation）をはじめとする個人情報保護法制上のリスク、そして、これらの法令違反による巨額な課徴金や罰則のリスクです。国内の法制のみならず、海外の法制（海外の法令の域外適用）の動向も日本

の企業にとっては大きなリスクとなっており、常に注意しておかなければなりません。

　これらのトレーニングは、これまで技術職・営業職等を担当していた従業員から取締役となった者をはじめとする業務執行取締役にとっての必要性のほうが相対的に高いといえます。

　社外取締役については、弁護士であったり、既に他社の社外取締役もしていたりする場合は、取締役に求められる役割と責務を十分に理解しているかもしれません。もっとも、常にその情報をアップデートしているとは限らないため、社外取締役にも以上のトレーニングを実施することは有益です。

4　継続的な役員トレーニングの必要性

　社外取締役へのトレーニングは、最初に就任する際に、当該会社の事業等の基本的な内容について説明することをもってこれを行ったこととし、かつ、以後は特に行わないという会社も少なくないかもしれません。

　しかし、会社の置かれている状況は、日々刻々と変化しており、また、法制度の内容や運用等も頻繁に変更されます。そのため、そのアップデートは、社外取締役を含め、取締役にとって必須であるといえます。

　この点について、CGコードの補充原則4-14①は、就任後においても、必要に応じ、上記の役員トレーニングの対象である、①会社の事業・財務・組織等に関する必要な知識と、②取締役に求められる役割と責務を継続的に更新する機会を得るべきであるとしているところです。

　社外取締役は多忙ではありますが、少なくとも年に1回、社外取締役にも継続的なトレーニングを実施することを検討するべきでしょう。

5　トレーニングの方針の開示

　CGコードの補充原則4-14②は、上場会社が取締役・監査役に対する「トレーニングの方針」を開示することを求めています。

　社外取締役に対するトレーニングの方針を詳細に開示するケースは多くありませんが、例えば、**図表4-7**に掲げた会社の方針が参考になります。

［図表4-7］　社外取締役に対するトレーニングの方針の開示例

みずほフィナンシャルグループ（2021年4月1日付けCG報告書）

……社外取締役に対しては、その就任の際、また、就任後も継続的に、当社グループの事業・財務・組織等に関する必要な知識を習得できるよう、各社外取締役に応じた機会を提供することとしております。

□主な取り組み内容

2. 社外取締役への「知識習得・向上の機会」

　＜就任時＞
　　・新任の社外取締役に対し「就任時集中説明」を個人別に実施
　　　─担当執行役および取締役会室長等から、企業理念、事業内容、経営戦略、経営計画、財務、ガバナンス態勢等を説明
　＜就任後（2019年度実績）＞
　　・社外取締役会議（※）
　　　─2019年度は2回開催し、社外取締役が互いに情報交換して認識の共有を行い、5ヵ年経営計画の進捗および足許の経営状況等に関する意見交換等を実施

　　・経営状況オフサイトミーティング（2019年4月～2020年3月、のべ14回）
　　　─執行役社長、カンパニー長、グループ長、海外地域本部長等の執行ラインが社外取締役とフリーディスカッションを行い、社外取締役との相互理解を深める
　　・取締役会後の昼食会（取締役会の都度）
　　　─執行役社長等との情報交換を通じて、必要な知識を習得する
　　・役員懇親会（夕食会）
　　　─執行ラインの経営陣に対する理解を深める
　　・中核3社の国内営業店訪問
　　　─現場の視察、拠点長との面談および職員との意見交換会により、現場に対する理解を深める
　　・取締役会議案の事前説明の徹底および事後フォローの実施（取締役会の都度）
　　　─関連する金融専門用語や業務内容も説明することにより、議案の理解を深め、取締役会での議論の充実を図る

東芝（コーポレートガバナンス・ガイドライン（2020年5月14日発行））

第23条

2. 社外取締役に対しては、就任時及び就任以降も、経営を監督する上で必要となる当社グループ事業に関する情報や知識を提供するために、各部門から事業内容等を説明する機会や主要事業所等を視察する機会を設けるとともに、取締役として職務遂行上必要となる法令、会計等の知識を習得する機会を提供する。

セイコーエプソン（コーポレートガバナンス基本方針（2020年6月25改正））

(2) 社外取締役のトレーニング

新任としての就任時に、当社の事業概要、戦略等に関する説明を実施する。

就任後も、当社の事業、戦略等に関する理解を深めることができるよう、継続的に各事業の責任者からの説明、事業所視察等を実施し、社外取締役としての役割・責務を果たすにあたっての必要な知識の習得を支援する。

V　社外取締役が負う責任

① 会社に対する損害賠償責任

(1)　任務懈怠に基づく責任

　取締役は、会社に損害が生じた場合、会社に対してその損害を賠償しなければならないことがあります。会社の事業活動は、その規模がどんどん大きくなっていますので、会社に生ずる損害額が巨額になることも十分に想定されます。もちろん取締役個人ではとても賠償しきれない金額ですが、社外取締役であっても、そのような金額の賠償請求を受ける可能性がある、そのような訴訟を起こされる可能性があるということを理解しておく必要があります。

　具体的には、会社法上、取締役は、その任務を怠ったときは、会社に対し、これによって生じた損害を賠償する責任を負うものとされています（会社法423条1項）。取締役がその「任務を怠った」すなわち「任務懈怠」があったとは、会社に対する善管注意義務・忠実義務の違反があったことをいいます（同法330条、355条、民法644条）。

　社外取締役は、業務執行には関与せず、業務執行に関する意思決定に関与し、また、他の取締役（業務執行取締役）の職務を監視・監督することを任務とします。したがって、社外取締役がこれらの任務に違反し、会社に損害が生じた場合には、会社に対してその損害を賠償しなければならないことになります。

　ここで出てくるのが、**第1章Ⅱ⑤**で説明した「信頼の原則」です。社外取締役が、業務執行に関する意思決定への関与として取締役会の決議において議決権を行使するにしても、また、他の業務執行取締役の職務の執行状況を監視・監督するにしても、そのために必要な情報、すなわち、業務執行に関する情報が社外取締役に提供されていなければなりません。業務執行に直接関与するわけではない社外取締役にとって、そのような業務執行に関する情報は、業務執行取締役をはじめとする業務執行を行う役員・従業員から提供されることになります。そして、社外取締役としては、その情報の内容について、当該提供者たる業務執行者を信頼するほかはありません。そのため、社外取締役は、取締役会その他の場において提供された情報について疑義を

挟むべき特段の事情が認められない限りは、当該情報を信頼することができ、仮に当該情報が誤っていたがために、業務執行の意思決定や監視・監督を適切に行うことができなかったとしても、そのことについて任務懈怠の責任を問われることはないと解されます。

　また、このような任務懈怠責任から社外取締役を守ってくれるものが、責任限定契約、D&O保険及び会社補償（**第3章Ⅱ6及び7参照**）です。

(2)　株主代表訴訟

　取締役の会社に対する責任については、株主代表訴訟に十分に留意する必要があります。

　社外取締役を含め、取締役が会社に対して損害賠償責任を負う可能性がある場合であっても、会社が自ら、当該取締役に対して損害賠償請求をする、すなわち、訴訟を提起してその責任を追及することは、それほど多くはありません。会社自身が取締役に対して損害賠償請求訴訟を提起するのは、当該取締役が違法行為・不正行為を積極的に行った、又はこれに積極的に関与したケース等に実際上限定されます。

　そうすると、実際に取締役が責任を問われることはほとんどないのかというと、そういうわけではありません。権利主体たる会社が取締役に対して損害賠償請求権を行使しない場合に備えて、株主が、会社に代わって訴えにより当該取締役の責任を追及することができる制度が設けられています。これがいわゆる株主代表訴訟です。**第1章Ⅱ4**で述べたとおり、上場会社において、一般株主が株主代表訴訟を提起することも珍しくありません。**図表4-8**は、全国の地方裁判所における株主代表訴訟の状況の推移を示したものです。これによると、ここ数年は、株主代表訴訟の新受件数は、30件台後半～50件前後で推移し、また、未済件数は、170件前後で推移していることが分かります。

　そもそも、会社が取締役に対して損害賠償請求をしないのは、どのような理由からなのでしょうか。株主代表訴訟が創設された趣旨としては、取締役に対して損害賠償請求をするかどうかを判断するのも役員であるので、本当は取締役が損害賠償責任を負っていても、役員同士の仲間意識・馴れ合いから、その追及がされないおそれがあるためである、とされています。もっとも、そのような役員同士の仲間意識・馴れ合いのケースもあるかもしれませ

[図表４-8]　全国の地方裁判所における株主代表訴訟の状況の推移

	2008	2009	2010	2011	2012	2013	2014	2015	2016	2017	2018	2019
新受件数	64	69	80	83	106	98	58	59	36	37	38	52
既済件数	47	43	74	52	102	82	75	75	54	46	33	48
未済件数	139	165	171	202	206	222	205	189	171	162	167	171

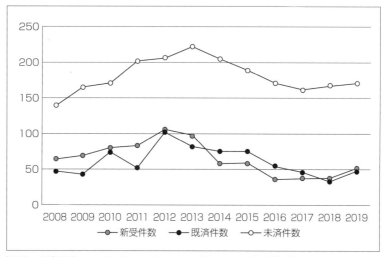

（出所：商事法務 2235 号（2020 年）68～69 頁に基づき筆者作成）

んが、実際上は、多くのケースでは、会社自体に損害は生じていても、会社
としては、そのことについて取締役の善管注意義務違反があったとまでは認
め難い、すなわち、取締役の会社に対する法的責任を認め難いということに
よるのではないかと思われます。また、取締役の善管注意義務違反があった
かどうかは必ずしも明らかでないが、それが認められる可能性や裁判に要す
るコスト等を勘案すると、取締役の損害賠償責任を追及することがむしろ合
理的でないと判断されるケースもあると思われます。なお、取締役の会社に
対する責任があるかどうか、また、その責任を訴えにより追及するかどうか
は、監査役が判断します（会社法 386 条参照）。

　これに対し、株主としては、そのような事情はなかなか分かりませんので、
会社に損害が生じている以上は、取締役に何かしらの責任があると考えたと
してもやむを得ません。そして、株主からすれば、取締役に責任がないと判
断すること自体が役員同士の馴れ合いであると映り、裁判所の判断に委ねる

べきであるということになるかもしれません。また、株主代表訴訟の本来の趣旨とは異なりますが、会社又は特定の取締役に対する私怨を晴らすことを隠された真の目的として、株主代表訴訟が提起されることもあるかもしれません。

　このように、会社としては、当該取締役に法的責任はないと合理的に判断される場合であっても、株主が、会社の判断とは異なり、当該取締役に法的責任がある、又は公平な第三者たる裁判所に判断してもらうべきであるなどと考えて、社外取締役を含め、取締役に対し、株主代表訴訟を提起することもあるわけです。

　株主代表訴訟では、取締役の会社に対する責任が問われますので、取締役の個人責任が何億円、何十億円単位で追及されることも珍しくありません。社外取締役の場合は、その責任の原因としては、主に、監視・監督義務の違反、中でも、内部統制システムの構築・運用義務の違反が考えられます。

　株主代表訴訟を巡る一連の流れは、図表4-9のとおりです。

[図表4-9]　株主代表訴訟の基本的な流れ

①	6か月前から引き続き株式を有する株主（※）が、会社（監査役）に対し、取締役の責任を追及する訴えの提起を請求（いわゆる提訴請求。会社法847条1項本文、386条2項1号） （※）一株でも有していればよいが、単元未満株主の場合は、定款の定めによっては不可（会社法847条1項本文括弧書、189条2項）。また、非公開会社の場合は、6か月間の株式継続保有要件が課されない（同法847条2項）。
②	監査役が、取締役の責任を追及する訴えを提起するかどうかを、提訴請求から60日以内に検討・判断（以下では、監査役が不提訴を決定したことを前提） ・実務上は、監査役から提訴請求をした株主に対し、不提訴を決定した旨を通知
③	会社が提訴しないまま、提訴請求から60日が経過 ・提訴請求をした株主は、株主代表訴訟の提起が可能（会社法847条3項） ・提訴請求をした株主は、会社に対し、取締役の責任を追及する訴えを提起しない理由等の通知を請求する（不提訴理由通知請求）ことができる（会社法847条4項）。実務上は、株主が、提訴請求の際に、不提訴理由通知請求を併せて行うこともある

⇒会社（監査役）は、取締役の責任を追及する訴えを提起しない場合において、不提訴理由通知請求を受けたときは、遅滞なく、その理由等を書面又は電磁的方法により通知しなければならない（会社法施行規則 218 条）。

④ 提訴請求をした株主が、会社に代わって、取締役を被告として、株主代表訴訟を提起

・株主が原告、取締役が被告として、訴訟が追行される

＝会社が当然に訴訟に関与することになるわけではない

⇒会社は、事案に応じて、被告たる取締役個人を補助するため、訴訟に参加（補助参加）。この場合の会社の代表者は、代表取締役であるが、会社が被告取締役側に補助参加するためには、監査役全員の同意が必要（会社法 849 条 3 項）

・管轄：会社の本店所在地（≠被告取締役の住所地）を管轄する地方裁判所の専属管轄（会社法 848 条）

・株主が裁判所に納付すべき印紙代は、請求額が幾らであるかにかかわらず、一律 1 万 3,000 円（会社法 847 条の 4 第 1 項、民事訴訟費用等に関する法律 3 条、4 条 1 項、別表第一）

・提訴から約 2〜3 週間後、裁判所から被告取締役に訴状が送達される（実務上、被告取締役から、訴状の送達について会社に連絡）

・株主は、株主代表訴訟を提起したときは、遅滞なく、会社に対し、訴訟告知をしなければならず（会社法 849 条 4 項）、裁判所から会社に訴訟告知書が送達される（民事訴訟規則 22 条）

⇒会社は、訴訟告知を受けたときは、遅滞なく、その旨を公告又は株主に対して通知しなければならない（会社法 849 条 5 項）

⑤ 被告取締役による担保提供命令の申立て（必要に応じて、また、随時）

・被告取締役は、裁判所に対し、原告株主に担保を提供させることの命令の申立てが可能（会社法 847 条の 4 第 2 項）

趣旨：株主代表訴訟が不当訴訟である場合に、被告取締役が原告株主に対して取得する損害賠償請求権を担保するもの

・被告取締役は、訴えの提起が原告株主の「悪意」によるものであることを疎明する必要がある（会社法 847 条の 4 第 3 項）。「悪意」とは、以下のいずれかの場合をいう（東京高決平成 7 年 2 月 20 日判タ 895 号 252 頁等）

① 原告の請求に理由がなく、原告がそのことを知って訴えを提起した場合

② 原告が株主代表訴訟の制度の趣旨を逸脱し、不当な目的をもって被告を害することを知りながら訴えを提起した場合

⑥	第1回口頭弁論期日（提訴から原則30日以内（民事訴訟規則60条2項）。ただし、遅れる場合もあり） ・被告取締役は、第1回口頭弁論期日の1週間前までに答弁書を提出
⑦	・準備書面の提出、書証の取調べ、争点整理 ・証人尋問及び当事者尋問（被告取締役も尋問対象に）
⑧	裁判所による和解勧告（随時） ⇒原告・被告が和解勧告に応ずるかどうかは、裁判所の提案する和解内容にもよる ・令和元年会社法改正により、会社が、取締役又は取締役であった者の責任を追及する訴えに係る訴訟における和解をするためには（株主代表訴訟の場合は、会社が、補助参加人又は利害関係参加人として当該和解をするケースが想定される）、監査役全員の同意を得なければならないこととなっている（会社法849条の2）
⑨	弁論終結
⑩	判決言渡し（事案にもよるが、④の株主代表訴訟の提起から2〜3年程度を要し得る）
⑪	控訴審：高等裁判所（半年〜1年程度を要し得る）
⑫	上告審：最高裁判所 ・株主代表訴訟が上告審まで続くことも珍しくない ⇒上告審まで続いた場合、提訴から訴訟終結までに5年又はそれ以上を要することもある

　株主代表訴訟が提起されると、被告とされた取締役にとって、被告として訴訟を追行すること自体が大きな負担となります。株主代表訴訟がなくとも十分に忙しい取締役が、訴訟対応に忙殺されることになるわけです。

　株主代表訴訟の被告取締役の負担には、例えば、①経済的負担として、弁護士費用、敗訴した場合の億単位の損害賠償金、②時間的及び労力的な負担として、事実や証拠の収集、記憶喚起、尋問の対象となること、第一審（地裁）の判決が出るまでに2〜3年又はそれ以上かかり、その後も、高等裁判所及び最高裁判所で争われる可能性も十分にあり、更に時間がかかり得ること、③精神的な負担として、マスコミ対応、取引先の目・社員の目といったものが挙げられます。

　ところで、株主代表訴訟において、被告たる取締役個人は、自ら攻撃防御をしなければなりません。当然のことながら、取締役個人は、弁護士を代理

人とすることになります。もっとも、ここで、会社の顧問弁護士たる弁護士を、取締役個人の代理人とすることはできません。会社の利益と当該取締役個人の利益とが相反する可能性があるためです。したがって、取締役個人としては、新たに、別の弁護士を探す必要があり、また、原則として、その弁護士費用も自ら負担しなければなりません（**第3章Ⅱ7**で述べたとおり、当該弁護士費用は、D&O保険による補塡及び会社補償による補償の対象となり得ます）。

これに対し、会社が被告取締役側に補助参加すれば（**図表4-9の④参照**）、被告取締役の応訴の負担が軽減されます。補助参加とは、第三者（補助参加人）が、当事者の一方（被参加人）を補助する（勝訴させる）ために、当該訴訟に参加する制度をいいます。補助参加人は、被参加人の訴訟行為と抵触する行為でない限り、被参加人を勝訴させるために必要な一切の訴訟行為（準備書面や証拠の提出、上訴の提起など）を独自に行うことができます。

そこで、会社が被告取締役側に補助参加した場合は、攻撃防御は、主に、補助参加人たる会社が行うことも少なくありません。その場合、被告取締役はそれを援用すれば足りますので、被告取締役個人に生ずる費用・負担が大きくならずに済みます。

株主代表訴訟が提起されると、被告取締役に様々な負担が生じ得ます。社外取締役はじめ、取締役は、日ごろから、善管注意義務を適切に果たしてその職務を遂行することが肝要となります。

②　第三者に対する損害賠償責任

(1)　会社法に基づく責任

社外取締役は、第三者に損害を与えた場合には、当該第三者に対し、当該損害を賠償しなければなりません。

まず、民法上、故意又は過失によって他人の権利又は法律上保護される利益を侵害した者は、これによって生じた損害を賠償する責任を負うとされ、いわゆる不法行為責任が定められています（民法709条1項）。そのため、社外取締役が、故意・過失をもって第三者の権利・利益に対する侵害行為を行えば、不法行為に基づき、当該第三者に生じた損害を賠償しなければなりません。

さらに、会社法上、取締役は、その職務を行うについて悪意又は重大な過失があったときは、これによって第三者に生じた損害を賠償する責任を負う

と定められています（会社法 429 条 1 項）。そのため、社外取締役は、任務を
懈怠し、それについて悪意又は重過失があり、当該任務懈怠によって第三者
に損害を生じたさせた場合にも、当該第三者に対して当該損害を賠償しなけ
ればなりません。

　この点について、取締役が負う善管注意義務（会社法 330 条、民法 644 条）
は、第三者に対するものではなく、あくまでも会社に対するものです。すな
わち、取締役は、善管注意義務に違反し、その任務の懈怠がある場合、会社
に対して損害賠償責任を負いますが、当然に第三者に対して損害賠償責任を
負うこととなるわけではないはずです。それにもかかわらず、会社法が上記
のとおり取締役の任務懈怠に基づく第三者に対する損害賠償責任を定めてい
る趣旨について、最判昭和 44 年 11 月 26 日民集 23 巻 11 号 2150 頁は、会社
が経済社会において重要な地位を占めていること、しかも会社の活動はその
機関である取締役の職務執行に依存するものであることを考慮して、第三者
保護の立場から、取締役において悪意又は重大な過失により善管注意義務に
違反し、これによって第三者に損害を被らせたときは、取締役の任務懈怠の
行為と第三者の損害との間に相当の因果関係がある限り、会社がこれによっ
て損害を被った結果、ひいては第三者に損害を生じた場合であると、直接第
三者が損害を被った場合であるとを問うことなく、当該取締役が直接に第三
者に対し損害賠償の責に任ずべきことを規定したものであると判示していま
す。

　前述のとおり、会社法 429 条に基づく取締役の第三者に対する責任は、取
締役がその職務を行うについて悪意又は重大な過失があることが要件とされ
ていますが、取締役が同条に基づき損害賠償責任を追及されるケースは非常
に多いとされています。典型的には、放漫経営等によって会社が破綻した場
合に、会社から債権を回収することができなかった会社債権者が、取締役個
人に対し、同法 429 条に基づき損害賠償請求をすることによりその債権の回
収を図るというケースです。また、会社が代金を支払う資力がないことを知
りながら商品を購入するケースや、会社に返済の見込みがないことを知りな
がら借入れを行うケースでも、取締役個人が同法 429 条に基づき損害賠償責
任を負うことがあります。

　他方で、近時は、会社の資力に特段問題がない場合にも、第三者が取締役
に対して会社法 429 条に基づき損害賠償責任を追及するケースが増加してい

るとの指摘があります[21]。

　社外取締役は、業務執行を行うわけではありませんが、他の取締役の監視・監督義務に違反する場合、特に、内部統制システムを適切に構築・運用していない場合には、その任務懈怠によって第三者に生じた損害を賠償しなければならなくなる可能性があることに留意しましょう。

(2)　不実開示に基づく責任

　取締役の第三者に対する責任については、開示書類の虚偽記載（不実開示）に係る損害賠償責任についても注意が必要です。

　会社法 429 条 2 項 1 号は、取締役が、以下に掲げる行為をしたときは、これによって第三者に生じた損害を賠償する責任を負うとしています。ただし、取締役がこれらの行為をすることについて注意を怠らなかったことを証明したときは、当該損害賠償責任を負いません（同項ただし書）。

> ①　株式・新株予約権・社債・新株予約権付社債を引き受ける者の募集をする際に通知しなければならない重要な事項についての虚偽の通知又は当該募集のための会社の事業その他の事項に関する説明に用いた資料についての虚偽の記載
> ②　計算書類及び事業報告並びにこれらの附属明細書に記載すべき重要な事項についての虚偽の記載

　監査等委員や監査委員は、監査報告に記載すべき重要な事項について虚偽の記載をしたときも、上記と同様の損害賠償責任を負います（会社法 429 条 2 項 3 号）。

　このような不実開示による損害賠償責任については、金融商品取引法にも定めがあります。

　有価証券届出書、発行登録書、目論見書、有価証券報告書、内部統制報告書、四半期報告書、臨時報告書といった発行市場・流通市場における開示書類のうちに、重要な事項について虚偽の記載があり、又は記載すべき重要な事項若しくは誤解を生じさせないために必要な重要な事実の記載が欠けてい

---

21)　澤口実＝奥山健志編著『新しい役員責任の実務〔第 3 版〕』（商事法務、2017 年）348〜349 頁。

るときは、これらの開示書類を提出した会社のその提出の時における取締役は、一定の者に対し、記載が虚偽であり又は欠けていることにより生じた損害を賠償しなければなりません（金融商品取引法21条1項1号・3項、22条1項、23条の12第5項、24条の4、24条の4の6、24条の4の7第4項、24条の5第5項）。

　もっとも、取締役が、記載が虚偽であり又は欠けていることを知らず、かつ、「相当な注意」を用いたにもかかわらず知ることができなかったことを証明したときは、当該損害賠償責任を負いません（金融商品取引法21条2項1号、22条2項、24条の4、23条の12第5項、24条の4の6、24条の4の7第4項、24条の5第5項）。

　もっとも、「相当の注意」を用いたかどうかについて、取締役社長や財務担当取締役、常務会の構成員である取締役「以外」の取締役は、取締役社長等に対して一般的にこれらの開示書類の記載の正確性について質問し、その記載が正確であるとの返答を得ただけでは、相当の注意を用いたことにはならないとされています[22]ので、社外取締役も注意が必要です。

---

22)　神崎克郎＝志谷匡史＝川口恭弘『金融商品取引法』553頁（青林書院、2012）。このほか、取締役が病気であること、遠隔の地に居住していること、多忙であること、開示書類の記載内容を理解する能力を有しないこと等は、その取締役の責任を免除・軽減する理由とならないとされています（同書553〜554頁）。

第5章

社外取締役の活用とそのための工夫

●●●

Ⅰ　任意の指名・報酬委員会の設置と委員への就任

① 任意の指名・報酬委員会の設置

　指名委員会等設置会社では、監査役会や監査等委員会に相当する監査機関である監査委員会に加えて、指名委員会及び報酬委員会を設置しなければなりません。そして、指名委員会及び報酬委員会は、委員の過半数が社外取締役でなければなりません（会社法400条3項）。指名委員会は、株主総会に提出する取締役の選任及び解任に関する議案の内容、すなわち、取締役の候補者を決定する職務を担います（同法404条1項）[1]。また、報酬委員会は、執行役及び取締役の個人別の報酬等の内容を決定する職務を担います（同条3項。指名委員会等設置会社では、当該報酬等の決定について、取締役会はおろか、株主総会にもその権限がありません）。

　これに対し、監査役会設置会社及び監査等委員会設置会社については、会社法上、このような指名委員会及び報酬委員会の設置は義務付けられていません。指名及び報酬に関しては、監査等委員会設置会社の監査等委員会が、監査等委員でない取締役の指名及び報酬についての株主総会における意見陳

---

1)　指名委員会等設置会社において、業務執行者たる執行役（会社法418条2号）については、指名委員会でなく取締役会がその選任及び解任の権限を有します（同法402条2項、403条1項）。指名委員会は、そのような業務執行者の選任及び解任の権限を有する取締役会のメンバー（取締役）の選任及び解任に関する株主総会の議案の内容を決定する権限を有することを背景に、間接的に、業務執行者に対する監督を行うことになります。

述権を有するにとどまります（会社法 399 条の 2 第 3 項 3 号、342 条の 2 第 4 項、361 条 6 項）。

　他方で、繰り返し述べているとおり、取締役会の業務執行者に対する監督において、その中核部分は、業務執行者の指名と報酬にあります。そして、社外取締役が業務執行者の指名と報酬の決定に対していかに実効的に関与することができるかということが重要となります。

　この点に関し、CG コードの原則 4－10 は、上場会社が、会社法が定める会社の機関設計のうち会社の特性に応じて最も適切な形態を採用するに当たり、必要に応じて任意の仕組みを活用することにより、統治機能の更なる充実を図るべきであるとしています。

　これを受けて、補充原則 4－10 ①が、一定の上場会社に対し、任意の指名・報酬委員会の設置を求めています。すなわち、2021 年 6 月の改訂後の CG コードの同補充原則は、監査役会設置会社又は監査等委員会設置会社である上場会社のうち、独立社外取締役が取締役の過半数に達していないものを名宛人として、取締役会の下に独立社外取締役を主要な構成員とする独立した指名委員会・報酬委員会を設置することにより、指名・報酬などの特に重要な事項に関する検討に当たり、ジェンダー等の多様性やスキルの観点を含め、これらの委員会の適切な関与・助言を得るべきであるとしています。2021 年 6 月の改訂前は、「任意の指名委員会・報酬委員会など、独立した諮問委員会を設置」すべきであるとされていましたが、同改訂後は、「独立した指名委員会・報酬委員会を設置」すべきであると、端的に、指名・報酬委員会の設置が求められるようになりました。

　このように、一定の監査役会設置会社及び監査等委員会設置会社においても、社外取締役を主要な構成員とする任意の指名・報酬委員会を設置することにより、取締役会による業務執行者に対する監督の中核部分である指名と報酬について、独立性・客観性・透明性を確保することが求められています。

　なお、補充原則 4－10 ①は、2018 年の改訂前は、任意の指名・報酬委員会の設置そのものを求めていたわけではなく、指名・報酬などの特に重要な事項に関する検討に当たり独立社外取締役の適切な関与・助言を得ることを求め、その手法の一つの「例」として、任意の指名・報酬委員会の設置を示していたにすぎませんでした。そのため、任意の指名・報酬委員会を設置していなくとも、補充原則 4－10 ①をコンプライすることが可能でした。

　これに対し、2018年の改訂後の補充原則4−10①は、任意の（指名・報酬）委員会の設置そのものを求めています。そのため、任意の指名・報酬委員会を設置していないと、コンプライとはなり得ず、設置しない理由を説明する必要があります。

　また、対話ガイドライン3−2及び3−5でも、独立した指名委員会及び報酬委員会が必要な権限を備え、活用されているかというポイントが掲げられています。

　このような状況を踏まえ、監査役会設置会社及び監査等委員会設置会社である上場会社の中で、任意の指名・報酬委員会を設置するケースが増えています。

　東京証券取引所のデータによれば、2020年8月時点において、任意の指名委員会又は報酬委員会をおく上場会社は、図表5-1のとおりであり、市場第一部上場会社において、任意の指名委員会を設置する会社が55.1%、任意の報酬委員会を設置する会社が58.1%と、いずれも半数以上となっています。

[図表5-1]　任意の指名委員会又は報酬委員会の設置状況

	市場第一部	市場第二部	マザーズ	JASDAQ	全上場会社	JPX日経400
会社数	2,172社	480社	326社	699社	3,677社	396社
うち任意の指名委員会を置く会社	1,196社 (55.1%)	120社 (25.0%)	23社 (7.1%)	39社 (5.6%)	1,378社 (37.5%)	294社 (74.2%)
うち任意の報酬委員会を置く会社	1,263社 (58.1%)	129社 (26.9%)	40社 (12.3%)	55社 (7.9%)	1,487社 (40.4%)	302社 (76.3%)

（出所：東証・独立社外取締役の選任状況調査結果15頁及び16頁に基づき筆者作成。なお、2020年8月14日時点におけるCG報告書の記載を元にした集計です。）

② 独立社外取締役を「主要な」構成員とする、「独立」した指名・報酬委員会とは？

　補充原則4−10①は、取締役会の下に独立社外取締役を「主要な」構成員とする「独立した」指名・報酬委員会を設置し、その適切な関与・助言を得ることを求めています。

　任意の指名・報酬委員会がどのような構成であれば、独立社外取締役が「主要な」構成員となっているといえ、また、同委員会が「独立」している、といえるのでしょうか。この点については、一般に、独立社外取締役が委員の「過半数」でなくとも「主要な」の要件や「独立した」の要件を満たし得るといわれています。

　しかし、独立社外取締役が取締役の過半数を占めていない上場会社（監査役会設置会社及び監査等委員会設置会社）が名宛人とされていることからすれば、せめて任意の委員会だけでも独立社外取締役が委員の過半数を占めるようにさせたいという考えが補充原則4－10①の背景にあると考えるのが自然です。それをストレートに補充原則4－10①に定めることができなかったのは、経済界との関係等があったと思います。しかし、その想いは、「主要な」という文言や「独立した」という文言ににじみ出ていることは明らかです。

　そして、とうとう2021年6月の改訂により、「特に、プライム市場上場会社は、各委員会の構成員の過半数を独立社外取締役とすることを基本とし、その委員会構成の独立性に関する考え方・権限・役割等を開示すべきである」との文言が補充原則4-10①に加わり、少なくともプライム市場の上場会社は、基本的に、任意の指名・報酬委員会の委員の過半数を独立社外取締役とすること等が求められるようになりました。

　また、これにかかわらず、今後のガバナンス強化に向けた流れからすると、独立社外取締役が委員の「過半数」でないにもかかわらず、独立社外取締役を「主要な」構成員とする、「独立した」委員会であると整理し続けることは、少なくとも、機関投資家との関係では困難となるでしょう。

　さらに、今後、補充原則4－10①が、プライム市場の上場会社以外の上場会社に対しても、より明確に、任意の指名・報酬委員会の委員の過半数を独立社外取締役とすることを求めるよう改訂される可能性は十分にあると考えられます。

　このほか、次に述べる社外取締役の取締役会議長への就任と同様に、任意の指名・報酬委員会の委員長も社外取締役であることが、機関投資家やCGコードにおいて求められる可能性もあります。

　以上の点に関し、東証・独立社外取締役の選任状況調査結果によれば、任意の指名委員会の委員の過半数が社外取締役である会社の比率は、市場第一部及びJPX日経400の会社で、それぞれ68.1％（前年比＋6.8％）及び71.8％

（同＋7.3％）、任意の報酬委員会の委員の過半数が社外取締役である会社の比率は、市場第一部及びJPX日経400の会社で、それぞれ67.7％（前年比＋7.1％）及び69.5％（同＋6.3％）です。また、任意の指名委員会の委員長が社外取締役である上場会社の比率は、市場第一部及びJPX日経400の会社で、それぞれ52.9％（前年比＋3.7％）及び57.8％（同＋6.9％）、任意の報酬委員会の委員長が社外取締役である上場会社の比率は、市場第一部及びJPX日経400の会社で、それぞれ53.4％（前年比＋4.3％）及び58.6％（同＋7.5％）です[2]（9頁、10頁、12頁及び13頁。2020年8月14日時点におけるCG報告書の記載を元にした集計です）。

　任意の指名・報酬委員会の委員の構成については、以上の点を踏まえて検討する必要があります。

③　任意の指名・報酬委員会への諮問事項

　任意の指名・報酬委員会への諮問事項は、各社の自由ではありますが、それぞれ、図表5-2及び図表5-3に掲げるものが考えられます。

　任意の指名委員会への諮問事項は、図表5-2の⑥の「経営陣幹部・取締役の候補者の原案」の策定が本来的な諮問事項でありますが、今後は、同⑤の「社長・CEOの後継者計画（サクセッション・プラン）の監督」が特に重要となるでしょう。この点は、2021年6月の改訂後のCGコードの補充原則4-10①において、任意の指名委員会の検討事項に関し、「経営陣幹部・取締役の指名」に「（後継者計画を含む）」と付記されていることも表われています。

　また、報酬委員会への諮問事項は、図表5-3の②の「経営陣幹部・取締役の個人別の報酬額」の策定が本来的な諮問事項でありますが、業績連動報酬・株式報酬が報酬全体に占める比率のアップが求められる中、そのような新制度の策定や、連動させるべき財務指標及び非財務指標の見直し（同①）が中心的なテーマとなると考えられます。

---

[2]　なお、指名委員会等設置会社においては、指名委員会の委員長が社外取締役である上場会社の比率は、市場第一部及びJPX日経400の会社で、それぞれ90.5％（前年比＋9.5％）及び87.9％（同＋7.3％）、報酬委員会の委員長が社外取締役である上場会社の比率は、市場第一部及びJPX日経400の会社で、それぞれ88.9％（前年比＋7.9％）及び84.8％（同＋7.1％）と、いずれも9割前後であり、本文で述べた任意の指名・報酬委員会の委員長が社外取締役である上場会社の比率よりもかなり高い割合となっています。

[図表 5-2]　任意の指名委員会への諮問事項

①　取締役会全体としての知識・経験・能力・スキルのバランス、ジェンダー等の多様性及び規模に関する考え方（補充原則 4 - 11 ①参照）の原案の策定
②　取締役に求められるスキルについての考え方の原案の策定
③　経営陣幹部・取締役の選任・解任の方針・基準の原案の策定
④　独立社外取締役の独立性判断基準の原案の策定
⑤　社長・CEO の後継者計画（サクセッション・プラン）の監督
⑥　経営陣幹部・取締役の候補者の原案
・業務執行者の候補者だけでなく、社外取締役の候補者も対象

[図表 5-3]　任意の報酬委員会への諮問事項

①　経営陣幹部・取締役の報酬方針、報酬体系・報酬制度
（※）近時は、業績連動報酬や株式報酬が報酬全体に占める比率のアップが求められる（CG コード補充原則 4 - 2 ①）
⇒　経営戦略・経営計画（経営指標）に沿った報酬方針・報酬体系であることがポイント
②　経営陣幹部・取締役の個人別の報酬額
・執行側が提示する報酬額の原案の審査（報酬金額の妥当性の審査）
・役員賞与における業績目標の妥当性、業績結果に基づいた賞与額（社長の定性的な評価を加味したもの）の妥当性
（※）なお、業績が悪化している場合において、経営陣幹部・取締役の解職・解任の必要はないまでも、当該業績を報酬に反映するにあたり、任意の報酬委員会が有効となることもあり。

Ⅱ　社外取締役の取締役会議長への就任[3]

1　取締役会議長と最高経営責任者の分離の要請

(1)　取締役会議長の属性の傾向

　上場会社を巡る昨今のガバナンスにおける重要なテーマの1つに、最高経営責任者（Chief Executive Officer）と取締役会議長（Chairman of the Board）との「分離」があります。「分離」とは、最高経営責任者が取締役会議長にならないということです。

---

3)　社外取締役が取締役会議長となることその他「取締役会議長と CEO の分離」については、拙稿「取締役会議長と CEO の分離の考え方と実務上の留意点」旬刊経理情報 1519 号（2018 年）44 頁もご参照ください。

[図表 5-4]　取締役会議長と CEO の兼任に関する諸外国の状況

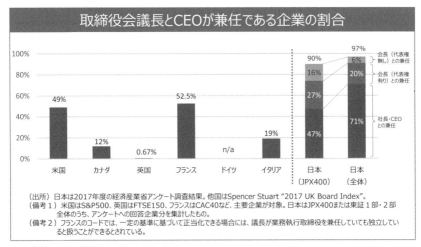

（出所）CGS 研究会（第 2 期）第 4 回（2018 年 3 月 29 日開催）資料 5「中間整理に向けた対応の方向性（案）」14 頁から抜粋）

　取締役会議長の属性について、諸外国における属性は、**図表5-4**のとおりです。英国では、後述のとおり、UKCG コードにおいて、取締役会議長と CEO の分離が求められていることもあり、CEO が取締役会議長を兼任している企業の割合は、FTSE150 の構成企業の中でわずか0.67％にすぎません。これに対し、米国では、S&P500 の構成企業の中で約半数の 49％において、CEO が取締役会議長を兼任しています。このように、諸外国において、最高経営責任者が取締役会議長とならないことが必ずしも主流となっているわけでもないようです。

　日本は、経済産業省が行ったアンケート調査の結果（2017 年～2018 年にかけて東京証券取引所市場第一部及び第二部の上場会社に対して行ったもの。**図表5-4 の日本のデータは当該結果に基づくものです）**[4] によると、有効回答企業940 社における取締役会議長の属性は、「社長・CEO」が 71％、「会長（代表権あり）」が20％、「会長（代表権ない）」が 6％、「社外取締役」が 2％、「そ

---

4)　CGS 研究会（第 2 期）第 3 回（2018 年 2 月 22 日開催）資料 3「CGS ガイドラインのフォローアップについて」12 頁。なお、当該資料は、2018 年 5 月公表の CGS 研究会（第 2 期）の中間整理「実効的なコーポレートガバナンスの実現に向けた今後の検討課題」の別紙にもなっています。

の他」が 2 ％となっています。

　このように、日本では、社長・CEO が取締役会議長に就くケースが大半
であり、社外取締役が取締役会議長であるケースは非常に少ない状況です[5]。
少数派ながらも社外取締役を取締役会議長とする会社として、CG 報告書に
よれば、例えば、日立製作所、三井住友トラスト・ホールディングス、みず
ほフィナンシャルグループ、荏原製作所、LIXIL グループ、オリンパス、武
田薬品工業、SCSK、花王、JVC ケンウッド、横河電機、TDK、ベネッセ
ホールディングス、キリンホールディングス、帝人があります。

　傾向だけを見ると、日本は、米国やフランスの状況に近いといえます。
もっとも、米国では、取締役総数に対して社外取締役が占める割合が高く、
取締役会の高い独立性が確保されており、かつ、社外取締役の中にリード・
インディペンデント・ディレクター（筆頭独立社外取締役）が存在しており、
したがって、CEO が取締役会議長であっても、そのことによるネガティブ
な要因をオフセットするような取締役会の構成になっているという指摘がさ
れています[6]。日本の上場会社において、社外取締役が取締役総数の過半数
を占めているケースは極めて稀です。そのため、米国において CEO が取締
役会議長を兼任するケースが少なくないとはいっても、日本の状況を米国の
状況と同列に論ずることはできません。

(2)　なぜ取締役会議長と最高経営責任者の分離が求められるのか？

　では、なぜ取締役会議長と最高経営責任者の分離が求められるのでしょう
か。この点も取締役会の役割と関連します。本書でこれまで述べてきたとお
り、取締役会は、業務執行者に対する監督を特に重要な職務として担う機関
です。それにもかかわらず、業務執行者のトップであり、取締役会による監

---

5)　2020 年 11 月 21 日付け日本経済新聞夕刊 1 面「主要企業の取締役会、『社外取締役
　　が議長』の動き」では、「社外取締役が取締役会の議長に就く主要企業が相次いでい
　　る」とされ、「日経平均株価を構成する 225 社のうち 23 社と 1 割になった」、「東証 1
　　部全体（2200 社弱）では 60 社ほどにとどまるが、主要企業では割合が高い」とされ
　　ています。
6)　2017 年 10 月 18 日開催の第 11 回フォローアップ会議における高山与志子メンバー
　　（ジェイ・ユーラス・アイアール㈱　マネージング ディレクター取締役）の発言及び
　　同年 11 月 15 日開催の第 12 回フォローアップ会議における田中正明メンバー（PwC
　　インターナショナル シニア グローバル アドバイザー）の発言参照。

192

督の対象者たる「被監督者」の中でその監督を最も強く受けるべき者である最高経営責任者が、「監督者」である取締役会の議長となっていいのかというのが、上記分離の要請の背景にある問題意識です。すなわち、「被監督者」たる最高経営責任者が「監督者」たる取締役会の議長として取締役会を主宰する中で、取締役会は、当該最高経営責任者に対する監督を実効的に果たすことができるのか、という問題意識があります[7]。

　もう少し具体的に考えると、取締役会議長は、通常、取締役会の招集権者でもあります。その点も踏まえると、取締役会議長の主な役割の1つに、取締役会に上程すべき議案の選定があります。そして、取締役会は、最高経営責任者をはじめとする業務執行者に対する監督の職務を適切に果たす中で、場合によっては、最高経営責任者の解職の議案を取締役会に上程せざるを得ないこともあります。しかし、当の最高経営責任者が取締役会議長（取締役会の招集権者であり、取締役会の議案の選定者）である場合に、自身の解職議案を上程する取締役会を招集することは、到底期待することができません。また、取締役会事務局としても、最高経営責任者に対し、次回の取締役会の議案には、あなたの解職議案が含まれます、などと具申することは、とても想像することができません。

　このようなことから、「被監督者」たる最高経営責任者が「監督者」たる取締役会の議長に就くことは適切でないという議論が出てくるわけです。既に、UKCG コードの Provision 9 では、"The chair should be independent on appointment .... The roles of chair and chief executive should not be exercised by the same individual. A chief executive should not become chair of the same company." と定められ、最高経営責任者は、その就任時において独立性基準を満たしているべきであり、また、取締役会議長となるべきでないと明確に定められています。

(3)　日本における議論の状況と今後の見通し

　日本の CG コードには、取締役会議長と最高経営責任者の分離に関する原則は、本書執筆段階ではまだ導入されていません。2021 年 6 月の改訂に際し、

---

7)　2017 年 11 月 15 日開催の第 12 回フォローアップ会議の資料 3 の上田亮子メンバー（日本投資環境研究所）の「『スチュワードシップ・コード及びコーポレートガバナンス・コードのフォローアップ会議』（第 12 回）に関する意見」参照。

フォローアップ会議が 2020 年 12 月 18 日に取りまとめた意見書(5)「コロナ後の企業の変革に向けた取締役会の機能発揮及び企業の中核人材の多様性の確保」3 頁では、「独立社外取締役の取締役会議長への選任を含めた、独立社外取締役の機能向上」が論点として掲げられていたものの、最終的には、取締役会議長と最高経営責任者の分離に関する原則は、導入されませんでした[8]。

　もっとも、2021 年 4 月フォローアップ会議提言 3 頁では、「各社ごとのガバナンス体制の実情を踏まえ、必要に応じて独立社外取締役を取締役会議長に選任すること等を通じて、取締役会による経営に対する監督の実効性を確保することも重要である。この点についても、機関投資家との対話等を通じて検討が進められることが期待される」とされ、2021 年 6 月の改訂後の対話ガイドライン 3-8 では、「必要に応じて独立社外取締役を取締役会議長に選任することなども含め、取締役会が経営に対する監督の実効性を確保しているか」という項目が新たに設けられています。このように、フォローアップ会議や金融庁が、取締役会議長と最高経営責任者を分離し、独立社外取締役を取締役会議長とすることを推進しようとする姿勢は、強く表れているといえます。

　また、CGS ガイドラインでは、取締役会の在り方として、個別の業務執行の決定を少なくする方向を指向している場合には、監督機能の強化のため、「取締役会議長は、客観的な評価という観点から、業務執行者以外が務めることが望ましい」とされています（別紙 1「取締役会の役割・機能に関する検討の視点」2.4）。社外取締役ガイドラインにおいても、「取締役会においてどのような議題を議論するかはガバナンスを働かせる上で非常に重要であり、社外取締役としても必要に応じてアジェンダセッティングに能動的に関与することが期待される」とした上で、「このような積極的な関与を個々の社外取締役がそれぞれ行うことは困難な場合もあり得るため、取締役会議長を務

---

8)　2021 年 6 月の改訂に際してのフォローアップ会議における議論としては、例えば、第 21 回（2020 年 11 月 18 日開催）及び第 25 回（2021 年 3 月 9 日開催）の各フォローアップ会議において、ケリー・ワリングメンバー（Chief Executive Officer, International Corporate Governance Network（ICGN））が、それぞれ、「独立社外取締役が議長を務め」るべきである、「明確な責任分担をもって取締役会の議長と、そして CEO の役割を分けるべきです。そして、意思決定において、何も束縛がないようにするべきであります」と発言しています。

める社外取締役が代表してこうした役割を担うことが現実的な方法であり、そのためにも、社外取締役が取締役会議長を務めることは取締役会の監督機能を強化するための有効な手段であると考えられる」とされています（27～28頁）。

さらに、日本の上場会社の中には、株主総会において、取締役会議長と最高経営責任者を分離することを定款に定めることを求める株主提案を受けるケースがあります。そして、図表5-5のとおり、その賛成割合が、2割～3割台と、株主提案に対する賛成割合としては比較的高い割合となることも珍しくありません。株主提案に賛成した機関投資家が多くいるということを意味していると考えられます。取締役会議長と最高経営責任者の分離それ自体は、ガバナンス強化（取締役会の監督機能の強化）に向けた取組みであり、機関投資家としても反対する理由がない事項（むしろ積極的に推進したいと考える事項）であるといえ、今後、その支持がますます広がるとみられます。

以上からすると、日本のCGコードにおいて、取締役会議長と最高経営責任者の分離に関する原則が盛り込まれるのも時間の問題にすぎないといえます[9]。

---

9)　どのような形で原則が入るかは、今後の各上場会社における取組みの状況を踏まえた議論次第となるでしょう。この点に関し、2018年のCGコードの改訂に際してのフォローアップ会議における議論ではありますが、第12回フォローアップ会議（2017年11月15日開催）では、独立社外取締役が2名しかいない状況の中で社長が取締役会議長を務めることが、果たして形式面も含めてガバナンスが深化したといえるのか疑問を呈し、その実質を充実する観点から、例えば、取締役のうち独立社外取締役が過半数である上場会社では、社長が取締役会議長を務めてもいいとしても、それに満たない上場会社では取締役会議長は社長以外の取締役が務めるべきであるとすることの検討の必要性が指摘されていました（佃秀昭メンバー（エゴンゼンダー株式会社代表取締役社長（当時））の発言参照）。

もっとも、筆者としてはこのような対応の在り方はやや疑問に感じています。業務執行者に対する監督機能を取締役会の機能の中心と考える立場からすると、社外取締役が2名しかいない状況がそもそも不満である一方で、だからこそ、せめて取締役会議長は社外取締役が務めるべき（少なくとも社長が務めるべきでない）という発想になりますが、他方で、会社側からすれば、そこまで監督機能を主軸とした取締役会に舵を切れないからこそ、社外取締役が2名しかいないわけであり、そのような上場会社で、社外取締役が取締役会議長を務めても、うまく機能しない可能性のほうが高いように思われます。順序としては、取締役総数の過半数を社外取締役とすることを求めたうえで、次のステップとして、社外取締役が取締役会議長となることを求めるほうが、取締役会の実効性の確保という観点からは望ましいと思われます。2017年10月18日開催の第11回フォローアップ会議において、高山与志子メンバーも、「理想

[図表 5-5] 取締役会議長と CEO を分離する旨の定款の定めを設ける定款変
更議案に係る株主提案を受けた上場会社とその取締役会の反対理由

会社名	株主提案の賛成比率
取締役会の反対理由	
りそなホールディングス（2017 年 6 月開催の定時株主総会）	36.95％

当社「コーポレートガバナンス基本方針」においては、取締役会の構成について独立性
の高い社外取締役を過半数とする旨定めるとともに、指名委員会および報酬委員会にお
いては原則社外取締役のみで構成する旨定めており、透明性と客観性の高いガバナンス
を構築しております。

一方、当社の取締役会議長については、定款第 30 条第 1 項において、「法令に別段の定
めがある場合を除き、取締役会において指名する取締役が招集し、議長となる」旨定め
ており、上記のとおり独立性の高い社外取締役が過半数を占める取締役会による指名に
より、社外取締役を含む取締役が議長となることが可能な仕組みとしており、透明性お
よび客観性の高いルールを設けております。

また、現在、取締役会においては、執行役社長を兼務する取締役を議長として指名して
おりますが、その任期は 1 年であるとともに、毎年取締役会の議事進行等について全取
締役から評価を受ける仕組みとしております。評価結果は概ね適切と評価されている状
況であり、定款上議長を社外取締役に限定するまでの必要はないと考えます。

したがって、定款に本議案のような規定を設けることは不要と考えます。

| GMO インターネット（2018 年 3 月開催の定時株主総会） | 22.23％ |

当社は、定款第 33 条において、取締役会は、法令に別段の定めある場合を除き、取
締役社長が招集し、議長となる旨を定めております。

取締役会議長は取締役会における業務執行の決定を主導する立場にあることから、グ
ループ全体の業務内容を最も熟知している者が適任であり、取締役社長が取締役会議長
を務めるべきと考えております。

当社取締役会においては、各議案について十分な説明がなされたうえで、議長が取締
役に対して発言を促し、議論を尽くした後に決議を行っております。

また、当社は、監査等委員の過半数が独立役員である社外取締役で構成されており、
業務執行者に対する監督機能が強化されているものと考えております。

さらに、提案理由は、取締役会議長と業務執行者の兼任禁止を定めることにより取締
役会の監督機能を強化すべき旨を述べておりますが、当該兼任禁止が取締役会の監督機
能の強化に資するかどうかは必ずしも明確ではなく、提案理由が引用する CGS ガイド
ラインにおいても、経営・取締役会の見直しの方向性は複数提示されており、社内の業
務執行取締役が取締役会議長を務める場合もありうる旨が指摘されております。

的には議長が社外というのがよろしいとは思うんですけれども、そこまでのステー
ジ、ステップということを考えたときに、まずは社外取締役の割合がボードで一定数
以上を占めるというところからスタートするというのがよいのではないかと思いま
す」と発言しています。

　当社は、第7号議案に対する当社取締役会の意見に記載したとおり、当社定款第36条において、原則として取締役会決議事項の事後承認を禁止し、例外的に事後承認を得る場合でも取締役全員の賛成を要する旨を定めている等、重要な業務執行についての業務執行取締役の権限を制限し、取締役会の監督機能を強化しており、コーポレート・ガバナンスの一層の充実を図っております。

　以上に鑑みると、当社においては、あえて取締役社長以外の取締役に取締役会議長を務めさせる必要はないものと考えております。

　本議案は、こうした当社取締役会の考えに反するものであることから、当社取締役会は、本議案に反対いたします。

三菱UFJフィナンシャル・グループ（2018年開催の定時株主総会）	32.47%

　当社では、取締役会議長はMUFGコーポレートガバナンス方針に基づき、最高経営責任者である代表執行役社長と分離し、代表執行役会長が務めております。取締役会議長は独立社外取締役等の非業務執行者であるべきとする意見があることは認識しており、当社もそれを否定するものではありません。しかし、当社は、取締役会を主導し、取締役会の実効性を確保することが取締役会議長の責務と考えております。また、取締役会が十分な情報に基づき、健全な決定を行うことができるよう、各取締役と日常的に意見交換を行ったうえで取締役会の日程や議題を設定することが取締役会議長の重要な役割であると考えており、代表執行役会長が務めることが最適であると判断しております。その上で、当社は、指名委員会等設置会社制度を採用し、社外取締役が過半数を占める指名・ガバナンス委員会が取締役の選任議案を決定するものとしているほか、独立社外取締役の互選により筆頭独立社外取締役を選任しております。また、本総会において第2号議案が原案通り承認可決された場合、取締役15名のうち過半数の8名が独立社外取締役となる等、取締役会が経営陣への監督機能を有効に果たすことができる態勢を構築しております。

　従って、定款に本議案のような規定を設ける必要はないと考えます。

みずほフィナンシャルグループ（2018年6月開催の定時株主総会）	28%

　取締役会は、企業統治システムの基本的な考え方・枠組み・運営方針を定めるものとして、定款に次ぐ上位規程である「コーポレート・ガバナンスガイドライン」を制定のうえ、これをホームページで公表し、あらゆるステークホルダーへのコミットメントとしています。

　上記ガイドラインは、取締役会議長について「取締役会の経営に対する監督機能という役割を踏まえ、原則として社外取締役（少なくとも非執行取締役）とする」と定めており、最高経営責任者が取締役会議長を務めることはできません。

　実際に、「指名委員会等設置会社」への移行後は、社外取締役の○○氏が取締役会議長を務めており、最高経営責任者と取締役会議長の兼任は行われておりません。

　したがって、定款に本議案のような規定を設ける必要はないと考えます。

三井金属鉱業（2020年6月開催の定時株主総会）	36.99％

当社取締役会が有効に機能し、適切なガバナンスが確保されているかについては、会社法や東京証券取引所が定める「コーポレートガバナンス・コード」（以下、「CGコード」といいます。）などに則り、不断の検討・検証をしております。かかる検討において、業務を執行しない社外取締役を取締役会の議長とすることがガバナンス上一定の範囲で有効であるとの考え方があることは認識しておりますが、当社のガバナンスに直ちに不可欠なものとは認識しておりません。

現状、当社取締役会では、議案を事前に社外取締役を含む各取締役に配付しており、各取締役がその内容を検討し、必要に応じ事前説明を受けたり情報収集を行ったうえで取締役会に臨んでおります。取締役会の場においては議案の審議に十分な時間をとり、議論を尽くした後に最適な決定を行っております。CGコードに定める取締役会の実効性評価においても、取締役会の役割・責務は十分に果たしているものと認められております。

また、当社取締役会は取締役6名中2名が社外取締役でありますが、本総会において上程しております「取締役8名選任の件」が承認可決されますと、取締役8名中3名が社外取締役となります。社外取締役3名が業務執行を行わない独立した立場から企業価値の向上や株主利益の保護といった観点で経営を監督することとなり、取締役会としての監督機能はより一層強化されるものと認識しております。

従いまして、取締役会としては、定款に本議案のような規定を設けることは不要と判断しております。

なお、当社取締役会の議長については、「取締役会規則」により取締役の互選により決定することとしており、社外取締役の取締役会議長就任も可能となっております。

コラム 19 取締役会議長と最高経営責任者の分離を可能とする定款の定め

本文で述べたとおり、取締役会議長と最高経営責任者を分離する旨の定めを設ける定款変更議案に係る株主提案は、比較的高い賛成率を得る傾向にあります。

会社がこのような株主提案を受けた場合には、通常、取締役会としては、当該株主提案に係る株主総会参考書類において、反対の意見である旨とその理由を記載することになります（会社法施行規則93条1項3号参照）。しかし、当該株主提案を毎年受けている会社において、同じ反対理由を使い続けていては、他の株主の理解・納得を得られず、賛成割合がむしろ高くなる結果にもなりかねません。会社側としては、より説得的で、他の株主の賛同（株主提案への反対）を得られやすい反対理由となるよう、その反対内容を毎年慎重に検討する必要があります。

ちなみに、CGコードの補充原則1−1①は、株主総会において可決には至ったものの相当数の反対票が投じられた「会社提案議案」について、取締役会が、反対の理由や反対票が多くなった原因の分析を行い、株主との対話

その他の対応の要否について検討を行うべきであるとしています。当該補充原則は、会社提案議案についてのものではありますが、株主総会において「否決」されたものの相当数の「賛成票」が投じられた「株主提案議案」についても、その趣旨が当てはまるといえます。

そして、株主の提案するとおりに定款を変更すること自体は受け入れないものの、定款変更により行おうとする施策を実行するということも視野に入れざるを得ない状況に既にあるかもしれません。取締役会議長と最高経営責任者との分離についていえば、みずほフィナンシャルグループは、同社の定める「コーポレート・ガバナンスガイドライン」において、「取締役会の議長については、……原則として社外取締役（少なくとも非執行取締役）とする」と規定し、実際に社外取締役が取締役会議長に就任しています。そして、同社は、このように、最高経営責任者と取締役会議長の兼任が行われていないことを、当該兼任を禁止する旨を定める定款変更議案に係る株主提案に対する反対理由として述べています。

以上に加え、株主提案を受けたわけではないですが、社外取締役が取締役会議長を務めることができるようにするため、定款変更を行う上場会社が現れています。例えば、神戸製鋼所は、定款において、取締役会長が取締役会の招集権者及び議長となる旨を定めていたところ、2018年6月開催の定時株主総会において、「取締役会議長を社外取締役から選定する」ため、「取締役会は、……取締役会の決議により予め定めた取締役がこれを招集し、その議長となる」との定めに変更しています。

ジェイエイシーリクルートメントも、定款において、取締役社長が取締役会の招集権者及び議長となる旨を定めていたところ、2019年3月開催の定時株主総会において、「意思決定の客観性、及び透明性の向上を図るため、業務執行から独立した社外取締役が取締役会議長を務めることができるよう」、「取締役会においては、あらかじめ取締役会が定めた取締役が議長となる」との定めに変更しています（取締役会の招集権者は、取締役社長のまま）。

さらに、三陽商会も、定款において、取締役会議長は、取締役会長又は取締役社長がこれにあたる旨を定めていたところ、2020年5月開催の定時株主総会において、「取締役会の柔軟な運営を可能とすること、ならびに意思決定の客観性および透明性の向上を図ることを目的として、取締役会の議長につき、業務執行から独立した社外取締役においても務めることができるよう」、「議長は、取締役会においてあらかじめ定めた取締役がこれにあたる」との定めに変更しています。

このように、取締役会議長（及び取締役会の招集権者）について、社長・CEOその他業務執行者以外の者（特に、社外取締役）が就くことを可能とするための定款変更を行う会社が今後も現れる可能性があります。

② 各社における取締役会議長の在り方についての検討

(1) 取締役会議長の役割とは？

以上の議論状況も踏まえ、各社において、誰が取締役会議長となるべきかについて、各社の最適なコーポレート・ガバナンス体制の構築の観点から、検討する必要があります。

そもそも取締役会議長の役割には何があるでしょうか。取締役会議長が大した役割を担っていないのであれば、被監督者たる最高経営責任者が取締役会議長を務めるからといって直ちに、取締役会の監督機能の実効性が阻害されるわけではないことになります。

そのような観点からは、各社において、取締役会議長と最高経営責任者の分離を図るべきかどうかということを検討するに当たっては、取締役会議長の役割を確認しておく必要もあります。

CGS ガイドライン 2.5.1（17 頁以下）や UKCG コード（Provision 3 及び Principle F）に定められている役割も踏まえると、取締役会議長の主な役割として、図表 5-6 に掲げる役割が挙げられます。

[図表 5-6]　取締役会議長の主な役割

① 取締役会の議案の選定
② 取締役会の招集（取締役会の招集権者）
③ 取締役会当日の議事進行（議事の主宰）
④ 取締役会議事録の作成（事務局が作成した原案を確認し、他の取締役・監査役に回付）
⑤ 取締役会を自由闊達で建設的な議論・意見交換の場とし、審議を活性化させること
⑥ 正確、かつ、タイムリーな情報の取締役への共有
⑦ 大株主との対話

(2) 結局、誰が取締役会議長となるべきか？──社外取締役か、代表権のない会長か？

では、前述のような役割を担う取締役会議長には誰がなるべきでしょうか。

この点を考えるに当たっての出発点も、やはり、取締役会の役割について、業務執行者に対する監督機能を重視するのか、それとも、業務執行の意思決定機能を重視するのかという点です。

　そして、①(2)で述べたとおり、取締役会議長と最高経営責任者の分離は、正に、業務執行者に対する監督機能を重視する立場から、当該監督機能を強化するために求められるものです。

　したがって、取締役会の役割について、業務執行者に対する監督を重視する会社では、取締役会議長と最高経営責任者を分離するのが整合的であり、そして、取締役会議長となるべき人物は、業務執行者に対する監督が正に期待される社外取締役であるというのが最も素直な発想であると思われます。CGS ガイドライン 2.5.1 においても、「自社の取締役会の役割・機能等を踏まえて、誰が取締役会議長を務めることが適切かを検討すべきである。その際、取締役会の監督機能を重視する場合には、社外取締役などの非業務執行取締役が取締役会議長を務めることを検討すべきである」とされています（17 頁）。

　これに対し、取締役会の役割について、業務執行の意思決定機能を重視する場合は、傾向として、個別具体的な業務執行事項の決定が取締役会の議案の多くを占めることになります。そうすると、一般論として、社外取締役である、すなわち、業務執行に関与していない取締役会議長には事前の議案の選定や当日の議事進行が容易でないと思われます。そのため、そのような取締役会において、社外取締役を取締役会議長とすることは、取締役会の円滑な運営という観点からはむしろデメリットのほうが大きい場合があり得ます。したがって、業務執行の意思決定機能を重視する取締役会では、取締役会議長は、最高経営責任者その他業務執行者のほうが望ましいということになり得ます。

　以上の取締役会の主な役割を軸として取締役会議長となるべき人物を考える場合の基本的な考え方を整理したものが図表 5-7 です。

　もっとも、実際上は、図表 5-7 のように割り切って考えることも容易ではないかもしれません。また、取締役会の監督機能を重視するとはいっても、社外取締役に取締役会議長になってもらうのはまだ躊躇されるという会社も少なくないと思われます。

　取締役会議長と最高経営責任者の分離の要請が今後ますます強まることが予想され、最高経営責任者が取締役会議長を務め続けるのが難しくなりつつある中、かといって、社外取締役に取締役会議長を務めてもらうのもまだ避けたいという会社は、どのように考えればいいでしょうか。

[図表5-7]　取締役会の主な役割の捉え方の違いとそれが取締役会の運営に与える影響の違い

①取締役会の主な役割の捉え方	(1)業務執行に関する意思決定機能を重視	(2)業務執行者に対する監督機能を重視
②取締役会の主な決議事項とその多寡・取締役会の開催頻度への影響	取締役会において個別の業務執行事項を逐一決定 ⇒取締役会の決議事項が多く、取締役会の開催頻度も多くなりやすい	取締役会において、個別の業務執行事項は逐一決定せず、会社の進むべき方向性等の大枠を決定するのみ ⇒取締役会の決議事項が少なく、取締役会の開催頻度が少なくても支障が生じにくい
③取締役会のメンバー構成	会社の状況に詳しい業務執行取締役が多数派を占めるべきであり、会社の状況に詳しくない社外取締役は少ない、又はその占める割合が小さくても問題ないという考え方に親和的	業務執行に関与せず、業務執行者からの独立性もある社外取締役の人数が多くあるべき、又はその占める割合が大きくあるべきという考え方に親和的
④取締役会議長の属性	個別の業務執行事項を決定するという取締役会の議案の性質に鑑み、取締役会議長も、会社の状況に詳しい最高経営責任者がなるべきという考え方に親和的	業務執行者に対する監督を重視する以上、最高経営責任者は、取締役会議長を兼ねるべきではないという考え方に親和的

（初出：拙稿「取締役会議長とCEOの分離の考え方と実務上の留意点」旬刊経理情報1519号（2018年）46頁）

　この点について、取締役会議長と最高経営責任者の分離は、直接的には、「経営」の「最高」（トップ）の責任者が取締役会の「議長」とならないことを求めるものです。すなわち、社外取締役が取締役会議長に就任することが直ちに求められるわけではありません。

　したがって、例えば、代表権のない会長は、通常、最高経営責任者ではあ

りませんので、取締役会議長となっても、上記分離の要請を満たすことになります。そのため、社外取締役を取締役会議長とするのは時期尚早であるが、代表権のない会長に取締役会議長を務めてもらおうという考え方もあり得るところです（もっとも、最高経営責任者の「経験者」も取締役会議長となるべきでないという考え方に立つと、会長は、通常、元最高経営責任者（元社長）ですので、やはり取締役会議長になるべきでないということになります）。

　CGS ガイドラインでは、「取締役会の意思決定機能も重視する企業において、社内の情報を熟知しつつ、執行側を監督する役割を担う社内の非業務執行取締役が存在する場合には、その者が取締役会議長を務めることで、取締役会の監督機能の実効性の確保と適切な議案選定・議事進行を両立させることも考えられる」とされており、そのような「社内の非業務執行取締役」として、「例えば、社長退任後、代表権のない会長となり、非業務執行取締役として監督に徹しているような場合が考えられる」とされています（19頁及び脚注19）。ただし、「このことが取締役会の監督機能の実効性の確保に資するためには、取締役会議長を務める非業務執行取締役が、実質的にも業務執行とは一線を画し、監督に専念していることが前提となると考えられる。社長を退任した会長が取締役会議長を務めることで、現社長・CEO による業務執行に対し不当な干渉がなされるような状況が生じないように留意する必要がある」とされている点にも留意する必要があります。

　代表権がなく、かつ、業務執行にも関与しない会長が取締役会議長を務めるケースとして、例えば、丸紅は、「経営と執行をより明確に分離するため、原則として代表権・業務執行権限を有さない取締役会長が取締役会の議長を務めています」とし[10]、JSR は、「取締役会議長は、業務執行を行わない取締役会長が務めております」としています[11]。また、三菱地所は、「取締役会長は、非業務執行取締役とする」とした上で、「取締役会長は、定款の定めに基づき、取締役会の議長を務めると共に、充実した審議を通じて取締役会の実効性向上を図るべく、取締役会の議題選定、取締役会の評価、社外取締役と執行役等との連携促進等において主導的な役割を担う」としています（同社のコーポレートガバナンス・ガイドライン6条2項・3項）[12]。帝人は、「会

10）　https://www.marubeni.com/jp/company/governance/measure/structure/

11）　https://www.jsr.co.jp/company/governance.html

12）　http://www.mec.co.jp/j/investor/governance/materials/pdf/guidelines.pdf

長は対内的業務執行には携わらないものとし、別段の必要がある場合を除いて代表権を持たない」とした上で、「監視・監督と対内的業務執行の分離の一環として、取締役会議長は取締役会長とする。取締役会長が不在の場合は、取締役である相談役又は社外取締役から取締役会議長を選定する」としています[13]（ただし、前述のとおり、同社の 2020 年 6 月 22 日付け CG 報告書によると、社外取締役が取締役会議長であるとされています）。

　また、リコーは、「取締役会を経営の最高意思決定機関として位置付け、その取締役会議長を非執行取締役とし、中立的な立場で取締役会をリードすることで、重要案件に対する深い議論を促し、果断な意思決定に繋げる」とし、社外取締役ではないですが業務執行に携わらない取締役（過去に同社のCIO（Chief Information Officer、最高情報責任者）やコーポレート・ガバナンス推進担当の取締役であった人物）が取締役会議長に就任しています（同社の 2020年 3 月期有価証券報告書）。

　このほか、最高経営責任者でない限りは、業務執行取締役（副社長など）が取締役会議長となることも、上記要請に直ちに反することにはならないといえ、選択肢となり得ます。

　機関投資家の理解を最も得やすい選択肢は、社外取締役が取締役会議長となるというものですが、以上のとおり、それに至るための過渡的な対応として、代表権がなく、かつ、業務執行にも関与しない会長や最高経営責任者でない業務執行取締役が取締役会議長となることも考えられます。

コラム20　監査（等）委員や監査役による取締役会議長の就任

　本文で述べたとおり、取締役会議長と最高経営責任者を分離し、とりわけ、社外取締役が取締役会議長となることが今後ますます強く要請されると考えられます。

　そのような中、監査等委員会設置会社や指名委員会等設置会社において、監査（等）委員である社外取締役が取締役会議長となることも考えられます。もっとも、監査（等）委員会による監査（会社法 399 条の 2 第 3 項 1 号、404条 2 項 1 号）の対象には、取締役会の運営も含まれると考えられます。そのため、監査（等）委員である取締役が取締役会議長に就任すると、監査（等）委員であり、かつ、取締役会議長でもある当該取締役については、取締役会

---

13)　https://www.teijin.co.jp/ir/management/governance/guide/

議長の職務の執行を監査する限りにおいて、自己が行った職務の執行を自分自身で監査する、すなわち、自己監査の側面が生じてしまいます。したがって、監査（等）委員である取締役が取締役会議長となることは、不適切とまではいえないものの、慎重な判断を要するといえるでしょう。

　これに対し、監査役が取締役会議長となることはできるでしょうか。監査役は、会社法上、取締役会への出席義務を負っています（会社法383条1項本文）。しかしながら、当該出席義務は、あくまでも、取締役の職務の執行を監査するという監査役の職務（同法381条1項前段）を果たすために課されているものであり、取締役会の正式な構成員であることから課されているわけではないと解されます。監査役が取締役会の正式な構成員でないことは、監査役が取締役会の決議における議決権を有していないこと（同法369条1項参照）からも裏付けられます。そうすると、会議体（取締役会）の正式な構成員でない監査役が、当該会議体の主宰者たる議長（取締役会の議長）となることはできないと解するのが素直ではないかと思われます（阿部一正ほか『条解・会社法の研究5　株主総会』別冊商事法務163号（1994年）92頁〔稲葉威雄発言〕、阿部一正ほか『条解・会社法の研究6　取締役（1）』別冊商事法務176号（1995年）146頁〔稲葉威雄、阿部一正発言〕は、取締役以外の者が取締役会議長となることはあり得ないとしています。このほか、最近の文献として、髙木弘明「実務問答会社法第46回　株主総会および取締役会における議長の資格」商事法務2245号（2020年）52頁参照）。

(3)　社外取締役が取締役会議長を務める場合の留意点

　社外取締役が取締役会議長を務める場合の最大のネックは、社外取締役の情報不足であるといえます。社外取締役は、会社が現在どのような状況にあり、また、会社で何が起こっているか、ということについて、タイムリーかつ詳細に把握しているわけではありません。そのため、次回の取締役会にどのような議案を上程すべきかということの選別（もちろん、現場から、次回の取締役会でこの議案を承認してほしいという要望がってくるものが多くあるのでしょうが）や、その優先順位を、社外取締役自らの判断で行うのは難しいと思われます。

　したがって、社外取締役に会社の状況をインプットする機会を設ける必要があります。そのためには、取締役会議長である社外取締役には、取締役会の場とは別に、会社の業務執行取締役その他担当者と打合せをする時間を確保してもらう必要があります。そのような打合せの機会のほか、社外取締役にも経営会議等の社内会議に（オブザーバーとして）参加してもらうことも

検討に値します。

　これらの準備のための作業は、単に社外取締役として議案の説明を事前に受けるだけのケースに比べて、時間が長くなると見込まれます。逆にいえば、社外取締役に取締役会議長を務めてもらう場合には、そのような時間を含め、取締役会議長としての役割を適切に果たすために十分に準備するだけの時間と労力を確保することができる社外取締役である必要があり、また、当該社外取締役にもそれだけの覚悟が求められます[14]。

　このほか、社外取締役が取締役会議長として取締役会の議案を適切に選定することができるようにするため、基本的には、取締役会の決議事項のスリム化も併せて行う必要があります。さらに、取締役会議長たる社外取締役の負担を減らすため、取締役会の開催頻度そのものを減らすことも検討に値します。日本の上場会社の取締役会は、月に1回の頻度で開催するのが典型的ですが、業務執行者に対する監督を中心とする取締役会であることを前提とし、かつ、取締役会の決議事項もだいぶ減らされている場合は、より少ない頻度（例えば、2か月に1回）で取締役会を開催することも可能となり得ます。

Ⅲ　筆頭独立社外取締役

　CGコードの補充原則4-8②は、「独立社外取締役は、例えば、互選により『筆頭独立社外取締役』を決定することなどにより、経営陣との連絡・調整や監査役または監査役会との連携に係る体制整備を図るべきである」としています。「筆頭独立社外取締役」は、海外において"senior independent director"とか"lead independent director"といわれるものです。

　当該補充原則の趣旨について、「経営陣との調整や監査役との連携といったデリケートで骨の折れる仕事について、まずは第一次的にこれらを担当する者を決定しておいて、しっかりとその任に当たってもらうことにあ」るとされています[15]。

---

14)　CGSガイドライン19頁では、「取締役会議長を務める社外取締役の側にも、例えば自ら経営会議等に出席する等して情報の把握に努めるなど、特段のコミットメントが求められる」とされています。

15)　油布志行ほか「『コーポレートガバナンス・コード原案』の解説〔Ⅳ・完〕」商事法務2065号（2015年）48頁。

　社外取締役が1～2名いる程度であれば、筆頭独立社外取締役の必要性は高くないですが、社外取締役の人数が増えるにつれ、その必要性が高まります。なお、社外取締役の間で序列・優劣をつけることにその趣旨があるわけではありません。

　このような筆頭独立社外取締役は、日本ではまだなじみがないかもしれませんが、その役割として、UKCGコードや社外取締役ガイドラインも踏まえると、例えば、図表5-8に掲げるものが考えられます。

[図表5-8]　筆頭独立社外取締役の役割

・取締役会議長のサポート
・（任意の）指名委員会又は報酬委員会の委員長
・独立社外者のみの会合の議長
・独立社外者間の議論・認識共有の主導
・社長・CEOとの定期的な面談
・独立社外者と経営陣との意思疎通の仲介
・取締役会評価の主導役（各取締役に対するインタビュアー等）
・機関投資家との対話・面談[16]

　このように、筆頭独立社外取締役は、執行側に対する単なる窓口的な役割にとどまらない役割が期待されています。CGSガイドラインにおいても、「社外取締役が経営陣との対話や株主等のステークホルダーとの対話を円滑に行うために、筆頭独立社外取締役を選定することを検討すべきである」とされ、「単なる調整役というよりも、様々な対話の中心としての役割を期待して、社外取締役の中で主導的な役割・機能を果たす社外取締役を選定しておくことが有効と考えられる」とされています（76頁）。

　社外取締役の中からだれを筆頭独立社外取締役に選定するかという点については、筆頭独立社外取締役の上記のような役割を踏まえると、例えば、当該会社の社外取締役としての在任期間が長い社外取締役や、他社での社外取締役としての経験を含め、経験・知識の豊富な社外取締役が考えられます。

16）　2021年6月の改訂後の対話ガイドライン4-4-1では、「株主との面談の対応者について、株主の希望と面談の主な関心事項に対応できるよう、例えば、『筆頭独立社外取締役』の設置など、適切に取組みを行っているか」という項目が新たに設けられています。

　筆頭独立社外取締役の選定に関する開示例として、例えば、図表 5-9 に掲げるものがあります。

[図表 5-9]　筆頭独立社外取締役の選定に関する開示例

日産自動車（2020 年 7 月 10 日付け CG 報告書）

社外取締役のみで構成される会合（社外取締役ミーティング）を定期的に開催する。社外取締役ミーティングは、独立性を有する社外取締役の中から筆頭独立社外取締役を選定するものとし、上記社外取締役ミーティングの議長は、筆頭独立社外取締役が務めることとする。なお、筆頭独立社外取締役は取締役会議長を兼任しない。

オートバックスセブン（2020 年 7 月 14 日付け CG 報告書）

【原則 4-8.　独立社外取締役の有効な活用】
　当社は、筆頭独立社外取締役を設置するとともに、当該取締役が主催する独立社外役員連絡会を年数回開催し、社外取締役の相互の情報共有とコミュニケーションを強化しております。
【原則 5-1.　株主との建設的な対話に関する方針】
　……株主・投資家との対話の幅を広げるため、筆頭独立社外取締役を設置しております。

日立建機（2021 年 4 月 16 日付け CG 報告書）

独立社外取締役間における協議の更なる円滑化を図るため、独立社外取締役の互選により「筆頭独立社外取締役」を設置し、独立社外取締役としての役割及び責務を十分に果たせる体制を整備しています。

信和（2020 年 9 月 1 日付け CG 報告書）

社外取締役に対しては、取締役会における決議案件や重要な報告に対する監督・助言を資するため、筆頭独立社外取締役を選任し、当社事務局が適宜情報提供を行っております。

Ⅳ　独立社外者のみの会合

　CG コードの補充原則 4-8 ①は、「独立社外取締役は、取締役会における議論に積極的に貢献するとの観点から、例えば、独立社外者のみを構成員とする会合を定期的に開催するなど、独立した客観的な立場に基づく情報交換・認識共有を図るべきである」としています。当該原則は、直接には、独立社外取締役が、取締役会における議論に積極的に貢献するため、独立した客観的な立場に基づく情報交換・認識共有を図ることを求めるものですが、その方法の例として、独立社外者のみの会合を挙げています。海外では、こ

のような会合は、エグゼクティブ・セッション（executive session）と言われています。

　社外取締役は、1か月に1回程度会社に来て、取締役会に出席するだけであると、どうしても情報不足に陥り、また、会社が現在どのような状況にあるのかということをタイムリーに知ることができない可能性もあります。そうすると、せっかく取締役会に出席しても、積極的に意見を述べたり、問題点等を指摘したりすることができなくなってしまいます。そこで、上記補充原則4−8①は、社外取締役が、意識的に情報交換・認識共有を図ることを求めています。そして、そのような情報交換・認識共有は、業務執行者に対するけん制・監督という観点から、独立した客観的な立場に基づくものである必要があります。

　上場会社の中には、独立社外者のみの会合を開催することについて、社外取締役同士の馴れ合いが生ずることになりかねないため、当該会合を設置することはしないという上場会社もあります[17]。他方で、社外取締役ガイドラインは、「社外役員（社外取締役及び社外監査役）間で忌憚のない活発な議論を行うことで、必要な場合に連携して行動するための土台となる、社外役員間の信頼関係の構築につなげることができる」として、社外役員のみでの議論の場を設けることを積極に評価しています（40頁）。社外取締役は、とかく情報不足に陥りかねず、また、孤立しかねない存在であることから、基本的には、独立社外者のみの会合について、前向きに捉えていいものと思われます。

　会合の名称は、どのようなものでも構いませんが、「独立社外役員連絡会」、「社外役員連絡会」「独立役員連絡会」といったものが考えられます。

17）　亀田製菓は、2020年6月17日付けCG報告書によれば、独立社外者のみを構成員とする会合を設置しておらず、その理由は、以下のとおりとされています。
・「独立社外者のみを構成員とする会合」は、取締役のうち社外取締役の人数が少なく、当該意見が反映されづらい環境を是正するために有効と考えますが、当社は社外取締役を6名選任しており、社外取締役が発言しやすく、当該意見が反映されやすい環境にあると考えます。
・社外取締役はそれぞれ卓越した知見を有しており、それを個々に発揮することが求められていますが、「独立社外者のみを構成員とする会合」を設置することにより、ある種の共通認識が形成され、当該認識に対する反対意見を述べづらくなるなど、その独立性を弱める可能性があります。
・社外取締役に対し、当社の重要会議の議事録・報告等を同じ分量・内容で提供し、個々によってばらつきが出ないように配慮することで、認識の共有は十分に図られると考えております。

　本書は、CGコード上の特定の原則について、いかなる場合であればコンプライ（実施）していることになり、また、エクスプレイン（実施しない理由の説明）が必要となるかの解釈を論ずるものではありませんが、補充原則4−8①についてこの点を述べるとすると、「独立社外者のみを構成員とする会合」の定期的な開催は、社外取締役の情報交換・認識共有の方法の1つとして例示されているにすぎません。そのため、「独立社外者のみを構成員とする会合」を設置していなくとも、また、これを定期的に開催していなくとも、独立した客観的な立場に基づく情報交換・認識共有を図るものである限りは、補充原則4−8①をコンプライしているものと扱うことも可能です。

　また、「独立社外者のみを構成員とする」とは、独立社外取締役のみを構成員とすることのほか、独立社外取締役に加え、独立役員に指定されている社外監査役（以下「独立社外監査役」といいます）を構成員とすることが考えられます。

　会社によっては、独立社外取締役と独立社外監査役のほか、社外監査役の要件を満たさない監査役（社内監査役）を構成員とするケースもあります。典型的には、常勤の監査役です（なお、常勤の監査役であるからといって社外監査役の要件を満たさない監査役であるとは限りません。社外監査役が常勤の監査役であるケースもあります）。社外取締役ガイドラインでも、「社外役員のみでの議論の場には、必要に応じて、社内監査役や会計監査人、非業務執行の社内役員、また、監査担当役員やその他執行役員等を入れることも有用である」とされています（41頁）。「独立社外者のみを構成員とする会合」を設置しても、社外役員同士で何を話したらいいのか、話題が見つからない、という声が聞かれることもあります。そのような観点からは、会社についての情報を多く有する常勤の監査役等も構成員となって、会社の最近の状況や監査上の関心事項等を話すことで議論の口火を切ることも考えられます。このように独立社外取締役及び独立社外監査役以外の者も会合の構成員となる場合は、「独立社外者のみを構成員」としているわけではありませんが、そのような構成員から成る会合であっても、独立社外取締役が、独立した客観的な立場に基づく情報交換・認識共有をすることができるのであれば、補充原則4−8①をコンプライしていることになるといえます。

　前述のとおり、補充原則4−8①では、独立社外者のみの会合を「定期的に」開催することが例示されていますが、定期的に開催するとした場合は、

　例えば、毎月の定例取締役会の開催日に、取締役会の前又は後に開催することが考えられます。取締役会には、社外取締役を含め、役員全員が出席するのが原則ですので、取締役会の開催日と同じ日であれば、独立社外者のみの会合を開催しやすい（構成員が集まりやすい）といえます。

　取締役会の開催日に、その開催前のタイミングで会合を開催することにより、その（直）後に開催される取締役会の議案についての理解を深め、どのようなポイントについて議論すべきか、質問や意見を出すべきか、ということを検討することが考えられます。これにより、取締役会での審議が活性化し、議論の質が高まることが期待されます。

　取締役会の開催日に、その終了後のタイミングで会合を開催する場合については、社外取締役ガイドラインでは、「取締役会では発言に至らなかった疑問点や、発言のタイミングを逸してしまった意見を共有することができる」とされています（41頁）。また、当該会合で議論した結果、次回以降の取締役会で取り上げるべき議題が見つかることも考えられます。

　もっとも、取締役会の前又は後には、通常、監査役会や監査（等）委員会が開催されますので、その開催のタイミングも踏まえて、独立社外者のみの会合の開催のタイミングを検討する必要があります。

　また、そもそも、独立社外者のみの会合は、目先の取締役会における審議の活性化だけをその目的とするものではありません。会社の中長期的な経営戦略の在り方や、会社の業績見通し、業務執行者に対する評価、社長・CEOの後継者候補の育成状況等、会社に関するより大きなアジェンダについてこそ、独立社外者のみの会合において議論すべきであるともいえます。

　そのような観点からは、無理に、毎月の定例取締役会の開催に合わせて独立社外者のみの会合を開催する必要はなく（毎月開催するほどには、独立社外者のみの会合で話題として取り上げるべき事項はないかもしれません）、四半期や半期の開催としたり、不定期の開催としたりすることも十分に考えられます。

　独立社外者のみの会合は、任意に開催されるものですので、議事録の作成は、必須ではありません。あくまでも自由討議ということで、忌憚のない意見を自由闊達に述べてもらうという観点から、議事録・議事概要・議事要旨を作成することはあえてしないということでもいいですし、備忘録的に議事メモのようなものを作成し、構成員と共有するということも考えられます。

　また、事務局の設置も必須ではありませんが、日程調整やアジェンダの叩

き台の作成のために、取締役会事務局等が独立社外者のみの会合の事務局となることが通常であると思われます。事務局が会合に同席するかどうかは、いずれのパターンもあると思われます。意見を自由に出しやすくするために、事務局は同席させないということも考えられますが、事務局との信頼関係があれば、その点はあまり気にしなくてもいいと思われます。

　以上のような独立社外者のみの会合についての開示例は、**図表5-10**のとおりです。

［図表5-10］　独立社外者のみの会合

MS&AD インシュアランスグループホールディングス（2020年11月19日付け CG 報告書）

取締役12名のうち3分の1を超える5名の独立社外取締役を選任しています。独立社外取締役による自由闊達で建設的な議論・意見交換を行う目的で、ガバナンス委員会、社外取締役会議、社外取締役・監査役合同会議を設置しています。

(a)　ガバナンス委員会
委員長を社外取締役の互選により選任し、社外取締役全員と取締役会長・取締役副会長・取締役社長がコーポレートガバナンスの状況や方針・態勢に関する事項について協議を行うことを目的とする「ガバナンス委員会」を設置しています。2019年度は2回開催しました。

(b)　社外取締役会議
社外取締役のみを構成員とする社外取締役会議を設置しています。社外取締役のみの会合である「社外取締役会議」における議論を踏まえ、ガバナンス委員会で取締役会長・取締役副会長・取締役社長と協議を行い、必要に応じて取締役会に提言を行うこととしています。2019年度は1回開催しました。

(c)　社外取締役・監査役合同会議
社外取締役・監査役合同会議を設置しており、社外取締役と監査役との連携を図る体制としています。2019年度は3回開催しました。

日本精工（2021年4月1日付け CG 報告書）

　当社にとって有益な専門知識を有し、持続的な成長と中長期的な企業価値の向上に寄与するという役割・責務を果たすことができ、人格に優れ、かつ広い見識を有する5名の独立社外取締役を選任しており、取締役会におけるその比率は3分の1以上を原則としています。
　当社は情報交換・認識共有を図る目的で、独立社外取締役のみの会合を開催しています。会合では、自由な意見交換という位置づけを尊重しつつ、要望・提案等については、取締役会事務局が適切に対応し、取締役会の運営等の改善につなげています。

あおぞら銀行（2020年7月15日付け CG 報告書）

2019年度には、社外取締役のみの会合を5回開催し、「独立社外取締役の視点」に基づいて、次期社長候補者の選定を含む経営上の重要課題、取締役会運営等の議論・意見交換を実施しました。次期社長候補者の選定にあたっては、社外取締役のみの会合における議論を踏まえ、指名報

酬委員会における審議と取締役会への意見具申を経て、取締役会で決議しました

荏原製作所（2021 年 3 月 31 日付け CG 報告書）

独立社外取締役の情報不足、問題意識の共有の必要性を踏まえ、独立社外取締役のみの会合の実施が不可欠と考えています。そのため、独立社外取締役のみの会議体「社外取締役会議」を設置し、独立社外取締役が、その役割を果たすために、自由に情報交換・認識共有を行うことができる体制を整えています。

V　株主との対話

①　株主との対話の対応者としての社外取締役

SS コードは、機関投資家が、投資先企業やその事業環境等に関する深い理解に基づく建設的な「目的を持った対話」（エンゲージメント）を行うことを求めています（指針 1−1 並びに原則 4 及びその各指針）。そして、「目的を持った対話」とは、中長期的視点から投資先企業の企業価値及び資本効率を高め、その持続的成長を促すことを目的とした対話をいうとされています（指針 1−1 の脚注 1 及び原則 4 の指針 4−1）。

これも踏まえ、SS コードと車の両輪を成す CG コードは、第 5 章として「株主との対話」を設け、基本原則 5 において、上場会社は、その持続的な成長と中長期的な企業価値の向上に資するため、株主総会の場以外においても、株主との間で建設的な対話を行うべきであるとしています。

このような株主との対話の目的は、機関投資家側において、中長期的視点から投資先企業の企業価値及び資本効率を高め、その持続的成長を促す点にあり、より具体的には、そのような建設的な対話を通じて、会社と認識の共有を図る点にあります（SS コードの指針 4−1）。また、会社側においても、株主との対話の目的は、同様に、その持続的な成長と中長期的な企業価値の向上に資する点にあり、より具体的には、経営方針や経営戦略、経営計画などを株主に分かりやすく説明し、これらに対する株主の理解を得る点にあります（CG コード基本原則 5 及びその考え方）。

そして、CG コードの基本原則 5 の「考え方」では、経営陣幹部及び「社外取締役を含む」取締役が、こうした対話を通じて株主の声に耳を傾けるべきであるとしています。

また、株主との実際の対話（面談）の対応者については、株主の希望と面

談の主な関心事項も踏まえた上で、合理的な範囲で、経営陣幹部、「社外取締役を含む」取締役又は監査役が面談に臨むことを基本とすべきであるとされています（補充原則5−1①）。

　社外取締役も、取締役の一人であり、業務執行者に対する監督者として会社の経営に携わる以上は、株主の声に耳を傾けるべきであることはいうまでもありませんが、株主との実際の面談における対応者となる可能性があることも十分に認識しておく必要があります。

　社外取締役が株主との面談における対応者となることについては、特に、株主からそのような要望が出されることが考えられます。株主としては、会社において社外取締役が具体的にどのような役割を果たしているかということや、会社の経営上の課題その他会社を取り巻く様々な状況についてどのように認識しているかといったことを、社外取締役に直接聞きたいという要望を持っていても不思議ではありません。

　他方で、もちろん、非常勤の社外取締役が株主との対話に応ずることは必ずしも容易ではなく、そもそもそのような株主からの要望に全て応える必要があるわけでもありません。しかし、その株主が大株主であるため会社への影響力が大きいなどの場合は、面談の対応者についての株主からの要望に応えざるを得ないこともあるでしょう。

　また、いざ社外取締役が株主との面談に対応する場合に、複数名いる社外取締役のうち誰が対応するかということも考えておくこともあります。もちろん、株主が、抽象的に、社外取締役と面談したいというケースもあれば、社外取締役全員と面談したいというケースや特定の社外取締役と面談したいというケースもあるでしょう。会社が株主の要望に逐一応ずる義務があるわけではありませんが、社外取締役の中から筆頭独立社外取締役（前記Ⅲ参照）が選定されていれば、筆頭独立社外取締役が株主との面談に対応するということも有力な選択肢の1つです[18]。

---

18)　2021年4月フォローアップ会議提言3頁では、「独立社外取締役を含む取締役が対話を通じて機関投資家の視点を把握・認識することは、資本提供者の目線から経営分析や意見を吸収し、持続的な成長に向けた健全な企業家精神を喚起する上で重要であるが、依然、独立社外取締役との建設的な対話が進まないとの指摘もされているところである。株主との面談の対応者について、株主の希望と面談の主な関心事項に的確に対応できるよう、例えば、筆頭独立社外取締役の設置など、適切に取組みを行うことも重要である」とされています。

　会社としては、そもそも社外取締役が株主との面談の対応者となるかどうか、対応者となり得るとしてどの社外取締役が対応者となるか、という方針をあらかじめ定めておいたほうが、実際に株主と面談をしたり、株主から要望があったりした場合に対応しやすくなります。この点について、CGコード原則5-1は、取締役会は、株主との建設的な対話を促進するための体制整備・取組みに関する方針を検討・承認し、開示すべきであるとされています。そして、その方針に記載されるべき事項として、株主との対話全般について、その統括を行い、建設的な対話が実現するように目配りを行う経営陣又は取締役の指定が挙げられています（補充原則5-1②(i)）。また、社外取締役ガイドラインでも、社外取締役が投資家との対話に関する積極的な役割を果たしやすくするために、投資家から社外取締役との対話の要請があった場合等の対応方針や手続等を取締役会においてあらかじめ定めておくことの有用性が指摘されていますが、それと同時に、「こうした対応方針をあらかじめ定めておく趣旨は、社外取締役と投資家との対話が円滑に行われるようにすることにあり、その内容や運用が抑制的なものにならないよう、留意する必要がある」とされています（43頁）。

　株主との建設的な対話に関する促進について、社外取締役が対応者となり得ることを定めている上場会社として、例えば、図表5-11のケースがあります。

[図表5-11]　株主との対話において社外取締役が対応者となり得ることとしている会社の開示例

オプティマスグループ（「株主との建設的な対話を促進する為の方針」）

2. 株主との対話の対応者
株主から個別面談の要望が有る場合には、原則として、IR担当部門を統括する取締役が面談に臨む。但し、個別事情に応じて、その他の取締役（社外取締役）が臨むことも可能とする。

大和ハウス工業（「株主との建設的な対話を促進するための方針」）

①株主からの対話（面談）の申し込みに対して、株主の希望と面談の主な関心事項も踏まえた上で、合理的な範囲で、社外取締役を含む取締役または経営幹部が臨むことを基本とする。

オムロン（「株主との建設的な対話に関する基本方針」）

・株主との対話は、IR担当部門が担い、社長が統括する。株主から個別の要望がある場合には、必要に応じて社長、取締役（社外取締役を含む）および執行役員が面談に臨む。

② 社外取締役が対応者となる場合の留意点

　社外取締役が株主との面談の対応者となるといっても、それは、社外取締役「だけ」で対応することを直ちに意味するわけではありません。

　社外取締役は、会社の状況について、細かい事情を詳しく知っているわけではなく、タイムリーに知っているわけでもありません。そのため、社外取締役が株主からの質問にうまく答えられないことも考えられます。

　したがって、社外取締役だけで対応するのではなく、業務執行取締役その他執行側も対話の場に同席することも、合理的な対応であるといえます。

　これに対し、株主としては、社外取締役にそのような細かなことについてやり取りするつもりはなく、また、執行側が同席していると社外取締役が遠慮してしまい、積極的に話してくれないことが懸念されるということがあるかもしれません。

　しかしながら、株主との対話（面談）において、会社側の対応者は、あくまでも、会社を代表して、会社の窓口（いわば「顔」）として、株主に対応する者です。そうすると、そのような株主との対話において責任を持った回答・対応をすることができるのは、基本的にはやはり執行側ということにならざるを得ません。株主との対話（面談）の目的・趣旨からすれば、会社としての基本的な考え方を株主に伝え、株主の理解を得て、会社と株主との認識をなるべく一致させることに主眼があるといえます。そうすると、社外取締役が株主との対話に応対する意義は、執行側から独立した立場にある社外取締役が、そのような執行側の説明に対してどのように考えているかを話したり、また、執行側の説明に関し、株主の理解しづらい、分かりづらい点について第三者的な視点から補足的に説明したりする役割が期待されているともいえます。

　経営には直接関与しない社外取締役が株主との対話に参加する意義からすると、社外取締役が、執行側が同席することなく株主と対話することが必須とまではいえず、業務執行取締役その他執行側が同席する中で社外取締役も株主との対話の場に臨むということを基本的スタンスとすることも問題ないと考えられます。

　他方で、ガバナンス体制がかなり進んでいる会社であり、社外取締役が取締役会議長である、又は社外取締役が取締役総数の過半数を占めているなど、取締役会が文字どおり社外取締役による監督機関として位置付けられている

場合は、事情が異なり得ます。このような場合は、取締役会をリードしているのは社外取締役であり、会社のガバナンス体制や取締役会運営の在り方について説明をする責任を負うのは、執行側ではなくむしろ社外取締役であるといえます。そのため、株主との対話のテーマによっては、例えば、取締役会議長である社外取締役や筆頭独立社外取締役のみが、執行側の同席なく、株主の対話の場に臨むことも十分に考えられるでしょう。

　また、株主との対話それ自体は、株主との個別面談に限られるわけではなく、投資家説明会や決算説明会等の一定数以上の株主・投資家が参加する場においても行われます。社外取締役がそのような場に出席し、株主との対話を行うことも検討の余地があります。

　なお、社外取締役が対応者となる場合に限りませんが、株主との対話を行うに当たっては、インサイダー取引規制上の「重要事実」（いわゆるインサイダー情報。金融商品取引法166条2項）やフェア・ディスクロージャー・ルール（FDルール）上の「重要情報」（同法27条の36第1項）、会社が第三者に対して守秘義務を負う秘密情報その他株主・投資家に伝えることが適切でない情報や伝えることが想定されていない情報を伝えてしまうことがないように十分に注意する必要があります。

> **コラム21**　フェア・ディスクロージャー・ルール（FDルール）
>
> 　フェア・ディスクロージャー・ルール（FDルール）は、2017年の金融商品取引法の改正（同年5月公布の「金融商品取引法の一部を改正する法律」（平成29年法律第37号）による改正）により導入された規制です。
> 　FDルールとは、有価証券（上場株式）の発行者が公表前の内部情報を第三者に提供する場合に、当該情報が他の投資家にも提供されることを確保するルールです。
> 　日本では、当時、発行者の内部情報を顧客に提供して勧誘を行った証券会社に対する行政処分の事案において、発行者が当該証券会社のアナリストのみに未公表の業績に関する情報を提供していたなどの問題が発生していたとされています。そこで、我が国市場において、個人投資家や海外投資家を含めた投資家に対する公平かつ適時な情報開示を確保し、全ての投資家が安心して取引できるようにするため、欧米のルールを参考に、日本においても導入されることとなりました（以上、金融審議会 市場ワーキング・グループ「フェア・ディスクロージャー・ルール・タスクフォース報告～投資家への公

平・適時な情報開示の確保のために〜」（2016 年 12 月 7 日）参照）。

　FD ルールは、金融商品取引法 27 条の 36〜27 条の 38 に定められており、概要としては、上場会社等及びその役員・従業者等が、一定の「取引関係者」に対し、業務に関して、当該上場会社等の運営、業務又は財産に関する公表されていない重要な情報であって、投資者の投資判断に重要な影響を及ぼすもの（重要情報）の伝達を行う場合には、当該上場会社等は、原則として、当該伝達と同時に、当該重要情報を公表しなければならない、というものです。

　「取引関係者」とは、銀行・証券会社・信用格付業者等のほか、当該上場会社等の投資者に対する広報に係る業務に関して重要情報の伝達を受け、当該重要情報に基づく投資判断に基づいて当該上場会社等の上場有価証券等に係る売買等を行う蓋然性の高い者（例えば、IR に関して情報の伝達を受けた株主、適格機関投資家、有価証券への投資を専門とする法人及び IR イベント出席者）をいいます（金融商品取引法 27 条の 36 第 1 項各号、金融商品取引法第二章の六の規定による重要情報の公表に関する内閣府令 4 条、7 条）。

　また、重要情報とは、未公表の確定的な情報であって、公表されれば有価証券の価額に重要な影響を及ぼす蓋然性のある情報をいいます。例えば、年度又は四半期の決算に係る確定的な財務情報（決算情報）で未公表のものは、インサイダー取引規制上の重要事実（インサイダー情報）に該当しなくとも、重要情報に該当し得るものとして整理するのが無難であると思われます（金融庁総務企画局「金融商品取引法第 27 条の 36 の規定に関する留意事項について（フェア・ディスクロージャー・ルールガイドライン）」問 2 の答参照）。

　そして、株主総会において、出席した株主に対し、重要情報を伝達することも、FD ルールの対象となり得ます（フェア・ディスクロージャー・ルールガイドラインに係るパブリックコメント手続における金融庁「コメントの概要及びコメントに対する金融庁の考え方」（2018 年 2 月 6 日）No.26 参照）。

　このように、株主総会や株主との対話その他の場面において、「重要情報」を伝達してしまった場合は、原則として、当該伝達と同時に、当該重要情報を公表しなければならない点に留意する必要があります。

Ⅵ　親会社・支配株主との利益相反取引のチェック

① 利益相反の監督機能

　社外取締役の要件の説明でも触れましたが、社外取締役に期待される機能の 1 つに、会社と特定の者との利益が相反する取引を適切に監督する機能があります。すなわち、会社と特定の者との利益が相反する取引について、当

該特定の者にとって著しく有利な条件（当該会社にとって著しく不利な条件）とされていないか、ということをチェックすることが、社外取締役に期待されています。

　そのような取引の相手方の1つに、当該会社の親会社・支配株主[19]が挙げられます。親会社・支配株主は、当該会社の総株主の議決権の過半数を有するなどして、当該会社を支配しています。そのため、当該会社とその親会社・支配株主（又は親会社等を共通にする兄弟会社）との間の取引について、当該親会社・支配株主にとって著しく有利な条件（当該会社にとって著しく不利な条件）とされる（当該会社の業務執行者が、当該会社の利益を犠牲にして、親会社・支配株主の利益を優先する）おそれがあります。そこで、親会社・支配株主からの独立性を有する社外取締役には、親会社・支配株主との利益相反取引の公正性・相当性をチェックすることが期待されます。

　この点については、会社法上の規律が設けられています。事業報告には、当該会社とその親会社との間の取引（当該会社の当該事業年度に係る個別注記表において関連当事者取引注記を要するものに限ります）について、①当該取引をするに当たり、当該会社の利益を害さないように留意した事項、②当該取引が当該会社の利益を害さないかどうかについての当該会社の取締役会の判断及びその理由に加え、③当該取締役会の判断が社外取締役の意見と異なる場合には、その意見を記載しなければなりません（会社法施行規則118条5号）。このように、親会社を有する会社では、当該親会社との間の取引において、当該会社の利益を害さないかどうかについて、社外取締役の意見（厳

---

19)　「支配株主」とは、次の①又は②のいずれかに該当する者をいいます（東京証券取引所の有価証券上場規程2条42号の2、有価証券上場規程施行規則3条の2）。

　　①親会社（財務諸表等の用語、様式及び作成方法に関する規則8条3項に規定する親会社をいいます。有価証券上場規程2条2号）

　　②主要株主（金融商品取引法163条1項に規定する主要株主をいい、具体的には、自己又は他人の名義をもって総株主等の議決権の10%以上の議決権を保有している株主をいいます）で、当該主要株主が自己の計算において所有している議決権と、次に掲げる者が所有している議決権とを合わせて、上場会社の議決権の過半数を占めているもの（①を除きます）

　　・当該主要株主の近親者（二親等内の親族をいいます）

　　・当該主要株主及び当該主要株主の近親者が、議決権の過半数を自己の計算において所有している会社等（会社、指定法人、組合その他これらに準ずる企業体（外国におけるこれらに相当するものを含みます）をいいます）及び当該会社等の子会社

密には、取締役会の判断と異なる場合における社外取締役の当該意見）が開示されることになります。社外取締役は、このように開示される可能性があることも踏まえ、親会社との間の取引の公正性についてしっかりとチェックすることが求められます。

② 上場子会社の社外取締役

①で述べた社外取締役による利益相反の監督について、近時、親会社を有する上場会社、すなわち、上場子会社において、議論が盛り上がっています。上場子会社（親子上場）の当否自体は目新しい論点ではありませんが、上場子会社の一般株主の利益の保護についての関心が改めて高まっています。

この点について、グループガイドラインにおいて、上場子会社に関するガバナンスの在り方が取り上げられており（117頁以下）、利益相反の監督との関係では、以下のとおり述べられています（131頁）。

> **グループガイドライン：**
> 上場子会社においては、利益相反リスクに対応するため、実効的なガバナンスの仕組みが構築されるべきである。
> 取締役会における独立社外取締役の比率を高めること（1/3以上や過半数等）を目指すことが基本であるが、それが直ちに困難な場合においても、重要な利益相反取引については、独立社外取締役（又は独立社外監査役）を中心とした委員会で審議・検討を行う仕組みを導入することが検討されるべきである。

そして、2021年6月の改訂後のCGコードでは、基本原則4の「考え方」において、「支配株主は、会社及び株主共同の利益を尊重し、少数株主を不公正に取り扱ってはならないのであって、支配株主を有する上場会社には、少数株主の利益を保護するためのガバナンス体制の整備が求められる」とされ、さらに、新たに、以下の内容の補充原則4-8③が設けられています。

> **CGコードの補充原則4-8③（新設）：**
> 支配株主を有する上場会社は、取締役会において支配株主からの独立性を有する独立社外取締役を少なくとも3分の1以上（プライム市場上場会社においては過半数）選任するか、または支配株主と少数株主との利益が相反する重要な取引・行為について審議・検討を行う、独立社外取締役を含む独立性を有する者で構成された特別委員会を設置すべきである。

　この補充原則 4-8 ③は、上記のグループガイドラインの記述と基本的に同じ趣旨であると考えられます[20]。

　支配株主（親会社もこれに該当します。）を有する上場会社が、取締役会において支配株主からの独立性を有する独立社外取締役の比率を高める、特に、プライム市場上場会社がその比率を過半数とすることは容易ではないと思われれます。

　そうすると、もう一つの選択肢である、支配株主と少数株主との利益が相反する重要な取引・行為について審議・検討を行う、独立社外取締役等で構成された「特別委員会」を設定することが考えられます。支配株主と少数株主との利益が相反する取引・行為とは、2021 年 4 月フォローアップ会議提言 5 頁では、「例えば、親会社と子会社との間で直接取引を行う場合、親会社と子会社との間で事業譲渡・事業調整を行う場合、親会社が完全子会社化を行う場合等」が挙げられており、これらのうち重要な取引・行為を、特別委員会における審議・検討の対象とすることが求められています。

　このような委員会を設置する上場子会社はまだ多くないものと思われますが、上場子会社における一般株主の利益保護に対する関心が高まっている中、上場子会社の社外取締役となる者は、一般株主の利益保護のための重責を担っていることを強く自覚する必要があるでしょう。そして、上場子会社の社外取締役は、いざという場面では、親会社との関係において、上場子会社、ひいてはその一般株主の利益を守るよう適切に対応することの覚悟が求められるといえます[21]。

---

20)　なお、2021 年 4 月フォローアップ会議提言 5 頁では、「支配株主のみならず、それに準ずる支配力を持つ主要株主（支配的株主）を有する上場会社においても、本改訂案を基にした対応が取られることが望まれる」とされています。

21)　グループガイドラインを踏まえた上場子会社の社外取締役の在り方については、拙稿「経産省グループガイドラインで考える上場子会社の独立社外取締役の条件」企業会計 71 巻 12 号（2019 年）41 頁もご参照ください。

第6章

社外取締役の再任時のポイント

＊＊

　監査役会設置会社の取締役の任期は、原則として、選任後2年以内に終了する事業年度のうち最終のものに関する定時株主総会の終結の時までです（会社法332条1項）が、定款又は株主総会の決議によって、2年よりも短くし、例えば、1年とすることができます（同項ただし書）。監査等委員会設置会社では、監査等委員でない取締役の任期は、1年（同条3項）、監査等委員である取締役の任期は、2年で短縮不可（同条4項）であり、また、指名委員会等設置会社では、取締役の任期は、1年です（同条6項）。

　監査役会設置会社の取締役の任期について、上記のとおり、原則の2年から1年に短縮することが可能ですが、東京証券取引所の上場会社である監査役会設置会社のうち、定款で取締役の任期を1年と定めた会社の比率は、62.4％（市場第一部では71.0％、連結売上高1兆円以上の区分では85.8％）であるとの統計があります[1]。

　これらの取締役の任期に関する規律は、社外取締役にも同様に適用されます。そのため、会社は、1年又は2年おきに、社外取締役を再任するかどうかを判断する必要があります。

　社外取締役を再任するかどうかの検討は、再任を依頼するかどうかという会社側の観点からのポイントと、再任を引き受けるかどうかという社外取締役側の観点からのポイントが考えられますので、以下では、それぞれに分けて説明します。

1）　東京証券取引所「東証上場会社 コーポレート・ガバナンス白書2021」（2021年3月）82～84頁。

I　会社側の検討ポイント

① 期待する役割を果たせてもらえたか

　まずは、社外取締役に限ったことではないですが、今回の在任期間中、当該社外取締役が期待した役割を果たしてくれたか、という観点からの検証が必要となります。

　もっとも、業務執行取締役であれば、その担当する事業部門等の「業績」という一応分かりやすい形で「結果」が出ており、業務執行取締役が期待した役割を果たしてくれたかということを評価しやすいといえます。

　これに対し、社外取締役は、業務執行に関与しませんので、具体的にどのように貢献したかということを定量的に計ることはできず、また、定性的に評価することも至難です。

　もちろん、取締役会への出席率が極端に低いといったことであれば、再任は控えるということも可能でしょう。しかし、社外取締役も、100％近い出席率で取締役会に出席するのが通常であり、また、そのような出席状況であるのがむしろ当然です。そうすると、出席率で評価するわけにもいきません。

　また、取締役会等での発言が多ければ評価が高く、少なければ評価が低いということも一概にはいえません（もちろん、毎回の取締役会で全く又はほとんど発言しない、ということですと、社外取締役として出席している意味が全くありませんので、論外です）。重箱の隅をつつく発言ばかりであれば、発言が多いからといって、その社外取締役を積極的に評価するわけにもいきません。逆に、発言はそれほど多くなくとも、本質を突く発言であったり、会社にとって有益な発言や提案等であったりすれば、十分評価に値します。

　さらに、当該会社の社外取締役として1期目（1年目）の社外取締役と、再任を重ね、当該会社の事情に精通している社外取締役との間では、発言等による活躍の仕方の質及び量に違いがあるのは当然であり、その点も考慮して評価する必要があります。

　このように、社外取締役の評価は、定性的なものが中心とならざるを得ませんが、その作業は困難を極めます。

　基本的には、社外取締役に期待される役割が業務執行者に対する監督であり、そのような役割に鑑み、業務執行者の業績の評価並びにそれに基づく業

務執行者の候補者の検討及び業務執行者の報酬の在り方に関する検討について、議論に資するような形で積極的に参加していたか、という観点からの評価が中心になると考えられます。

　このような社外取締役の評価を誰が行うかについて、社外取締役による監督を受ける立場にある業務執行者が社外取締役の評価者として不適任であることはいうまでもありません。

　そうすると、社外取締役が他の社外取締役をお互いに評価するということにならざるを得ません。もちろん、社外取締役同士が馴れ合って評価することがあってはなりませんが、最終的には、株主が、株主総会に提出された社外取締役の選任議案に対し、その候補者の適否について株主が判断を下すということで割り切らざるを得ないかもしれません。

　なお、CGS ガイドライン 77 頁では、「社外取締役の質の向上の観点から社外取締役が期待する役割を果たしているかについて、各社において評価することを検討すべきである」とし、評価の取組みの例として、「社外取締役同士の相互評価の実施」、「取締役会の実効性評価を実施する中での評価」、「株主等のステークホルダーによる評価が可能となるように対外的に情報を発信する」ということが挙げられています。

　また、社外取締役ガイドライン 39～40 頁では、各社外取締役がその役割を十分に果たせているかについて、「客観的な評価を受ける仕組みとして、取締役会の実効性評価の機会を活用し、例えば、取締役会議長を務める社外取締役や筆頭社外取締役から、一人一人の社外取締役に対して、評価のフィードバックを行うこと、更に、指名委員会等における社外取締役の指名や再任の検討につなげていくことや、株主総会での再任議案の議決に資するように実効性評価の概要を公表すること等も有意義である」とされています。

②　社外取締役の兼務数が多すぎないか

　自社の社外取締役として就任した当時は、他社での社外取締役の就任がなかった、又は 1 社程度であったとしても、次の改選期において、他社から社外取締役就任への打診があることも何ら不思議ではありません。いずれかの会社で社外取締役をしたということも 1 つの経験ですので、それが呼び水となって、他社の社外取締役への就任について声がかかりやすくなる面があります。

　そうすると、社外取締役の在任期間が長くなるにつれ、他社での社外取締役を兼務する数が増えている可能性があります。そして、兼務数が増えるにつれ、自社の社外取締役の職務のために充てられる時間や労力が十分でなくなっている可能性があります。この点について、CGコードは、補充原則4－11②において、「社外取締役・社外監査役をはじめ、取締役・監査役は、その役割・責務を適切に果たすために必要となる時間・労力を取締役・監査役の業務に振り向けるべきである。こうした観点から、例えば、取締役・監査役が他の上場会社の役員を兼任する場合には、その数は合理的な範囲にとどめるべきであり、上場会社は、その兼任状況を毎年開示すべきである」としています。CGコードでは、兼務数について、一定数以上を認めないものとまではされていませんが、過剰な兼務数に対する懸念が示されているといえます。

　また、CGSガイドラインでは、「米国では、一定数以上の企業取締役を兼任するとアドバイスやモニタリングのパフォーマンスが低下することが実証研究により明らかになっているという指摘もある」とされています（71頁）。

　そこで、社外取締役の兼務数が増えてきている場合は、十分な時間と労力をかけて自社の社外取締役としての職務をきちんと果たしてもらえるかという点をよく吟味する必要があります。

　さらに、以上のような懸念を踏まえ、上場会社において、社外取締役の独立性判断基準その他何らかの内規により、社外取締役の兼務数について上限を設けるケースがあります。当該上限に抵触する社外取締役がいるときにおける対応としては、当該社外取締役を再任しない、又は他社の社外取締役を辞任してもらう（他社では再任してもらわない）ということになるのが原則です。機関投資家の中には、**図表6-1**のとおり、社外取締役の兼務数に上限を設け、これを超える兼務数の社外取締役の選任議案に反対するとの議決権行使基準を定める機関投資家があります。このような兼務数の上限としては、5社が1つの目安となっています。兼務数の多い社外取締役の再任議案については、反対率が上昇する可能性があることに留意する必要があります。

[図表 6-1]　社外取締役の兼務数に関する議決権行使基準（下線は筆者）

コモンズ投信

兼務社数につきましては、上場企業で執行役員を務めている場合は当該企業を含んで最大2社、執行役員を務めていない場合は当該企業を含む上限最大3社までを希望し……ます。

アムンディ・ジャパン

社外役員において、兼務先数が上場企業について4社以上となる場合は、その職務を誠実に遂行するための十分な時間の確保が懸念されるため、その選任に反対します。

ブラックロック・ジャパン

・4社を超える上場会社役員を兼務する社外取締役候補者については、合理的な説明がなければ、そのような社外取締役の選任に反対する。

明治安田アセットマネジメント

3. 社外取締役基準（以下のいずれかの基準により、候補者ごとに賛否を判断する）
(3) 当該会社を含む社外役員の兼任社数が5社以上の場合

ストラテジックキャピタル

3. 次の各号のいずれかに該当する場合は、当該取締役候補の選任に反対する。
⑪ 社外取締役であって、かつ常勤の職務があり、当該会社以外の2つ以上の兼務先から報酬を得ている、又は得る見込みである場合
⑫ 社外取締役であって、かつ常勤の職務がなく、当該会社以外の5つ以上の兼務先から報酬を得ている、又は得る見込みである場合

朝日ライフ アセットマネジメント

② 社外取締役の選任
原則として賛成します。ただし、以下の基準に該当する場合は原則として反対します。

反対基準		
監督機能	他社役員との兼任状況	・当該会社を含め上場企業の役員5社以上兼任（グループ全体で1社とみなす）、かつ取締役会への出席率が90％未満（ただし、新任の場合は出席率を考慮しない）

SOMPO アセットマネジメント

(4) 社外取締役の適格性に関する基準
下記に該当する場合、適格性に欠くと判断し、原則として当該候補者の選任に反対します。
② 社外取締役や社外監査役など他社との兼任が5社以上ある者で、取締役会への出席率が80％未満である者

Glass Lewis（グラス・ルイス）

グラス・ルイスは、上場企業で業務の執行にたずさわる者（以下、業務執行者）が3社以上、または、業務の執行にたずさわらない者（以下、非業務執行者）が6社以上の上場会社にて、取締役または監査役を兼務する場合、基本的に該当する取締役または監査役の選任議案に反対助言とする。

ただし、兼務状況を査定する際、当該取締役または監査役の出席率、企業における役職、選任理由などを考慮したうえで、最終的な判断をする。また、兼務基準を超える兼務数を確認したとしても、兼務先がグループ会社内（原則：連結子会社と持分法適用の関連会社など）の場合や、当該役員がCEOまたは業務執行を務める企業での議決権行使助言の際、例外的に、過剰な役員兼務を理由としての反対助言を控えることとする。また、同じグループ会社内にて複数の兼務をしている場合、グループ会社内の兼任数は1社と見なす。

東京海上アセットマネジメント

社外取締役に関しては、兼務数が5を超える提案に対して、否定的に判断する。但し、前年度出席率100%を満たす再任に関して除くこととする。

りそなアセットマネジメント

・取締役としての実態的な活動が不十分（取締役会及び各法定委員会出席率が75%を下回る）と認められる社外取締役の再任は合理的かつ納得性ある説明がなければ反対します。但し、他の法人等の兼職数が5を超え、出席率が75%を下回る場合は理由を問わず反対します。

③　在任期間が長くなりすぎていないか

　社外取締役は、業務執行者からの独立性があることにその存在意義があります。また、社外取締役は、それまで当該会社に在籍しておらず、当該会社の業務執行にも関与したことがないことから、新鮮な「目」を持っており、会社独自の論理に囚われずに自由に意見を述べることが期待されます。

　しかし、そのような社外取締役も、在任期間が長くなれば、次第に会社の論理に染まってしまうことや、業務執行者との関係も自ずと長くなることから業務執行者との間に馴れ合いが生じてしまうこともあるかもしれません。このようにして、社外取締役がいつの間にか「社内取締役化」してしまっていると、当該社外取締役には、社外取締役に本来期待されている役割を発揮してもらうことが難しくなります。

　社外取締役の在任期間が非常に長くなり、その社外取締役一人の発言力・社内への影響力が非常に大きくなっている、という声が聞かれることもあります。

　社外取締役がこのように「社内取締役化」しているかどうかを直接評価す

ることは容易ではありませんが、在任期間が長くなっている社外取締役については、上記のような弊害もあり得ることを念頭に、そろそろ「代え時」ではないかという観点から評価する必要があります。

　もっとも、在任期間がどの程度長くなっていると「代え時」であるかということをその都度判断することとなってしまうと、社外取締役の交代が恣意的に行われるおそれがあります。

　そのため、あらかじめ、社外取締役の独立性判断基準等において、社外取締役の在任期間について、一定期間の制限（上限）を設けておき、当該期間を超える場合は、原則として当該社外取締役の再任議案を株主総会に提出しない（再任しない）という方針を持っておくのが適切です。

　もちろん、社外取締役の在任期間の上限をあらかじめ定めておくとしても、上限として何年が適切かという問題はあります。実際に在任期間の上限を設けている会社でも区々でありますが、10年間というのが1つの目安になるといえます。機関投資家の中には、**図表6-2**のとおり、社外取締役の選任議案に対する議決権行使基準において、このような在任期間の上限を定めているケースもあり、参考となります。

　また、このような上限を設けた場合であっても、一律に、当該上限に達した社外取締役を再任しないという硬直的な運用をする必要はなく、また、そのような運用は適切ではありません。在任期間が長くなっている社外取締役であっても、独立性を保持しており、業務執行者に対する監督を適切に果たしている場合もあるためです。そのため、在任期間の上限に達したら再任しないというのはあくまでも「原則」的なルールとして用意しておくのが無難です。

　もっとも、上限に達しても再任するという運用が続いたり、どの社外取締役についても例外的な扱いをすることが多くなったりすると、原則と例外が逆転してしまうことになります。あくまでも原則は原則ですので、基本的には、上限に達したら社外取締役から引退してもらう（社外取締役にもそのつもりでいてもらう）という姿勢を持つことが重要であり、その前提で、在任期間の上限を設けるかどうか、また、設けるとして何年を上限とするのが適切か、ということを検討・判断する必要があります。

[図表6-2]　社外取締役の選任議案に対する議決権行使基準として、その在任
期間の上限を設けている機関投資家（下線は筆者）

Hibiki Path Advisors Pte. Ltd.

・社外取締役本人と社外取締役に就任しようとする企業との関係が以下のいずれかに該当する者は、十分な独立性が確保されているとは認められないことから、当該社外取締役の選任については、原則として反対する。なお、(i)監査役会設置会社の場合、下記①〜⑧のいずれにも該当しない独立性のある社外取締役（以下、独立社外取締役）が2名以上いる場合、(ii)監査等委員会設置会社の場合、独立社外取締役が監査等委員の過半数を占めている場合、または(iii)指名委員会等設置会社において、独立社外取締役が指名委員会、監査委員会又は報酬委員会（以下、各委員会）のそれぞれについて過半数を占めている場合については、この限りではない
　⑥　当該企業の社外役員としての在任期間が7年以上経過した者

エフィッシモ キャピタル マネージメント ピーティーイー エルティーディー

・社外取締役本人と社外取締役に就任しようとする企業との関係が以下のいずれかに該当する者は、十分な独立性が確保されているとは認められないことから、当該社外取締役の選任については、賛成しない。なお、(i)監査役会設置会社において、下記①〜⑧のいずれにも該当しない独立性のある社外取締役（以下、独立社外取締役）が2名以上いる場合、(ii)監査等委員会設置会社において、独立社外取締役が監査等委員の過半数を占めている場合、または(iii)指名委員会等設置会社において、独立社外取締役が指名委員会、監査委員会もしくは報酬委員会（以下、各委員会）のそれぞれについて過半数を占めている場合については、この限りではない
　⑦　当該企業の社外役員としての在任期間が8年以上経過した者

ストラテジックキャピタル

3.　次の各号のいずれかに該当する場合は、当該取締役候補の選任に反対する。
　⑨　社外取締役であって、任期が8年（過去に社外監査役であった期間も含む）を超えることとなる場合

コモンズ投信

・社外取締役の在任期間が再任により継続して9年以上にわたる場合は原則反対としますが、個社の状況についても勘案します。

富国生命投資顧問

(5)　証券取引所に届出する独立取締役
下記に該当する者は原則として独立性に欠けると判断し、原則として当該独立役員に反対します。但し、下記に該当する者であっても独立役員として適切である理由が十分に説明されている場合、独立性があると判断します。
・当該総会終結時に連続在任期間が10年以上となる者

J.P. モルガン・アセット・マネジメント

社外取締役の独立性基準	制度上の基準を満たしている候補であっても、企業から適切な説明がない限り、以下の者は「独立性」があるとはせず、原則として選任案に反対する。 5. 就任から10年以上経過した社外取締役

インベスコ・アセット・マネジメント

・社外取締役で著しく在任期間が長い場合は独立していないとみなして再任議案に反対を検討する。原則として10年を超える場合は反対を検討する。

東京海上アセットマネジメント

社外取締役に関しては、＜社外役員の独立性基準＞（後掲）を満たさない場合、否定的に判断する。

＜社外役員の独立性基準＞
社外役員候補者が以下のいずれかの項目に該当する場合、独立性がないものとみなす。
・社外役員としての在任期間が10年超である者

第一生命保険

	議案	行使基準	備考
1. 取締役選任議案	(4) 独立性の低い社外取締役の選任（東証一部上場企業が対象）	証券取引所に独立役員として届出している候補者および届出を予定している候補者については、その独立性が一定の水準を満たさない場合、原則として反対する。独立性が「一定」の水準を満たさないとは、以下のいずれかに該当する場合をいう。 ・取締役・監査役等としての通算在任期間が12年以上（※）の場合	※3年以上の空白期間があれば通算しない。

朝日ライフ アセットマネジメント

② 社外取締役の選任
原則として賛成します。ただし、以下の基準に該当する場合は原則として反対します。

反対基準		
独立性	当該会社における在任期間	・選任時点で12年以上

アセットマネジメント One

ガイドライン	議案判断基準
⑤社外取締役の選任 ・企業から独立した客観的な立場から、経営陣を牽制する役割が果たせなくなる懸念があるため、長期間在任する社外取締役には原則として反対する。	○株主総会時点で12年以上の在任期間となる場合、原則反対。

大和アセットマネジメント

(2) 社外取締役の選任
　原則として賛成する。ただし、以下に該当する候補者については、反対する。
② 独立性の観点で問題があると判断する候補者。
　(＊) 独立性の観点で問題があると判断する基準は、独立性のある社外取締役が取締役会の構成員の過半を満たしておらず、以下のいずれかの条件に合致する候補者。
　・条件3：株主総会時点で役員としての在任期間が12年以上である。

三井住友 DS アセットマネジメント

2. 取締役の選解任に関する議案
将来にわたり企業価値向上もしくは毀損回避を実行できる取締役および取締役会構成かどうかを、業績・ROE 等の実績、新任候補者や社外取締役候補者の独立性を含む適格性等の視点を踏まえ、総合的に判断する。以下に抵触した場合は候補者毎の選任議案に原則反対するが、当該企業の実態を踏まえた総合判断により賛成することがある。
⑤ 社外取締役の独立性に関する基準
　社外取締役の独立性の評価に当たっては、以下に掲げる関係者としての各基準を総合的に判断する。
　(ｴ) 役員在任期間が12年を超え、当該候補者の独立性や役員会への余人をもって代えがたい貢献等が十分に説明されていない

三菱 UFJ 信託銀行

② 社外取締役の選任
候補者が社外取締役である場合、独立性に問題がないか、取締役会（監査委員会、監査等委員会）への出席は十分か、等の観点から検討し、以下に該当する場合、当該候補者に原則反対します。

独立性について問題があると判断する場合
在任期間が著しく長期間（20年以上）の場合

Ⅱ　社外取締役側の検討ポイント

1　社外取締役として十分に活動することができたか

社外取締役自身としても、会社側から再任の要請があった場合に唯々諾々

と受諾していいというわけではありません。

　社外取締役自身、その任期中の活動状況を振り返り、自分に期待された役割を果たすことができたか、社外取締役としての職務を全うすることができたかを反省することが重要です。

　その中で、本業が忙しかったり、兼務先も多くなってきたりしていて、当該会社の社外取締役の仕事がおざなりとなっていると気付くことがあるかもしれません。また、在任期間が長くなってきているため、社長との関係が必要以上に親しくなっていたり、社内の論理がすっかり染み付いて第三者目線からの新鮮な意見・提案ができなくなっていたりしている可能性もあります。

　このような場合は、社外取締役としての再任を辞退することも、そろそろ考えたほうがいい時期に来ているといえるでしょう。

２　会社の期待する役割との間にギャップを感じていないか

　①で述べた、自分に期待された役割を果たすことができたかという点と関連しますが、いざ社外取締役としての職務執行をはじめてみたところ、自分のイメージする社外取締役像と会社が社外取締役に求める役割とが違うのではないかと感じることがあるかもしれません。そのような違和感は、例えば、取締役会の場での自身の発言に対する社長その他の取締役の反応や、社長等の業務執行取締役との面談に際しての当該業務執行取締役の言葉の端々から覚えることがあるかもしれません。

　例えば、自身としては、経営に対するアドバイスを積極的に行いたいと思い、個別の事業・戦略に関する発言をしていたところ、執行側からは、社外取締役が事業に口を挟んでくるといわれ、煙たがられるということが挙げられます。また、自身としては、取締役会の議案をより正確に、より詳しく理解することを目的に、取締役会資料に記載された事項について細かく質問をしていたところ、重箱の隅をつつく社外取締役であるといった評価を受けることもあるかもしれません。

　社外取締役と執行側とのこういったズレが積み重なると、社外取締役としても、執行側が社外取締役の意見にあまり耳を傾けない、自分はお飾りとして社外取締役に選ばれただけなのではないかという認識を深めていくことにもなるかもしれません。

　こういったことが続く場合は、社外取締役としての再任を辞退することも、

1つの選択肢とならざるを得ません。

コラム 22　社外取締役のサクセッション・プラン

　「サクセッション・プラン（後継者計画）」というと、社長・CEO といった経営陣（経営トップ）のサクセッション・プランが思い浮かぶと思いますし、また、その策定と監督が重要であることは言うまでもありません。

　他方で、社外取締役が取締役会において重要な役割を果たし、また、その人数・割合が益々高まるとすると、社外取締役の再任・解任（不再任）の在り方とそのための評価や、社外取締役の候補者を誰にするか、また、誰がどのように候補者を探すかということが特に重要となります。

　このように、サクセッション・プランについては、社外取締役のサクセッション・プランも重要となります。もっとも、これに取り組む会社は多くないのではないかと思われ、また、社外取締役を評価すること自体の難しさと相まって、なかなか取り組みづらいテーマではないかと思われます。

　この点については、社外取締役ガイドラインにおいて、「取締役会の実効性評価の結果（社外取締役自身の評価を含む）や会社が置かれた状況（経営戦略上の重点課題等）を踏まえ、取締役会・社外取締役を集合体（チーム）として捉え、様々な資質や背景を有する人材を組み合わせて全体として必要な資質・背景を備えさせる観点から、指名委員会が中心となり、社外取締役の人材ポートフォリオの在り方を検討し、一定の任期で新陳代謝を図っていく必要があることも踏まえつつ、中長期的な時間軸で適切な構成を維持・確保するためのサクセッションプラン（後継者計画）について、社外取締役自身が主体的に考えていくことも重要である」とされています（40 頁）。

　また、フォローアップ会議でも、2020 年 11 月 18 日開催の第 21 回会議において、高山与志子メンバーが、「（ICGN からの意見書に）独立社外取締役の選任とサクセッションプランは指名委員会で主導されるべきであると書いてあります。私はこれに賛成します。指名委員会及び取締役会の責務として、社外取締役の選任プロセスとサクセッションプランについて、より明確にコードに記載したほうがいいと思います」と述べています。

　これらにみられるとおり、取締役会の実効性評価の一環として、社外取締役を評価し、その評価結果も踏まえ、執行側ではなく指名委員会が主導する形で、社外取締役のサクセッション・プランを検討するというプラクティスが徐々に求められることになるのではないかと思われます。

第7章

社外取締役を巡る今後の展望

. . . .

I　社外取締役の割合を増やすことの圧力

① 取締役総数の過半数の社外取締役の選任が求められる流れ

　CG コードの原則 4-8 は、これまで、上場会社に対し、独立社外取締役を少なくとも「2 名以上」選任することを求めていました。

　これに対し、2021 年 6 月の改訂後の CG コードでは、プライム市場の上場会社は、独立社外取締役を少なくとも「3 分の 1 以上」選任することが求められることとなりました（適用は 2022 年 4 月 4 日から。その他の市場の上場会社においては、引き続き、「2 名以上」の選任が求められています）。

　このように CG コードが改訂されたばかりではありますが、この「3 分の 1 以上」という点に関し、社外取締役が取締役総数に対して占めるべき割合は、今後、どのようになっていくと見込まれるでしょうか。

　この点に関し、**序章Ⅳ①**で述べたとおり、取締役会の決議（特に、代表取締役の選定・解職）において、社外取締役が決定的な影響力を有するという観点からは、社外取締役が取締役総数に対して占める割合が「過半数」であることが特に重要です。

　また、海外の規制を見ると、例えば、米国では、ニューヨーク証券取引所の上場規則である Listed Company Manual が、上場会社は、過半数の独立取締役を有しなければならない（"Listed companies must have a majority of independent directors."）と定めています（303A.01）。UKCG コードも、取締役会議長を除く取締役の少なくとも半数を、取締役会が独立と判断する非業務執行取締役から構成されるべきである（"At least half the board, excluding the

[図表７−１]　諸外国における取締役会における独立社外取締役の人数に関する
コーポレートガバナンスコード等の規定

2名以上	3名以上	3分の1以上	半数以上〜
イタリア(注1)	韓国(注2)	ポルトガル 香港(注3) シンガポール(注4)	英国(注5) 米国(注6) フランス イタリア(大規模会社(注1)) スウェーデン オーストラリア シンガポール(注4) 韓国(大規模会社(注2)) ICGN

(注1)大規模会社以外では、議長を除いて少なくとも2名以上が求められる。支配株主がいるような所有状況が集中している大規模会社には
　　　少なくとも3分の1を求める。(コード)
(注2)大規模な会社には、半数以上が推奨。(コード)
(注3)上場規則において3分の1以上を義務化。
(注4)取締役会議長が独立性を有しない場合に過半数を求める(コード)。その他、これまで上場規則において少なくとも2名以上が義務化
　　　されていたところ、2022年1月1日に適用が開始される改正上場規則においては、3分の1以上が義務化。
(注5)取締役会議長を除いて少なくとも半数を求める。併せて、取締役会議長についても独立性を求める。(コード)
(注6)上場規則において過半数を義務化。
(注7)ドイツでは、スーパーバイザリー・ボードにおける株主代表において、半数以上のメンバーが独立性を有することを求める。(コード)

（出所：2020年11月18日開催の第21回フォローアップ会議の資料4「取締役会の機能
発揮と多様性の確保」（金融庁作成）8頁から抜粋）

chair, should be non-executive directors whom the board considers to be
independent.”）と定めています（Provision 11）。このほか、海外の規則の状況
については、図表７−１をご覧ください。米国及びイギリスが（過）半数の
独立取締役を求めているという点は看過し難く、日本がこの流れに将来的に
も追随しないということは考えにくいといわざるを得ません。

　そのため、CGコードが、最終的に、取締役総数に対して独立社外取締役
が占める割合を「過半数」にすることを求めるよう改訂されることは、必至
であると言わざるを得ません。

　この点は、2021年6月のCGコードの改訂に向けたフォローアップ会議
の議論にも明確に表れています。例えば、2020年11月18日開催の第21回
フォローアップ会議において、社外取締役の人数・割合に関し、例えば、図
表７−２のとおり、意見が出されています。

　なお、図表７−２の高山メンバーの発言のほか、池尾和人メンバーの「取
締役会の機能発揮に関連してですけれども、数の議論がされているわけです
が、過半数だとか3分の1だとか、そういう数の議論が今なお大切だという

ことは、私、認めるんですけれども、同時に質の議論をする必要があって、中でも独立社外取締役の就任年限というのが大事なポイントだと思うんですね」という発言にみられるとおり、社外取締役の人数・割合を増やすこととともに、社外取締役の質を確保することの重要性がより強調されるようになってきています。

[図表7-2]　フォローアップ会議第21回会議（2020年11月18日開催）において出された発言又は意見の内容

田中正明メンバー
独立、客観ということを考えますと、取締役会は、取締役会の3分の1が社外でということは、逆の3分の2は社内ということですね。社内が3分の2の取締役会というものが、本当に独立性とか客観性というのを持って監督できるのかなと常々思っています。つまり、3分の2の人たちは、会長、社長、それからその部下たちから成り立っているわけですね。取締役会そのものが独立性と客観性を持つということがコーポレートガバナンス・コードに書かれているわけで、これを具体的に考えると、やはり過半数が独立社外取締役であるということが少なくともプライム市場では必要なんじゃないかと思います。

佃英昭メンバー
CEOに権限を集中して、取締役会は監督に軸足を移す、つまりモニタリングボードとしての色彩を強めて、取締役会の審議は、中長期の成長戦略の策定、それから執行状況の監督、あるいは撤退を含む事業ポートフォリオの再構築などの重要テーマに集中して、執行については大胆にCEOに任せる、このことが迅速・果断な意思決定の大前提と、こういうふうに考えています。したがって、取締役会の構成につきましては、モニタリングボードの色彩を強める以上は、独立社外取締役は、例えばプライム市場においては、一段高い水準のガバナンスを求めるのであれば、当然ながら過半数、その他の市場においても少なくとも3分の1以上を占めるというのがあるべき姿でないかなと考えます。

高山与志子メンバー
現在、機関投資家の議決権行使ガイドラインを見ますと、日本株の運用資産額で上位10社の機関投資家のうち、社外取締役の割合が3分の1以上であることを何らかの形で求めている投資家が10社中6社います。半数を超えています。親会社や支配株主がいない企業でもその対象になっています。このような状況を踏まえますと、日本企業の大株主である主要な機関投資家が3分の1という数字が非常に重要だと思っているという、この事実については、これからの議論を進める上で重視すべきポイントだと思います。 　それから、既に日本企業の多くが3分の1以上の社外取締役を有していると

いう事実から、私は、今回のコードでは、独立社外取締役の割合が3分の1以上いることが望ましいということについて、より明確に記載すべきだと思います。もしそれが全社に対して適用するというのが難しいということであれば、少なくともプライム市場に対しては望むべきだと考えます。

次に、過半数についてどう考えるかということですが、将来的には過半数というのは望ましいとは思います。ただし、そのような状況になるためには、まず、社外取締役の実力の向上、質の向上、質の確保ということが極めて重要になると考えます。まずは、社外取締役の質の確保という仕組みを作った上で、次に、過半数の議論に移ったらいいのではないかと考えます。

次、社外取締役の質の向上についてお話ししたいと思います。質の向上、実力の向上ということを考えるときに、二つのポイントがあります。一つは社外取締役を選任する時点、もう一つは選任した後のポイントです。これについては、先ほどケリーさんが御説明したICGNからの意見書が非常に参考になると思います。まず、選任する時点については、ICGNからの意見書で、3.4.1のところに独立社外取締役の選任に関する説明がございます。こちらについては、独立社外取締役の選任とサクセッションプランは指名委員会で主導されるべきであると書いてあります。私はこれに賛成します。指名委員会及び取締役会の責務として、社外取締役の選任プロセスとサクセッションプランについて、より明確にコードに記載したほうがいいと思います。

岡田譲治メンバー

まず、社外取締役の数ですけれども、私は取締役会の過半数にすることに賛成いたします。現実問題としてほとんどの会社で社内出身取締役が過半数を占めているため、取締役会のほとんどの議題は経営会議等で議論され、もう結論が出ている案件で、それらを取締役会で議論するという実態です。つまり取締役会での議論が単なる形式になっているケースが多いんじゃないかと思います。そういう意味では、社外取締役が批判的な視点から自由に議論するという場が本来の取締役会だと思いますので、社外取締役を過半数にすべきではないかと思います。

上田亮子メンバー

社外取締役ですけれども、今申し上げたような市場における自覚というか、企業さんの位置づけを考えますと、ミニマム・スタンダードとしての取締役会の3分の1が社外、この辺りは求められてくると思います。さらにプライム市場あるいは子会社上場等の事情がある場合には過半数ということが、これが求められている水準ではないかと思います。

川北英隆メンバー

社外取締役、特にプライム市場に関して申し上げますと、端的に言うと、社外取締役について当面3分の1以上にするということは賛成で、いずれはやは

り過半数を目指すべきだと思っています。

冨山和彦メンバー（意見書）
② 　社外独立取締役の多様性と構成比
取締役会全体としても、多様性の軸について、性別に加え職歴（特に経営者経験やCFOなどの経営プロフェッショナルとしての複数企業での経験）、国籍、年齢などを導入する。さらにプライム市場については、社外取締役を過半数とすることを原則とすべきである。

ケリー・ワリングメンバー（意見書和訳）
3.3.1　独立者の比率
　ICGNは、国際的な標準として取締役会は過半数の独立社外取締役で構成されるべきであることを提唱しています。日本においてはプライム市場においては過半数、他の市場においては少なくとも3分の1の独立社外取締役が必要であると提唱します。

　もっとも、**序章Ⅳ**の図表序 -4 のとおり、独立社外取締役が取締役総数に対して占める割合が過半数である上場会社は、東京証券取引所市場第一部でも、130社（6.0％）にすぎません（2020年8月14日時点）。そのため、近い将来に、CGコードが、過半数の独立社外取締役を求めるよう改訂されるということも考え難いですが、いずれにせよ、そのような改訂がされるのは時間の問題にすぎないと考えるべきでしょう。
　そして、将来的に、過半数の独立社外取締役の選任を求めるようCGコードが改訂される可能性は、既に、2021年6月の改訂後のCGコードの原則4-8にも表れています。すなわち、原則4-8の前段は、冒頭でも述べたとおり、上場会社における現在の独立社外取締役の選任状況も踏まえ、「過半数」の独立社外取締役の選任を求める1つ前の段階として、プライム市場の上場会社に対し、独立社外取締役を少なくとも「3分の1以上」選任することを求めるよう改訂されています（**序章Ⅳ１**の図表序 -4 のとおり、独立社外取締役が取締役総数に対して占める割合が3分の1以上である上場会社は、東京証券取引所市場第一部において、1,276社で58.7％であり、既に半数を超えています（2020年8月14日時点））が、さらに、その後段は、以下のとおり改訂されています（下線は、改訂箇所）。

2021 年 6 月の改訂「前」の原則 4-8 の後段	2021 年 6 月の改訂「後」の原則 4-8 の後段
また、業種・規模・事業特性・機関設計・会社をとりまく環境等を総合的に勘案して、<u>少なくとも 3 分の 1 以上</u>の独立社外取締役を選任することが必要と考える上場会社は、<u>上記にかかわらず</u>、十分な人数の独立社外取締役を選任すべきである。	また、<u>上記にかかわらず</u>、業種・規模・事業特性・機関設計・会社をとりまく環境等を総合的に勘案して、<u>過半数</u>の独立社外取締役を選任することが必要と考える<u>プライム市場</u>上場会社<u>（その他の市場の上場会社においては少なくとも 3 分の 1 以上の独立社外取締役を選任することが必要と考える上場会社）</u>は、十分な人数の独立社外取締役を選任すべきである。

　原則 4-8 後段は、もともと、少なくとも 3 分の 1 以上の独立社外取締役を選任することが必要と「考える」上場会社を名宛人としており、そのように必要と考えていない上場会社は、原則 4-8 後段の適用対象外でした。また、原則 4-8 後段の名宛人たる、必要と考えている上場会社は、通常、既に、少なくとも 3 分の 1 以上の独立社外取締役を選任しており、（少なくとも当該上場会社自身が考える意味での）「十分な人数」の独立社外取締役を選任していると考えられます。そのため、原則 4-8 後段は、「空振り」の原則（追加的に何らかの対応を求める原則ではない）と言われていました。そして、このように、原則 4-8 後段が、必要と考えているかどうかによってその適用の有無があるかどうかが異なるという点を含め、空振りの原則であること自体は、2021 年 6 月の改訂後も変更がありません。

　原則 4-8 後段の建付けは以上のとおりですが、重要なのは、「少なくとも 3 分の 1 以上」が「過半数」に変更されている点です。原則 4-8 は、全体としては、改訂前は、前段において、「少なくとも 2 名以上」の独立社外取締役の選任を求めつつ、後段において、それよりもハードルの高い「少なくとも 3 分の 1 以上」が必要と考える上場会社に対し、十分な人数の独立社外取締役の選任を求めていましたが、これに対し、改訂後は、プライム市場の上場会社に対象を限定はしているものの、前段において、「少なくとも 3 分の 1 以上」の独立社外取締役の選任を求めつつ、後段において、それよりもハードルの高い「過半数」が必要と考える上場会社に対し、十分な人数の独

立社外取締役の選任を求めるようになっています。このように、後段に表れていた数字である「3分の1以上」が前段に繰り上がって表れるよう改訂されていることからすると、やはり、将来的には、改訂後の現在の後段に表れている「過半数」が前段に表れるよう改訂されると考えるのが合理的です。

　このように、上場会社、特に、プライム市場に上場する会社は、早晩、CGコードにおいて、過半数の独立社外取締役を選任するよう求められることになることを想定したうえで、自社にとって最適な独立社外取締役の割合・人数、その裏返しとしての業務執行取締役の割合・人数を検討する必要があります。

② 機関投資家の議決権行使基準

　社外取締役の人数・割合に関する議論の最後として、機関投資家の議決権行使基準にも触れておきます。

　機関投資家や議決権行使助言会社の中には、議決権行使基準において、一定の人数・割合の社外取締役を選任することを求め、これに抵触する場合は、社長等の経営トップである取締役等の選任議案に対して反対の議決権行使をする旨を定めるものがあります。

　この点について、特に、上場子会社のように親会社や支配株主を有する上場会社について、取締役総数の3分の1以上や過半数を社外取締役とすることを求める議決権行使基準を定める機関投資家が一般的になりつつあります。

　他方で、そのような特定の上場会社に限らず、また、機関設計の如何を問わず、広く上場会社一般に対して取締役総数の3分の1以上や過半数を社外取締役とすることを求めるなどする機関投資家は、まだ多数派ではありませんが、例えば、**序章IV①**で紹介した Institutional Shareholder Services（ISS）をはじめ、図表7-3の機関投資家が挙げられます。今後、CGコードの改訂内容も踏まえ、このような議決権行使基準を設ける機関投資家が増加すると考えられます。

[図表7-3]　親会社や支配株主の有無及び機関設計の如何を問わず、取締役総
　　　　　　数の3分の1以上又は過半数を社外取締役とすることを求めるな
　　　　　　どする議決権行使基準等（下線は筆者）

Harris Associates L.P.

Election of Directors. Harris believes that a company should have a majority of independent directors and that audit, compensation and nominating committees should consist solely of independent directors. Harris will normally vote in favor of proposals that insure such independence.

BNPパリバ・アセットマネジメント

Voting issue	For	Abstain	Against
Board elections	· The Board of Directors (or Supervisory Board) is independent (more than 50%) from management and represents the interests of majority and minority shareholders.	· The candidate is not independent and： - the board comprises less than 50% independent directors excluding employee representatives (for non-controlled companies) - the board comprises less than 33% independent directors including employees representatives (for controlled companies or in cases of a board with at least 50 percent of compulsory employee representatives)	

コモンズ投信

【取締役選任議案】
取締役選任議案は、業績不振の継続、反社会的行為並びに社会的信用失墜行為、ガバナンスの強化などの観点を重視します。なお、私たちはガバナンスにつきましては、経営陣の多様性を優先事項として考えているため、社外取締役の役割を重視しています。ただし、兼務社数につきましては、上場企業で執行役員を務めている場合は当該企業を含んで最大2社、執行役員を務めていない場合は当該企業を含む上限最大3社までを希望し、将来的には取締役会メンバーの過半数が社外取締役で占められていることを期待しています。同様に、実質的にガバナンスに影響を与える相談役・顧問が置かれている場合は、解消を求めていきます。
（議案判断基準）
· 独立社外取締役の選任が2人以上ない場合、または取締役会においての構成比率が1/3未満の場合で、その理由が不足している場合は原則反対とします。

J.P.モルガン・アセット・マネジメント

社外取締役の数	取締役会が実効性を発揮する上で、独立した社外取締役の存在は重要と考える。したがって、社外取締役の比率が総会後の取締役会で三分の一に満たない場合、社長等、代表取締役の選任に原則反対する。 ただし、この基準はあくまでも通過点であり、将来的には社外取締役の比率が過半数となることが望ましいと考える※。 この項目の判断に際して、社外取締役、もしくは社外取締役候補が当社の独立性基準を満たしているか否かは問わない。ただし、個別の社外取締役の独立性に関する判断は、下記の「社外取締役の独立性基準」に沿って行う。

	※ 2022 年 4 月以降に開催される株主総会においては、社外取締役の比率が総会後の取締役会で過半とならない場合、社長等、代表取締役の選任に原則反対する。

Institutional Shareholder Services（ISS）

監査役設置会社においても、2022 年 2 月より、指名委員会等設置会社や監査等委員会設置会社と同様に株主総会後の取締役会に占める社外取締役の割合が 3 分の 1 未満である場合、経営トップである取締役に反対を推奨する。

三菱 UFJ 信託銀行

①取締役の選任
以下に該当する場合は、原則反対します。

社外取締役の選任状況	社外取締役（*）が複数かつ取締役総数の 1/3 以上選任されていない場合 （*）独立性の有無は問わない	取締役候補者全員の選任
	（親会社等を有する上場会社の場合）独立性のある社外取締役が複数かつ取締役総数の 1/3 以上選任されていない場合	取締役候補者全員の選任

三井住友トラスト・アセットマネジメント

【行使の原則】
⑴　以下のいずれかに該当する場合、原則として反対します。
　①　取締役会の構成
　　・一定比率以上の独立社外取締役 *1 が置かれていない場合
　（*1 取引所に独立役員として届出もしくは届出予定である取締役。本項において以下同様。）
【行使判断基準】

議案内容	原則基準	例外基準
取締役会の構成	③　独立社外取締役 *1 が複数かつ取締役総員数の 1/3 以上でない場合、取締役選任に反対 （*1【行使の原則】に記載のとおり）	・経過的措置として、複数の独立社外取締役を置いている企業について、業績（ROE）基準において、中長期的な企業価値向上に支障が出ていないと判断される場合は、賛成

MFS インベストメント・マネジメント

特に日本市場においては、MFS 独自の判断として、独立取締役が取締役会の 3 分の 1 に満たない場合、取締役の推薦に原則として反対します。

ウエリントン・マネージメント

取締役会の独立性
当社は、経営陣に異議を唱え、助言を与える取締役が十分にいれば、取締役会は株主を最も適切

に代表することができると考えている。大半の取締役会メンバーが各市場の規制当局の定義による独立性を有するべきであると考えている。この独立性は、監査委員会、報酬委員会および指名委員会において特に重要である。

当社は、非独立取締役または取締役の構成に責任を負う取締役の承認を保留することがある。独立性を求める株主提案には、原則として賛成する。取締役会の独立性を確保するために最低限必要とする取締役会全体に占める独立取締役の人数の目安については、各市場で一般的な最良慣行を考慮し、例えば、米国においては3分の2以上、英国とフランスにおいては過半数とする。日本においては、独立取締役が監査役を含む取締役会の3分の1未満の場合、取締役会議長（または投票用紙に記載されている最も上席の取締役）に反対票を投じることを検討する。

カレラアセットマネジメント

③ 取締役会の構成
d 取締役会の構成上、当該企業と利害関係を一切有しない独立した社外取締役が少なくとも3分の1以上含まれていることを要する。

野村アセットマネジメント

(6) 社外取締役の人数が最低水準を下回る場合、会長・社長等の取締役再任に原則として反対する。「最低水準」は2名又は取締役の人数の3分の1の多い方とする。但し、支配株主のいない監査役会設置会社において2021年10月までに開催される株主総会については、2名又は取締役の人数の20％の多い方とする。

第一生命保険

（議案に対する考え方）
1. 取締役選任議案
　ウ．助言・監督機能を有する独立社外取締役の2名以上の選任は、コーポレートガバナンスの枠組みに関わる最低限具備すべき条件であり、持続的な成長と中長期的な企業価値の向上には、取締役総数の1/3以上の独立社外取締役を選任することが望ましいと考える。

II　より高い独立性を備えることの圧力

　社外取締役については、業務執行者に対する監督を実効的に行うようにするため、業務執行者からの高度な独立性が求められます。そのような独立性についての機関投資家からの要求は、年々厳しくなっています。

　各社において、独自の独立性判断基準を定めていますが、機関投資家が議決権行使基準において定める独立性判断基準のほうが厳しいこともあります。そのため、会社としては独立性のある社外取締役としてその選任議案を上程したものの、機関投資家からは独立性に欠ける候補者であるとして反対されてしまうことも珍しくありません。

そのような候補者として、一般に、大株主（例えば、議決権保有比率が10％以上）、取引先、取引金融機関、会計監査人である監査法人又は会社の顧問弁護士が所属する法律事務所といった会社と一定の関係を有する法人・団体の出身者が挙げられます。

このほか、社外取締役の独立性や適性を巡って今後特に厳しく審査されると予想される項目は、取締役会への出席率、兼務数及び在任期間です。これらの事項についての機関投資家の議決権行使基準については、それぞれ、**第4章II①(6)の図表4-3並びに第6章I②の図表6-1及び同③の図表6-2**において取り上げています。

取締役会への出席率については、現状は、75％と設定するケースが多いですが、これが80％、90％と引き上げられる可能性があります。

兼務数については、具体的な上限を議決権行使基準に定める機関投資家が多数というわけではまだないですが、そのような機関投資家が増える可能性があります。

在任期間についても、同様に、具体的な上限を議決権行使基準に定める機関投資家はまだ多くないですが、そのような機関投資家が増えるとともに、現状では、10年が目安とされていますが、8年などと短期化する可能性もあります。

取締役会への出席率と兼務数は、兼務数が多くなると、取締役会への出席も容易ではなくなり、取締役会への出席率が低下する可能性があるという点で、関連性があります。そのため、両者を関連付けて議決権行使基準に定める機関投資家もあります。

そうすると、兼務数と在任期間の問題に集約されますが、これらの問題は、結局は、社外取締役のなり手不足の問題に帰着するといえます。すなわち、社外取締役のなり手があまりいないために、特定の個人に社外取締役のオファーが集まり、また、ひとたび社外取締役に就任すると、その代わりも見つかりづらいことから、長い期間在任することになってしまう、ということです。

社外取締役のなり手が増えれば、過剰な兼務数や長期の在任期間の問題も解消する方向に向かい、その点が独立性判断基準や機関投資家の議決権行使基準との関係で問題となることもなくなるといえます。もっとも、社外取締役のなり手の問題は、一朝一夕に解決するものでもありません。

Ⅲ　社外取締役となるべき人材の選別──弁護士、会計士、学者、元官僚で十分か？　スキル・マトリックスの作成も

1　社外取締役に真に相応しい人材とは？

　これまで述べてきたとおり、CGコードや機関投資家・議決権行使助言会社の議決権行使基準では、社外取締役に関し、置くべき人数・割合やその独立性についての基準を設けるのが一般的です。

　他方で、社外取締役が備えるべき資質・経験といった社外取締役の属性について、何らかの基準を定める議決権行使基準はあまり見当たりません。せいぜい、CGコードの原則4-9後段が、「取締役会は、取締役会における率直・活発で建設的な検討への貢献が期待できる人物を独立社外取締役の候補者として選定するよう努めるべきである」と定め、また、対話ガイドライン3-8が、「独立社外取締役は、資本効率などの財務に関する知識や関係法令等の理解など、持続的な成長と中長期的な企業価値の向上に実効的に寄与していくために必要な知見を備えているか」と定める程度です（ただし、この点は、後述のとおり、2021年6月にCGコードが改訂されています）。

　これは、これまでは、まずは、十分な人数・割合の社外取締役を置くことが最優先の課題であり、その次に優先順位の高い課題として、高い独立性を確保することが挙げられます。そのような中で、さらに、社外取締役に資質をも求めるとなると、かえって、社外取締役を選任することが困難となり、十分な人数・割合の社外取締役を置くことという最優先の課題をクリアすることができなくなってしまいます。そのため、株主・機関投資家において、社外取締役の資質面を厳しく審査した上で、その選任の当否を判断するという流れは大きくありませんでした。

　そして、社外取締役のなり手がなかなか見つからないという人材不足がいわれて久しい中、社外取締役の属性については、弁護士、会計士、学者、元官僚といった属性がよく目に付くように思います。

　この点に関し、東京証券取引所「東証上場会社コーポレート・ガバナンス白書2021」（2021年3月）によれば、上場会社における独立社外取締役の属性は、図表7-4のとおりです（99頁）。

[図表 7-4]　独立社外取締役の属性

	2012年	2014年	2016年	2018年	2020年
他の会社の出身者 （現在及び過去に他の会社に 一度でも勤務経験がある者）	65.2% （835名）	63.9% （1,472名）	59.3% （3,644名）	59.1% （4,338名）	58.5% （5,185名）
弁護士	13.1% （168名）	13.8% （317名）	16.1% （986名）	16.0% （1,172名）	16.3% （1,442名）
公認会計士	4.9% （63名）	5.3% （121名）	9.4% （575名）	10.0% （732名）	10.5% （928名）
税理士	0.8% （10名）	1.1% （25名）	2.5% （151名）	2.8% （206名）	2.7% （238名）
学者	11.3% （145名）	10.8% （248名）	7.6% （469名）	6.8% （496名）	6.6% （582名）
その他	4.6% （59名）	5.2% （119名）	5.1% （316名）	5.4% （394名）	5.5% （489名）

　これによれば、独立社外取締役の属性として、「他の会社の出身者」が占める割合が最も高いです。「他の会社の出身者」としては、他の会社の社長・CEO・会長をはじめとする役員クラスの経験者が多いのではないかと推察します[2]。ただ、「他の会社の出身者」が占める割合は、若干の低下傾向にあります。

　これに対し、弁護士、公認会計士及び税理士がそれぞれ占める割合は、それほど高くはないものの、若干の増加傾向にあります。

　以上は、上場会社全体の傾向であり、個社ベースでは、社外取締役の属性の状況が異なる可能性があります。この点について、批判を受けやすいといえるパターンは、社外取締役が2名いるところ、その属性が、例えば、弁護士と公認会計士のみというパターンです。これに対しては、経営の監督をしなければならないのに、経営経験のない人物に社外取締役が務まるのかとい

---

2)　スペンサースチュアート（Spencer Stuart）の「Japan Board Index 2020」によれば、社外取締役のバックグラウンドについて、2020年時点で、「事業会社出身者」が最も大きい割合を占めており、日経225社では47.3%（社外取締役968名中458名）、TOPIX100社では45.5%（社外取締役477人中217名）が「事業会社出身者」であり、そのような事業会社出身者である社外取締役の中で、日経225社では70.5%が、また、TOPIX100社では77.0%が、社長・会長・CEOの経験者であるとあります（21〜22頁）（https://www.spencerstuart.jp/research-and-insight/japan-board-index）。

う懸念があり得ます。

　この点について、例えば、議決権行使助言会社の Institutional Shareholder Services（ISS）のエグゼクティブ・ディレクターの石田猛行氏は、ISS の議決権行使助言方針では「社外取締役の独立性は問わない。独立性は重要だが、現在の日本のコーポレートガバナンスの発展段階で、独立性の要請に重きを置きすぎると、企業が資質ではなく独立性の確保に注力し、弁護士、会計士、学識経験者などビジネス経験の少ない人物に社外取締役への就任を求めることが懸念される。なお、筆者はそのような人物が社外取締役として不適切と主張しているわけではない。多様性確保の観点から、社外取締役全員がそのような資格や経歴を持つ人物だけにより占められることは望ましくないことを指摘したいだけである」と述べています[3]。

　状況はやや異なりますが、監査役会設置会社から監査等委員会設置会社に移行するに当たり、移行前の社外監査役が監査等委員である社外取締役に横滑りするケースが多く、これに対し、「安易な」移行であるとの批判が出されました。社外取締役が一定の資質を有することが明確に求められていたわけでもないにもかかわらず、社外監査役が（監査等委員である）社外取締役になることを批判することに、筆者は違和感を覚えていました。ただ、そのような批判の背景には、社外監査役と社外取締役とでは職務が異なり、したがって、それぞれに就任する者に求められる資質にもおのずと違いがあるはずであり、前者の資質を備えているからといって必ずしも後者の資質を備えているわけではないのではないかという考えがあるのだと思います。そのような考え方からすれば、それにもかかわらず、移行に当たり（監査等委員である）社外取締役の候補者を新たに見つけるわけでもなく、社外監査役を（監査等委員である）社外取締役に横滑りさせていることから「安易だ」という批判が生まれるのでしょう[4][5]。そして、社外取締役に求められる資質として、やはり、経営経験・経営能力といったことが 1 つのキーワードとして

---

3)　石田猛行「2019 年 ISS 議決権行使助言方針」商事法務 2192 号（2019 年）42 頁。
4)　このような背景にある考え方自体は、理に適っていますが、ただ、監査等委員会設置会社に移行する会社の社外取締役についてのみ、過去に当該会社の社外監査役であったという属性を捉えて批判することは、中途半端であるといわざるを得ません。そのような批判をするのであれば、機関設計の如何を問わず、上場会社全てにおける社外取締役について、その属性を踏まえて、その適性の有無を問うべきでしょう。

考えられていると推測されます。

　このように、投資家サイドは、社外取締役として、経営に対する監督を適切に行うのに十分な経営経験・経営能力のある人物が社外取締役として相応しく、そのような人物を社外取締役とするのが望ましいと考えているといえます。

　そして、とうとう、CG コードにおいても、2021 年 6 月の改訂により、この点が示されることとなりました。すなわち、2021 年 6 月の改訂後の CG コードの補充原則 4-11 ①では、「各取締役の知識・経験・能力等を一覧化したいわゆるスキル・マトリックスをはじめ、経営環境や事業特性等に応じた適切な形で取締役の有するスキル等の組み合わせを取締役の選任に関する方針・手続と併せて開示すべきである。その際、独立社外取締役には、他社での経営経験を有する者を含めるべきである」と定められており、「取締役の有するスキル等の組み合わせ」において、「独立社外取締役には、他社での経営経験を有する者を含めるべきである」とされています。このように、CG コードにおいて、独立社外取締役のうち 1 名を「他社での経営経験を有する者」とすることが事実上求められているといえます。なお、この点に関し、2021 年 4 月フォローアップ会議提言 2 頁にも同趣旨の記述がありますが、「他社での経営経験を有する者」とは、「CEO 等の経験者に限られるという趣旨ではない」とされています。

　以上の動きを踏まえると、社外取締役の資質に対する要求がより明確に、かつ、強く求められることは必至であると考えられます。

　そのため、特に、現在、社外取締役が弁護士及び公認会計士といった、必ずしも経営経験の多くない人物だけから構成されている会社では、今後、経

---

　5)　ちなみに、本文で紹介した東京証券取引所の『コーポレート・ガバナンス白書 2021』99〜100 頁によると、機関設計別に独立社外取締役の属性をみると、「他の会社の出身者」の比率が、監査役会設置会社では 65.1％、指名委員会等設置会社では 60.8％であるのに対し、監査等委員会設置会社では 48.2％とほかの 2 つの機関設計に比べて低くなっています。他方で、弁護士及び公認会計士の比率は、監査役会設置会社ではそれぞれ 12.9％及び 6.4％、指名委員会等設置会社ではそれぞれ 15.0％及び 10.1％であるのに対し、監査等委員会設置会社ではそれぞれ 21.5％及び 16.6％といずれもほかの 2 つの機関設計に比べて高くなっています。これは、監査役会設置会社から監査等委員会設置会社に移行するに当たり、社外監査役が監査等委員である社外取締役に横滑りするケースが少なくないところ、社外監査役の属性として、弁護士及び公認会計士が多いことを反映しているのではないかと推測されます。

営経験や経営能力を十分に有する人物を社外取締役にするよう、株主から求められる可能性が高いことに留意する必要があります。

② 多様性の確保とスキル・マトリックス

もっとも、ISS の石田氏が述べているとおり、弁護士や公認会計士が社外取締役となること自体が否定されるわけではなく、あくまでも、そのような者「のみ」で社外取締役が占められることが適切ではないということです。要は、社外取締役にも多様性が求められるということであり、個々の会社が置かれているその時々の状況に応じて、最適な社外取締役構成、ひいては取締役会構成とすべきであるということです。また、社外取締役に求められる主な機能が、業務執行者に対する監督であり、それが業績評価に基づくものであって、中長期的な企業価値の向上に向けたものであるというときに、真っ先に社外取締役の候補として挙がる人物は、弁護士や公認会計士ではないのではないか、経営を理解している者、経営経験のある者なのではないか、ということです。

ところで、取締役会の多様性というと、女性取締役[6]と外国人取締役の確保ばかりが注目されますが、取締役会の多様性は、これらに限られるわけではありません。取締役会の多様性には、ジェンダーや国際性のほか、例えば、専門知識・経験・能力・年齢（世代）が含まれます。取締役会全体として、これらの要素をバランスよく備え、多様性に富んだ構成となるよう、個々の取締役の候補者を指名することが求められます。

---

6)　なお、議決権行使助言会社や機関投資家の中には、以下のように、取締役・監査役の中に女性がいない場合に、経営トップ等の選任議案に反対するとの議決権行使（助言）基準を設けているものもあり、徐々に増えています。
　　Glass Lewis（グラス・ルイス）：「東証一部と二部に上場している企業において、女性役員が1人もいない場合、原則として、ジェンダー・ダイバーシティーの欠如に責任があると思われる取締役に反対助言を行う。原則として、反対助言の対象となる取締役は、監査役会設置会社と監査等委員会設置会社の場合、会長（会長職が無い場合は社長）、指名委員会等設置会社の場合、指名委員会委員長とする。この方針における女性役員とは、取締役と監査役に加え、指名委員会等設置会社における執行役を意味する」
　　ゴールドマン・サックス・アセット・マネジメント：「取締役会において女性取締役の登用が1名も行われていない場合、当該企業の指名委員会（指名委員会における指名委員である取締役）に反対します。日本企業のうち、監査役会設置会社・監査等委員会設置会社については、経営トップを反対の対象とします」

　このような多様性の確保に関し、バランスが取れているかということや、個々の取締役がどのような能力を有しているかということは、株主・投資家にとって一見して明らかというわけではありません。

　ここで有用となるのがスキル・マトリックスです。スキル・マトリックスとは、一定の分野ごとのスキル・資質・知見・専門性について、個々の取締役（及びその候補者）が当該スキル等を有するかどうかを、星取り表（一覧表）の形で示すものです。スキル・マトリックスを作成することにより、当該会社の社外取締役として必要なスキル等を有する社外取締役が選任されているか、また、そのスキル等のバランスが取れているかといったことを確認することができます。社外取締役ガイドラインにおいても、「スキルマトリックスを作成して確認する等により、性別や国籍の多様性にとどまらず、専門分野やバックグラウンド（出身）の多様性も考慮し、会社が目指している取締役会の在り方を踏まえて社外取締役全体として必要なスキルセットが確保されるよう、配慮することが重要である」とされています（40頁）。

　そして、①でも触れたとおり、CGコードにおいて、2021年6月の改訂により、例示としてではありますが、スキル・マトリックスの開示が求められることとなりました。すなわち、同改訂後の補充原則4-11①では、「各取締役の知識・経験・能力等を一覧化したいわゆるスキル・マトリックスをはじめ、経営環境や事業特性等に応じた適切な形で取締役の有するスキル等の組み合わせを取締役の選任に関する方針・手続と併せて開示すべきである」とされています。さらに、そのような「スキル等の組み合わせ」として、「独立社外取締役には、他社での経営経験を有する者を含めるべきである」とされている点は、①で述べたとおりです。

　改訂後の補充原則4-11①は、直接的には、「取締役の有するスキル等の組み合わせ」の開示を求めているところ、その組合せの示し方として、スキル・マトリックスを挙げています。上場会社は、同補充原則をコンプライするためには、スキル・マトリックスをはじめとする、「取締役の有するスキル等の組み合わせ」を開示する必要があります。

　改訂後の補充原則4-11①に基づきスキル・マトリックスを作成・開示するに当たっては、現在選任されている社外取締役の顔ぶれを見て、その社外取締役が有しているスキル等を列挙し、その有無を記載するという対応であってはいけません。あくまでも、自社の経営環境や事業特性等に応じて自

社の取締役に必要となるスキル等は何か、という観点からスキル・マトリックスを作成することが求められます（この点は、③もご参照ください）。

　上場会社の中には、既に、定時株主総会の招集通知（例えば、取締役選任議案に係る株主総会参考書類）にスキル・マトリックスを載せ、当該上場会社の取締役会が多様性を確保していることを示しているものもあります。2020年6月の定時株主総会において、日経225採用銘柄（3月決算）のうち「候補者の『専門性や期待する分野等の一覧』（いわゆるスキルマトリックス）」を記載している会社は24社（13.5%、前年比7.6ポイント増）であったとの調査結果があります[7]。また、日本総合研究所によると、2020年の株主総会において、東京証券取引所市場第一部上場企業で時価総額上位500社のうち、49社がスキル・マトリックスを公表しており、2019年の20社から約2.5倍となり、また、スキル・マトリックスを公表している業種数も、東京証券取引所33業種ベースで12業種から24業種に倍増しているとのことです[8]。

　さらに、2021年4月26日付け日本経済新聞朝刊11面「専門性、社外取締役に依存？」によれば、東京証券取引所市場第一部上場会社で売上高5,000億円以上の296社の中で、統合報告書や株主総会招集通知等においてスキル・マトリックスを開示していたのは、67社（23%）であり、また、同年6月4日付け日本経済新聞朝刊16面「取締役の技能開示拡充」によれば、統合報告書においてスキル・マトリックスを開示した企業は、2020年末時点で125社と、2019年の69社から8割増えています。

　スキル・マトリックスを公表している上場会社として、例えば、**図表7-5**の会社があります。これらの会社は、定時株主総会の招集通知（役員の選任議案に係る株主総会参考書類）にスキル・マトリックスを掲載しています。

　スキル・マトリックスに掲げられる項目としては、企業経営、法務、財務・会計といった一般的な項目に加え、当該会社の行う事業の特性に応じ、製造、営業・マーケティング、技術・研究開発、金融、IT、投資、国際経験・国際性といった項目、さらにジェンダーや年齢が考えられます。

---

[7]　三菱 UFJ 信託銀行法人コンサルティング部会社法務コンサルティング室「速報版2020年6月総会のトピックス」資料版商事法務436号（2020年）8頁。

[8]　日本総合研究所 ESG リサーチセンターの2020年8月3日付けオピニオン「CSRを巡る動き：スキルマトリックス公表企業数は昨年比2.5倍に」（https://www.jri.co.jp/page.jsp?id=36807）。

[図表 7-5] 定時株主総会の招集通知（役員の選任議案に係る株主総会参考書類）にスキル・マトリックスを掲載している会社

キリンホールディングス（2021 年 3 月 30 日開催の定時株主総会招集通知）

（ご参考）

取締役候補者及び執行役員の専門性と経験(スキルマトリックス)

・取締役候補者の専門性と経験は、次のとおりであります。

候補者番号	氏名	企業経営	ESGサステナビリティ	財務・会計	人事・労務人材開発	法務コンプライアンスリスク管理	SCM	ブランド戦略マーケティング営業	海外事業	R&D新規事業ヘルスサイエンス	ICT DX
1	磯崎 功典	●				●		●	●		
2	西村 慶介	●			●						
3	三好 敏也	●	●		●			●			
4	横田 乃里也	●	●	●	●		●		●		●
5	小林 憲明						●		●		●
6	森 正勝	●		●					●		●
7	柳 弘之	●					●		●		
8	松田 千恵子		●	●		●					
9	塩野 紀子							●	●		
10	ロッド・エディントン	●							●		
11	ジョージ・オルコット		●		●				●		
12	加藤 薫	●								●	●

・当社は、執行役員制度を導入しております。本定時株主総会終結後に開催される取締役会において選任予定である取締役を兼務しない副社長執行役員及び常務執行役員の専門性と経験は、次のとおりであります。

地位	氏名	企業経営	ESGサステナビリティ	財務・会計	人事・労務人材開発	法務コンプライアンスリスク管理	SCM	ブランド戦略マーケティング営業	海外事業	R&D新規事業ヘルスサイエンス	ICT DX
副社長執行役員	小川 洋				●						
常務執行役員	溝内 良輔		●					●			
常務執行役員	吉村 透留						●		●		●
常務執行役員	坪井 純子	●	●					●			
常務執行役員	前原 正雄						●		●		
常務執行役員	布施 孝之	●						●			
常務執行役員	堀口 英樹	●						●			
常務執行役員	南方 健志	●					●			●	

神戸製鋼所（2021 年 6 月 23 日開催の定時株主総会招集通知）

【ご参考】本議案をご承認いただいた場合の役員体制及び各取締役の主な経験等

	氏名	現在の地位等	社内・社外・独立役員	企画・事業プロジェクト管理	財務・会計	素材系事業	機械系事業	電力事業	技術開発・製造・設備技術	海外ビジネス	法務・リスクマネジメント	他業種知見
本議案の候補者（業務執行）	山口　貢	代表取締役社長 コンプライアンス委員 指名・報酬委員 コーポレートガバナンス委員	社内	○	○	○	○	○		○	○	
	興石　房樹	代表取締役 副社長執行役員 品質マネジメント委員	社内	○		○			○			
	柴田　耕一朗	代表取締役 副社長執行役員	社内			○			○			
	勝川　四志彦	取締役 執行役員 コーポレートガバナンス委員	社内	○	○		○	○			○	
	永良　哉	取締役 執行役員 コンプライアンス委員 コーポレートガバナンス委員	社内	○		○				○	○	
	北畑　隆生	取締役 取締役会議長 指名・報酬委員（委員長） コーポレートガバナンス委員	社外 独立役員								○	○
	馬場　宏之	取締役 コーポレートガバナンス委員（委員長）	社外 独立役員							○		○
	伊藤　ゆみ子	取締役 コーポレートガバナンス委員	社外 独立役員								○	○
【補足】本議案の候補者ではございません（非業務執行）	石川　裕士	監査等委員（常勤）	社内	○		○			○			
	対馬　靖	監査等委員（常勤）	社内	○		○			○			
	宮田　賀生	監査等委員	社外 独立役員	○							○	○
	河野　雅明	監査等委員（委員長） 指名・報酬委員 コーポレートガバナンス委員	社外 独立役員	○	○							○
	三浦　州夫	監査等委員 コンプライアンス委員（委員長）	社外 独立役員								○	○

③　取締役に求められるスキル・能力と CG コードに基づく開示

　もっとも、スキル・マトリックスを作成・公表することで満足してはいけません。確かに、スキル・マトリックスは、社外取締役の多様性を含め、取締役会の多様性が確保されていることを示すものとしては有用です。

　しかし、当然のことながら、社外取締役をはじめ、取締役が、スキル・マトリックスにおいてそれぞれ「有する」とされたスキル・能力を取締役会等の場面で実際に発揮することが重要であることはいうまでもありません。

　さらに重要なことは、スキル・マトリックスに記載されているようなスキル・能力が、当社の（社外）取締役になぜ求められるのか、また、当該スキル・能力を伴う多様性がなぜ当社に必要であるのかということが、当社の置かれた経営環境や事業特性等を踏まえて、かつ、当該スキルのより具体的な内容とともに、丁寧に説明されることです。さらに、当社の策定する中長期の経営戦略・経営計画の達成に向けて、なぜそのようなスキル・能力が必要であるのか、ということの説明が求められるといえます。これらの点は、CG コード補充原則 4 - 11 ①において従前からその策定が求められている、「取締役会の全体としての知識・経験・能力のバランス、多様性及び規模に関する考え方」の中で説明することが考えられるものです。そうであるからこそ、2021 年 6 月の改訂後の CG コードの同補充原則では、当該「考え方」に続けて、スキル・マトリックスをはじめとする「取締役の有するスキル等の組み合わせ」に言及していると考えられ、当該「考え方」がそのような観点から具体性をもって策定される必要があるといえます。

　また、同じく CG コード原則 3 - 1 ⒤において策定・開示することが求められている、「取締役……候補の指名を行うに当たっての方針」は、当社の取締役に求められる各スキル・能力についての上記のような考え方とも整合している必要があります。すなわち、当社の取締役に求められる各スキル・能力についての考え方を踏まえて、取締役候補の指名を行うに当たっての方針が策定される必要があります。そうであるからこそ、2021 年 6 月の改訂後の CG コードの補充原則 4 - 11 ①は、スキル・マトリックスをはじめとする、「取締役の有するスキル等の組み合わせ」を「取締役の選任に関する方針・手続と併せて開示すべきである」としていると考えられます。

　さらにいえば、個々の取締役の候補者の指名が上記の「取締役候補の指名を行うに当たっての方針」を踏まえて行われなければならないことは当然で

すが、これまたCGコード原則3-1(v)において開示することが求められている取締役候補の「個々の……指名についての説明」が、「取締役会の全体としての知識・経験・能力のバランス、多様性及び規模に関する考え方」や「取締役の有するスキル等の組み合わせ」、「取締役の指名を行うに当たっての方針」と整合的であり、また、これらを踏まえて分かりやすく丁寧に行われる必要があります。

　このように、「取締役会の全体としての知識・経験・能力のバランス、多様性及び規模に関する考え方」、スキル・マトリックスをはじめとする「取締役の有するスキル等の組み合わせ」、「取締役の指名を行うに当たっての方針」及び取締役候補の「個々の指名についての説明」は、有機的につながっていることに十分留意した上で、それぞれ策定・開示する必要があります。

　スキル・マトリックスの作成・公表を単なるトレンド・「流行り」として後追いしたり、少しでも多くの星取りをすることに意義を見出したりすることは、避けなければなりません。

事項索引

事項索引

基礎から読み解く
社外取締役の役割と活用のあり方

2021年7月15日　初版第1刷発行

著　　者　塚　本　英　巨

発行者　石　川　雅　規

発行所　株式会社　商　事　法　務
〒103-0025 東京都中央区日本橋茅場町 3-9-10
TEL 03-5614-5643・FAX 03-3664-8844〔営業〕
TEL 03-5614-5649〔編集〕
https://www.shojihomu.co.jp/

落丁・乱丁本はお取り替えいたします。　　　　印刷／広研印刷㈱
© 2021 Hideo Tsukamoto　　　　　　　　Printed in Japan
Shojihomu Co., Ltd.
ISBN978-4-7857-2881-6
＊定価はカバーに表示してあります。

JCOPY ＜出版者著作権管理機構　委託出版物＞
本書の無断複製は著作権法上での例外を除き禁じられています。
複製される場合は、そのつど事前に、出版者著作権管理機構
（電話 03-5244-5088、FAX 03-5244-5089、e-mail: info@jcopy.or.jp）
の許諾を得てください。